新时代劳动教育系列教材

专家指导委员会主任 **石连海** 总主编 **李岑虎**

LAODONG JIAOYU KECHENG SHEJI

劳动教育课程设计

主　编◎李岑虎　由　杰

副主编◎施美彬　李　月　高　霞

北京·旅游教育出版社

图书在版编目（CIP）数据

劳动教育课程设计 / 李岑虎，由杰主编. -- 北京 ：旅游教育出版社，2023.8

新时代劳动教育系列教材

ISBN 978-7-5637-4559-3

Ⅰ. ①劳… Ⅱ. ①李… ②由… Ⅲ. ①劳动教育一活动课程一课程设计 Ⅳ. ①G40-015

中国国家版本馆CIP数据核字(2023)第060788号

新时代劳动教育系列教材

劳动教育课程设计

李岑虎　由　杰　主编

施美彬　李　月　高　霞　副主编

总策划	丁海秀
执行策划	陈卫伟　施云峰
责任编辑	巨瑛梅
出版单位	旅游教育出版社
地　　址	北京市朝阳区定福庄南里 1 号
邮　　编	100024
发行电话	（010）65778403　65728372　65767462（传真）
本社网址	www.tepcb.com
E - mail	tepfx@163.com
排版单位	北京旅教文化传播有限公司
印刷单位	北京柏力行彩印有限公司
经销单位	新华书店
开　　本	710 毫米 ×1000 毫米　1/16
印　　张	17
字　　数	220 千字
版　　次	2023 年 8 月第 1 版
印　　次	2023 年 8 月第 1 次印刷
定　　价	88.00 元

（图书如有装订差错请与发行部联系）

新时代劳动教育系列教材
顾问、专家指导委员会、编委会

《劳动教育课程设计》
编委会

主　编

李岑虎（中国智慧工程研究会劳动教育工作委员会委员）

由　杰（吉林师范大学硕士研究生指导教师）

副主编

施美彬　李　月　高　霞

编　委

刘乃宝　李凤堂　张　侠　陈芸先　康园园

总 序

FOREWORD

党的二十大报告指出："教育是国之大计、党之大计。培养什么人、怎样培养人、为谁培养人是教育的根本问题。"教育要抓什么？德育、智育、体育、美育、劳育都不可偏废。2020 年 3 月，中共中央、国务院印发《关于全面加强新时代大中小学劳动教育的意见》，提出劳动教育是中国特色社会主义教育制度的重要内容，直接决定社会主义建设者和接班人的劳动精神面貌、劳动价值取向和劳动技能水平。2022 年 4 月，教育部正式印发《义务教育课程方案》，将劳动教育从原来的综合实践活动课程中完全独立出来，并发布《义务教育劳动课程标准（2022 年版）》。2022 年 9 月起，劳动课正式成为中小学的一门独立课程。在"双减"大背景下，国家对劳动教育的重视与日俱增，很多综合实践教育基地陆续开展劳动教育课程。在劳动教育全面铺开的背景下，却面临着高素质劳动教育指导教师短缺的问题。因此，开展劳动教育指导教师培训、编写相关培训教材迫在眉睫。

2022 年 7 月 31 日，我们受旅游教育出版社之邀，与李岑虎、王立龙、石媚山等 30 多位来自行业、企业、院校的资深专家齐聚北京，研讨并启动全国首套新时代劳动教育系列教材编写与出版工作。本套教材由本人担任专家指导委员会主任，中国智慧工程研究会劳动教育工作委员会委员李岑虎担任总主编，各教研院校学科带头人、行业专家担任分册主编、编委，组成系列教材编委会。

"新时代劳动教育系列教材"包括《劳动教育概论》《劳动教育课程设计》《劳动教育教学方法》《劳动教育实践基地运营与管理》《劳动教育安全管理》《劳动教育案例选评》6 本，编写阵容强大，突出理论与实践的结合。本套教材主要具有以下特点：

一、全国首套，理念先进

作为国内首套新时代劳动教育系列教材，本套教材涉及劳动教育性质和基本理念、目标和内容、关键环节和评价、规划和实施、条件保障与专业支持等内容。在已有的知识体系框架基础上，我们尝试传递更多、更系统的知识内容，同时根据不同年龄阶段学生的身心发展特点、认知水平设计教材教学内容，尽可能实现内容的横向和纵向贯通。

二、体系完整，科学规范

本套教材从基础性的劳动教育概论开始，由浅入深，遵循教育学的基本理论，同时也注重课程设计、教学方法、基地运营、安全管理等实操能力的培养。在编写过程中，我们认真深入研读国家政策文件，确定本套教材的重点、难点及需要注意的事项，并组织编写团队多次到学校、实践基地调研，致力于将政策文件层面的要求与实际需求相融合，贴合国家关于劳动教育的教学要求。

三、案例教学，实操性强

为方便教学，教材中引入大量案例。这些案例均来自学校、劳动教育基地，参考性强，真正做到以案例引入学习，以案例增进理解，以案例引导实操。

四、立体呈现，资源丰富

教材通过二维码链接了微课、视频、图文等富媒体资源，读者只需用手机扫码，就能够轻松浏览。

本套教材既可作为全国大中小学劳动教育指导教师培训教材，也可作为各类劳动教育实践基地专业培训用书，同时还可作为劳动教育研究机构的参考用书。

作为全国首套新时代劳动教育系列教材，在劳动教育发展日新月异的时代背景下，书中如有缺陷与不足，恳望读者指正，我们将在再版过程中予以完善与修正。

中国成人教育协会教师继续教育专业委员会副理事长兼秘书长　石连海

2023 年 8 月

再版说明

REVISED NOTE

为全面贯彻落实中国共产党第二十次全国代表大会精神，全面落实习近平新时代中国特色社会主义思想，全面贯彻党的教育方针，落实立德树人根本任务，培养德智体美劳全面发展的社会主义建设者和接班人，按照教育部《大中小学劳动教育指导纲要（试行）》《义务教育劳动课程标准（2022年版）》要求，此次编写做了以下工作。

一、强调立德树人任务，突出思想政治教育

本教材强调思想政治教育，把思政教育潜移默化地融入教材之中。同时，此次修订，我们在适当位置融入党的二十大精神，尤其是教育目标、教育方针和课程标准，我们都做了一一补充和完善。

二、内容体现最新科研成果

（1）删除了原来国内外课程理论专家晦涩难懂的课程理论，简化了很多“概念”“来源”“特点”“特征”“原则”等内容，突出了“做法和实操”内容。

（2）对2022年公布的义务教育劳动课程标准相应内容进行了补充完善，删除了与新课程标准不一致的内容，嵌入课程设计之中，综合统筹劳动教育课程设计。

三、全面体现数字化教育教学思想

增加了案例视频，并以二维码形式嵌入教材之中；增加了一些活动图片，形成图文并茂的新型图书。

四、邀请了劳动教学一线的实操专家参编教材

这次编写，我们又邀请了李月、司春霞、康园园等国内一线教育专家参与。原来的参编专家为本教材的编写和修订奠定了丰厚的基础，因有更重要的工作岗位和编写任务，没再参加本次修订，对此我们深表遗憾，在此谨向为本书编写做出卓越贡献的专家表示崇高的敬意和衷心的感谢。

由于作者水平有限，本书缺点和错误在所难免，敬请批评指正。请把您的修改意见发到邮箱 siteven@163.com 里，以便我们修订时改正。

李岑虎

2023 年 6 月 16 日

前　言

PREFACE

2020年3月，中共中央、国务院印发《关于全面加强新时代大中小学劳动教育的意见》；同年7月，教育部印发《大中小学劳动教育指导纲要（试行）》，要求全国大中小学全面开展劳动教育必修课，对加强劳动教育进行了整体设计，强调将劳动教育纳入大中小学人才培养全过程，建立起一套完备的劳动教育体系；明确提出要加强劳动教育研究，编写劳动实践指导手册，组织研发展示劳动过程要求的数字资源和教材。自此，劳动教育课程在全国大中小学陆续开设，各地劳动教育理论研究专家著书立说，劳动教育科研成果百花齐放、百家争鸣，极大地促进了劳动教育的蓬勃发展。

2021年12月10日，教育部《关于公布2021年度普通高等学校本科专业备案和审批结果的通知》把劳动教育列入普通高等学校本科新专业名单，门类为教育学，学制四年。这一举措及时指导高校在劳动教育专业的科学性、合理性、规范性上持续改进，加快培养紧缺的劳动教育人才，提升高校劳动教育人才培养质量。

然而，由于我国劳动教育尚属于新专业、新课程、新行业、新领域，目前现有劳动教育理论研究力量还比较薄弱，劳动教育教材权威的标志性成果不多，劳动教育课程理论说服力也亟待加强。实践中，很多大中小学对如何科学地设计劳动教育课、如何按照教育规律上好劳动教育课尚不明确，存在疑惑。甚至很多学校依然沿袭多年前的劳动技术课程来设计劳动教育课程，在教学中表现为片面地传授劳动技能、简单地传播劳动知识，忽视劳动教育核心素养目标，缺乏立德树人教育宗旨意识，把劳动教育课程当作劳动技术课程对待，致使劳动教育教学徘徊不前，制约着劳动教育的健康发展。

为此，我们从劳动教育教学一线的实践出发，肩负劳动教育高度的社会责任感，遵循教育教学规律，编写了这部劳动教育课程设计著作，重点阐述怎么设计好劳动教育课程，解决怎么备课的问题；同时阐述怎样上好劳动教育课程，解决怎么教课的问题。力求对劳动教育课程设计的基本内涵，劳动教育课程主题、目标、内容、教学方式和教学方法、方案、教学过程、资源、师资、评价等课程设计理论和教学实践问题进行深入分析，为大中小学开展劳动教育教学提供技术指导。

本书集结了全国15个省（市）教育科学研究院劳动教育研究员、省教育厅教师培训专家、高等师范院校教学理论研究专家，还有大中小学劳动教育教学一线实操专家，更有勤勤恳恳的劳动工匠大师、劳动模范。他们长期工作在劳动教育的政策、理论研究前沿，有的几十年从事着中国劳动教育实践。他们既有丰厚的劳动教育理论基础，又有来自劳动教育教学一线的典型案例和指导教师的鲜活经验。一年多来，专家们不停地进行教材理论研究和教材试讲试验，采用“教材理论接受劳动实践检验＋劳动实践论证教材理论＋教材理论指导劳动实践”的方式，按照中央最新文件精神，密切关注劳动实践一线动态，汲取国内最新研究成果，潜心打磨完善精品书稿，确保教材的前瞻性和引领性。

本书既可作为全国大中小学劳动教育指导教师培训教材，也可作为各类劳动教育实践基地专业培训用书，同时还可作为高等院校在校大学生的参考用书。

本教材由李岑虎担任主编，施美彬、薛继红、孙英俊、高霞担任副主编，王广陆、孔潇敏、冯瑛、朱宏、刘乃宝、李婷、李子尚、李凤堂、严雷萍、张侠、陈芸先、罗长珍、赵立芳、顾元其、徐振宏、梁媛担任本书编委。李岑虎负责全书的统稿、审阅、修改，主要负责前言与第二、四、五、七章的编写。高霞负责第一章的编写，李凤堂、赵立芳负责第三章的编写，王广陆、徐振宏参与第四章的编写，李子尚、孔潇敏负责第六章的编写，施美彬负责第八章的编写，薛继红负责第九章的编写，陈芸先负责第十章的编写，孙英俊、朱宏、李婷、顾元其、严雷萍、刘乃宝、冯瑛、张侠、罗长珍负责劳动教育案例的遴选、编写和点评。王广陆、梁媛为本教材的试验、修订付出了辛勤劳作和智慧。

本书是新时代第一部劳动教育课程设计著作，是旅游教育出版社落实《关于全面加强新时代大中小学劳动教育的意见》的具体行动。本教材在编写过程中，得到了教育部教育发展研究中心王晓燕研究员的真挚关爱——多次当面赐教，电话里又谆谆教诲。《大中小学劳动教育指导纲要（试行）》研制核心成员、中国教育科学研究院黄琼博士多次修稿，提出大量顶层意见和建议，为本书的编写付出了大量心血。同时本教材也得到了山东省教育学会、广东省教育研究院、山西省教育厅教师培训中心、天津市教育科学研究院、上海市中小学社会实践活动课程研究所、广西教育学院、皖西学院、上海大学、复旦大学、广西师范大学、济宁学院、南京师范大学、邹城市教育和体育局、亲子猫（北京）国际教育科技有限公司、山东弘道研学教育服务有限公司、邹城市博物馆、营地百科、广东海洋大学、上海工商职业技术学院、上海市青浦区青少年实践中心等单位领导和专家的大力支持。本书的出版还得到了旅游教育出版社的大力支持。在此一并表示衷心的感谢和崇高的敬意！

在此书编写过程中，我们引用和借鉴了诸多专家和劳动教育机构的研究成果，但由于时间仓促，有些资料来源未能查到和注明。在此，对各位专家和单位表示诚挚的感谢，并由衷地欢迎原作者与我们联系（邮箱 siteven@163.com、微信 siagelzy），以便再版时予以更正修订。

由于作者水平所限，本书缺点和错误在所难免，请多多批评指正。

李岑虎

2021 年 12 月 16 日

目　录

CONTENTS

第一章 劳动教育课程设计概论

本章导读

本章首先介绍了劳动教育课程设计的概念及意义；其次阐述了劳动教育课程设计的基本原则，并就课程设计的环节进行了说明；最后梳理了劳动教育课程设计的四种方法。

劳动教育基地：福建省三明市示范性综合实践基地　　供图：巫常清

学习要求

了解劳动教育课程设计的内涵，掌握劳动课程设计的意义，熟悉劳动教育课程设计的基本原则，掌握劳动教育课程设计的环节，掌握劳动教育课程设计的四种方法。

思维导图

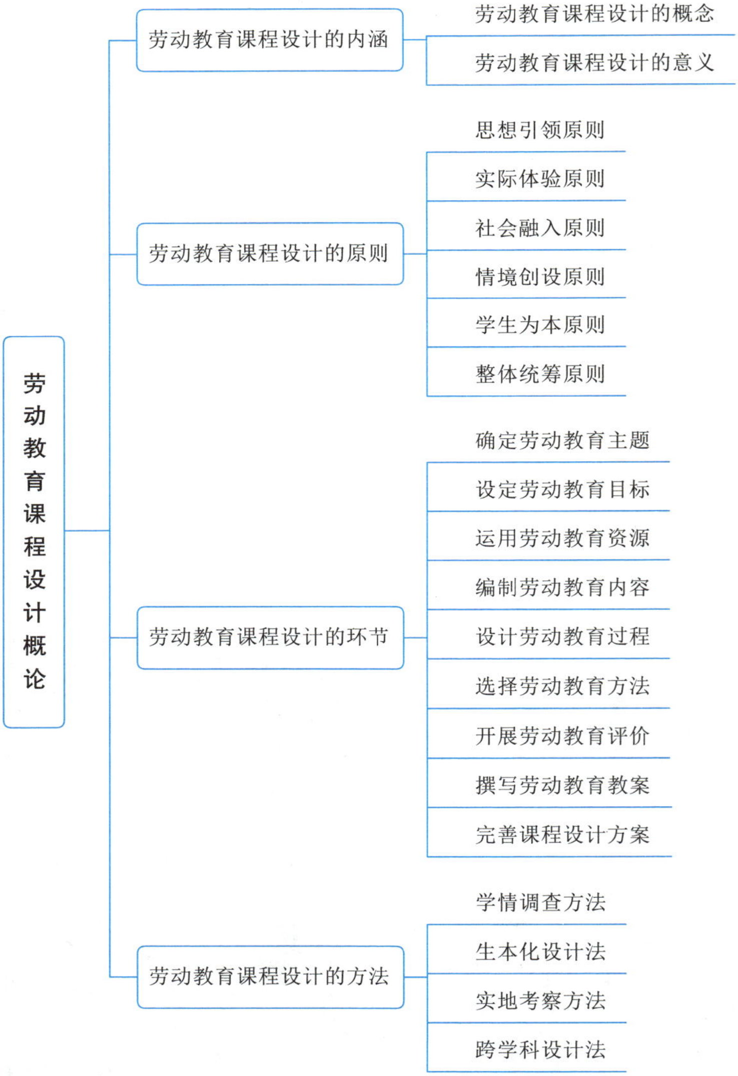

第一节　劳动教育课程设计的内涵

一、劳动教育课程设计的概念

劳动教育课程设计是以劳动教育课程观为指导，制定劳动教育课程标准、选择和组织劳动教育教学内容、预设劳动教育方式的活动，是对劳动教育课程目标、劳动教育经验和预设劳动教育方式的具体化过程。

在这个过程中，教育者以劳动教育课程理论为基础，遵循劳动教育规律的要求，按照劳动教育资源的特点，借助一定的教学方式和方法，结合学生实际情况确定劳动教育目标，根据这一目标准备劳动教育内容，并对劳动教育内容进行计划、组织、实施、评价、修订，以最终完成劳动教育课程目标。

二、劳动教育课程设计的意义

劳动教育课程设计是劳动教育不可缺少的环节，一个完整的课程设计，对于劳动教育活动的准备、实施，对教师的培养、执教都有着非常重要的意义。

（一）课程设计是整个劳动教育过程的预案

教师进行课程设计时，要全面思考并确定劳动教育目标、劳动教育内容、劳动教育方法、劳动教育过程、劳动教育评价，并选择判断学生是否达到预期目标、对劳动教育是否满意。课程设计要对整个的劳动教育过程做出全面的实施方案，并设计出突发性应急预案。确保做到“劳动教育活动有方案，课前有备案，应急有预案”，依据课程目标设计课程方案，全面实施劳动教育活动。

（二）课程设计能弥补劳动教育教材的不足

劳动教育教材包括学校教材和实践基地教材。通常认为，学校教材和实践基地教材是由专业人士编写的，有了充足的学校教材和实践基地教材，劳动教育课程设计轻而易举。但过分依赖学校教材和实践基地教材，以至于将其他更有意义的劳动教育经历排除在外，也不足取。因为大多数教材是给全国各地所有的学生使用的，具有普遍性意义，但是其具体性、针对性明显不足。因此，课程设计能确认学校教材和实践基地教材是否适合本校的学生使用，并确保其内容正是学生必须要了解并且必须要学会的知识——和必修的劳动教育课程相吻合，避免过分依赖学校教材和实践基地教材。

（三）课程设计能培养优秀的指导教师

课程设计有助于学生按照规范的流程开展具体劳动教育活动、纠正学生行为，以帮助学生有效地达到预定的学习目标，这样的教师才更有可能成为优秀教师。同样，能设计出优秀的劳动教育课程方案，并在其指导下实施劳动教育活动，适应学生需求、灵活授课的教师也更有可能成为优秀的指导教师。

（四）课程设计能提高教师的教学信心

经过深思熟虑设计并制定的劳动教育课程方案，能给教师带来劳动教育的安全感、自信心，甚至能全面调动教师的教学激情，教师会觉得身心放松，准备充分。尤其是在劳动教育教学专家团队的协助和监督下设计取得的课程方案，教师会对自己充满信心，感觉自己的教学水平、教学经验完全能够胜任劳动教育教学任务。教师只要花时间去思考和精心设计，劳动教育教学就会变得丰富多彩，就能达到预期效果。

（五）课程设计能使教师得到多方帮助

课程设计不仅需要撰写课程设计方案，还要在劳动教育活动前将这些方案上交给教学专家团队过目商讨，有的还需要将课程方案上交给学校校长或实践基地领导审查，听取这些专家的意见。有些校长或其他领导要求教师定期上交提前写好的课程设计方案，以确保并督查教师对劳动教育教学内容和教学方法进行了深入细致的思考。这些专家和领导，会尽可能地帮助课程设计的教师，确保教师顺利开展劳动教育活动。

第二节　劳动教育课程设计的原则

劳动教育课程设计的原则，是指对劳动教育课程所包含的事实、原理、情感、经验以及学习环境中非预期性的知识、态度、价值观等方面进行设计时所坚持的准则。劳动教育课程设计应该遵循以下原则：

一、思想引领原则

劳动教育是新时代中国共产党对教育的新要求，是中国特色社会主义教育制度的重要内容，它具有鲜明的思想性。

第一，劳动教育课程设计必须将马克思主义劳动观贯穿始终，强调劳动是一切财富、价值的源泉，劳动者是国家的主人，一切劳动和劳动者都应该得到鼓励和尊重；倡导通过诚实劳动创造美好生活、实现人生梦想，反对一切不劳而获、崇尚暴富、贪图享乐的错误思想。

第二，劳动教育课程设计要强化劳动观念，弘扬劳动精神。将劳动观念和劳动精神教育贯穿人才培养全过程，贯穿家庭、学校、社会各方面。注重让学生在学习和掌握基本劳动知识技能的过程中，领悟劳动的意义价值，形成勤俭、奋斗、创新、奉献的劳动精神。

总之，课程设计要坚持思想引领，既要让学生学习必要的劳动知识和技能，更要通过劳动帮助学生形成健全人格和良好的思想道德品质。

二、实际体验原则

学生的劳动教育具有显著的实践性。劳动教育课程设计必须面向真实的生活世界和职业世界，引导学生以动手实践为主要方式，坚持实际体验。要让学生直接参与劳动过程，增强劳动感受，体会劳动艰辛，分享劳动喜悦，掌握劳动技能，养成劳动习惯，提高动手能力和发现问题、解决问题的能力。

第一，实践性原则要求在进行课程设计时，要确保课程设计的可操作性，再整体围绕学生感兴趣的具体问题或劳动教育主题展开内容设计，设计以任务目标为导向，要求学生亲自动手、动脑，完成劳动教育课程。

第二，秉承实践性原则，劳动教育课程设计要因地制宜，依托日常生活不同的环境，通过讲解说明、淬炼操作、项目实践、反思交流、榜样激励等关键环节，加强对劳动教育方式方法的具体指导；要求通过组织学生参加劳动实践，对学生进行热爱劳动、热爱劳动人民的教育，切实解决有劳动无教育的问题，使学生在劳动中获得成长，培养学生创新精神和实践能力。

三、社会融入原则

劳动教育具有明显的社会性，课程设计也要突出社会性、时代性、开放性。我们在课程设计时，要坚持有机融入。要有效发挥学科教学、社会实践、校园文化、家庭教育、社会教育的劳动教育功能，让学生在日常学习生活中形成劳动光荣、劳动伟大的正确观念。

第一，课程设计必须加强学校教育与社会生活、生产实践的直接联系，发挥劳动在个人与社会之间的纽带作用，引导学生认识社会，增强社会责任感；同时注重让学生学会分工合作，体会社会主义社会平等、和谐的新型劳动关系。

第二，劳动教育要继承优良传统，彰显时代特征。在充分发挥传统劳动、传统工艺项目育人功能的同时，紧跟科技发展和产业变革，准确把握新时代劳动工具、劳动技术、劳动形态的新变化，创新劳动教育内容、途径、方式，增强劳动教育的时代性。

第三，设计多种形式的劳动教育活动。譬如，可以选用课题研究性学习、社会参与性学习、体验性学习和实践性学习等劳动教育方式，可以采用调查、访问、考察、实验、制作、劳动、服务等方式，让学生有多元表达的途径，促使学生投入到对劳动教育知识奥秘的探究中去。

四、情境创设原则

劳动教育实践活动总是与一定的社会劳动文化背景，即“劳动情境”相联系，总是在实际的劳动实践情境下进行学习，因此，创设真实的劳动教育情境成为课程设计的首要任务。劳动教育不仅仅是为了掌握现成的劳动知识结论，更重要的目的是将学习的知识迁移到新情境之中，让学生理解问题的复杂性，创造性地解决问题。要遵循这一原则，必须注意以下几个问题：

第一，指导教师要善于发现一些对学生来说是真实的同时又与劳动实践活动相关的问题。

第二，指导师要切实激发学生的劳动参与动机，引导学生挑战各种复杂的问题情境。

第三，让学生进行角色扮演，模拟在真实问题情境下的各种角色的行为，以便将来在真正的问题情境中得心应手。

五、学生为本原则

劳动教育课程设计要以学生为本，充分发挥学生的主体作用，激发学生的创新创造精神。

第一，关注学生劳动过程中的体验和感悟，引导学生感受劳动的艰辛和收获的快乐，增强获得感、成就感、荣誉感。

第二，鼓励学生在学习和借鉴他人丰富经验、技艺的基础上，尝试新方法、探索新技术，打破僵化思维方式，推陈出新。

第三，劳动教育课程设计要强调学生身心参与，注重手脑并用。把握劳动教育的根本特征，让学生面对真实的个人生活、生产和社会性服务任务情境，亲历实际的劳动过程，善于观察思考，注重运用所学知识解决实际问题，提高劳动质量和效率。

第四，坚持适当适度。要根据学生年龄特征、性别差异、身体状况等特点，选择合适的劳动项目和内容，安排适度的劳动时间和强度，做好劳动保护，确保学生人身安全。

六、整体统筹原则

劳动教育课程设计是一项系统工程，它是由劳动教育目标和劳动教育对象的分析、劳动教育内容和方法的选择，以及劳动教育评价等子系统所组成的，各子系统既相对独立，又相互依存、相互制约，组成一个有机的整体。在劳动教育过程中，劳动教育目标要通过劳动教育内容、劳动教育资源、劳动教育方法来实现，劳动教育内容、劳动教育资源、劳动教育方法受劳动教育目标的支配，即劳动教育目标、劳动教育内容、劳动教育资源、劳动教育方法要达到相互匹配、和谐一致。

课程设计遵循整体统筹原则，对实现课程设计的科学性、艺术性、整体性和可行性具有重要意义。要遵循这一原则，必须注意以下几个问题：

第一，劳动教育目标对劳动教育内容、资源、方法起着控制作用。劳动教育目标是劳动教育活动的方向。

第二，劳动教育内容的确立、资源的选用与方法的制定，是为达到劳动教育目标而服务的。脱离这些劳动教育要素，劳动教育目标就无法达成，而离开劳动教育目标去追求劳动教育内容的“精”、劳动教育资源的“新”、劳动教育方法的“活”，不仅无益于提高劳动教育质量，而且浪费时间。

第三，劳动教育过程是选用资源、采用方法、完成劳动教育任务、实现劳动教育目标的进程。只有劳动教育目标导向正确，劳动教育内容精要，所选资源有利于信息传递，劳动教育方法合乎学生的认知规律，才能使劳动教育过程得以有效推进。

第三节　劳动教育课程设计的环节

劳动教育课程设计是一项非常复杂而系统的工作，涉及语文、思想品德、美术、地理等学科，校外劳动教育活动还要涉及基地、交通、餐饮、住宿、安全等多个领域。我们在设计时，需要遵循一定的步骤与环节，以确保后期劳动教育教学实践工作的顺利开展。

一、确定劳动教育主题

劳动教育主题是劳动教育的灵魂，劳动教育过程中的所有环节设计，都应围绕主题来展开。我们在设计劳动教育主题时，需掌握分析学生需求的方法与技术，找准学生在劳动教育中的真问题，并且找准这些真问题与教师已有经验或兴趣等的结合点，以此选定合适的课程主题。课程主题选定首先要符合“小”“实”“专”“新”四个标准；同时，还要给这个劳动课程主题拟定一个合适的标题，而这个标题需既反映实质又新颖有趣。

二、设定劳动教育目标

设定劳动教育目标，首先要了解劳动教育中存在的问题，分析学生的实际情况与期望水平之间的差距，确定总的劳动教育目标，解决“为什么教”的问题；其次根据劳动教育总目标，撰写具体合适的课程目标，解决“教什么”“达到什么要求”的问题；再次对学生特征进行分析，确定学生的初始能力，了解学生的一般特征，分析学生学习风格；最后阐明劳动教育目标，把劳动教育内容分解成很多具体的劳动教育目标，用一种非常明确、具体的，可以观察和测定的行为术语，准确地表达出来，形成一个目标体系。

三、运用劳动教育资源

根据选择和运用劳动教育资源的原则，描述劳动教育过程中所需的劳动教育资源，按照学校统一安排和劳动教育资源单位协商结果做出最佳选择，阐述运用劳动教育资源的设想，解决“怎么教”“教什么”的问题。

四、编制劳动教育内容

编制劳动教育内容时，教师首先要在广泛搜集与课程主题相关的素材的基础上，根据课程目标、教师的经验或兴趣、学校意见等确定教学内容。然后，按照课程的实施顺序把课程的内容、方法、时间等有机组织起来，搭建劳动课程结构，编写劳动教育课程大纲。

五、设计劳动教育过程

劳动教育课程实施方案按照实施时间的顺序可分为：劳动前、劳动中和劳动后三个基本步骤。按照实施步骤和任务，这三个基本步骤可划分为五个基本环节，即课程准备，设置问题；课程导入，提出问题；开展新课，解决问题（讲解说明、淬炼操作、项目实验）；课程评价，激励提升；课程总结，反思问题。

设计劳动教育过程，首先要细化劳动教育课程实施过程，从劳动教育准备阶段开始吸引学生的注意力与兴趣，一直到劳动教育结束，再到劳动教育结束后的迁移、应用指导、服务提升等都要尽可能做到引人入胜。其次要确定劳动教育顺序，设定劳动教育活动程序，避免实施过程的随意性，解决“怎么规范化教”的问题。

六、选择劳动教育方法

劳动教育课程教学实施方法是劳动教育课程设计的重点环节，主要包括劳动教育教学方式、教学方法及其流程设计。选择恰当的劳动教育教学方式，运用符合学生学习特点的教学方法，让学生尽可能参与、融入劳动教育活动中来，解决“用什么方法教”的问题。

七、开展劳动教育评价

为了检测学生的劳动教育学习效果，促进学生劳动教育学习，课程设计时要设计出针对性强、形式多样、生动活泼的评价活动。评价标准是劳动教育课程目标；评价对象包括教师“导”的行为和学生“学”的行为；评价类型可分为诊断性评价、形成性评价、总结性评价；评价方法包括自我评价、同学互评、教师评价、家长评价、实践基地评价法；评价目的是了解是否达到劳动教育目标，确定“效果如何”。

八、撰写劳动教育教案

为避免劳动教育教学过程的随意性，保证劳动教育规范化、程序化实施，课程设计时要撰写劳动教育教案，并将教案或脚本内容制作 PPT 课件。撰写教案，包括劳动教育内容、劳动教育流程、劳动教育方法、评价活动等。制作的 PPT 或视频，有使用条件或者必须使用 PPT 的劳动教育课程可以使用，没条件或者不宜使用 PPT 的劳动教育场所可以不用或者不制作。

九、完善课程设计方案

优质的劳动教育课程方案设计都要经历个人设计、集体讨论、现场完善三个过程，从而对方案进行重新审查和修改。要特别注意检验“设计劳动教育目标”和“设计劳动教育过程”这两个步骤，发现问题及时修改、补充、完善。

第四节 劳动教育课程设计的方法

劳动教育课程设计是一个系统、复杂的过程，除了掌握劳动教育课程设计的原则、要素和规范化流程之外，还要注重以下课程设计方法的研究。

一、学情调查方法

学校确定好劳动教育教学内容以后，指导教师就要对选定的内容是否适合即将要参加劳动教育活动的学生做出调查研究，这就是学情调查方法。学情调查的项目包括：学生是否参加过这种劳动课程？学生是否来过这些基地？劳动教育知识内容是否都早已掌握？掌握到什么程度？原来教师用的什么方式方法？原来没有掌握的那些内容和课本有什么关联？这些项目不是教师的主观臆想，也不是照本宣科，而是切切实实地调查研究，真正了解参加劳动教育活动的学生的真实状况，以便教师有针对性地实施教学。实施学情调查可以采用以下具体办法：

（一）访谈法

访谈法主要是采用当面交谈的形式从学生、教师等处获取有效劳动教育信息，以帮助改善劳动教育课程设计的重要方式。

访谈法的编写，首先要确定访谈对象。访谈对象可以是已执教过此类劳动教育课程的教师，可以是已参加过此类劳动教育活动的学生，但主要的访谈对象应是即将参加本次劳动教育活动的学生。访谈法需要编写访谈提纲，访谈提纲应根据不同的访谈对象确定不同的问题。针对原来的教师，可以访谈其认为的主要劳动教育内容和劳动教育重点、难点，劳动教育过程中学生出现的问题及可采用的教学方法、教学建议和忠告等。针对已参加过此类活动学生的访谈，重在了解其劳动教育后的知识、能力和价值情感掌握情况，以及劳动教育收获和学习中遇到的问题等。对于即将参加本次劳动教育活动的学生的访谈，访谈问题的编写可以参考问卷法的问题编写原则和角度，摸清学生劳动教育前的基本情况。

譬如,《我到社区来除草》劳动教育专题课程学情调查就是运用了访谈法。

案例分享

《我到社区来除草》劳动教育课程学情调查访谈法提纲（片段）

（2）访谈已经参加过此类劳动教育活动的学生

①参加这个活动时，你觉得最有意思的部分是什么？

②劳动教育后，你觉得最有收获的部分是什么？

③哪些劳动教育内容是当时体验、探究或者参与过的？你觉得没必要开展的内容有哪些？是什么原因让你觉得这些内容没有必要开展？

④哪些部分内容是你觉得是应该开展的，或你自己很想参加的？是什么原因让你觉得这些内容有趣或有必要参与开展？

⑤这次劳动教育活动学习到的知识哪些部分对你的其他学科有帮助？有什么帮助？

⑥如果有一位教师将要组织参加这个劳动教育课程，你对这位教师有什么期望？

⑦在开展这个劳动教育课程时，你喜欢教师用什么样的方式和方法？

（3）访谈将要参加本次劳动教育活动的学生

①你在此之前是否知道这个社区？如果知道，你能说出这个社区的基本情况吗？

②对这次劳动教育活动你有什么期待？期待学习些什么？期待怎样学习？

③你认为我到社区来除草的目的是什么？你来这个社区最想做的是什么？

④看《我到社区来除草》这个题目，你有一些什么感受？

⑤在劳动教育前的准备中，遇到了什么困难或疑惑吗？

⑥你喜欢教师将来用什么样的方式和方法来开展这个活动？

⑦现在马上要参加劳动教育了，你对教师有什么期望？

（二）问卷法

问卷法是教师在对学生回答的系列问题进行分析中收集学情信息（包括学生劳动教育前的知识储备、学习方法的积淀、对问题的独特看法、价值观和品德觉悟的提升等），以验证本次劳动教育内容是否贴切、预设的劳动教育目标是否基于学生已有的知识经验及认知水平，从而高效、高质地完成劳动教育任务的方法。

使用问卷法的关键在于，编写系列适宜的问题。问题的编写应以了解学情、检验所选择的劳动教育内容是否贴切、制定的劳动教育目标是否适宜为目的。调查的内容不宜太过繁杂，应围绕着劳动教育课程独有的教学价值进行取舍。譬如，可调查学生劳动教育新课前已有的知识、能力和方法；对某些问题等所持的情感、态度和价值观；对劳动教育中基础知识、技能已掌握的情况；对劳动教育中某些教学点乃至对劳动教育主题、思想的理解；对本次劳动教育特色的分析和感知；对具体劳动文化艺术的分析鉴赏能力；提炼、整合劳动教育知识、技能的能力；劳动教育中是否有问题意识，劳动教育中是否有独特发现和独到见解等。

问卷法的问题编写目的不是对学生进行检测与评价，而是旨在帮助教师获取有益的劳动教育教学信息，以便依据所得的信息修改劳动教育方案中所给出的课程设计的示例，以适合自己的教学风格及学生的认知倾向。

问题的类型与形式可多种多样，譬如，填空题、选择题、判断题、问答题等均可。题目以测查学生劳动教育新知识时的能力、性格倾向、学习倾向、情感状态为主；了解学生知识储备、学习需要等的题目不宜过多，以避免造成学生与教师的误解，认为学情调研是测试试卷的变形；问卷题目数量应以少于 5 个为宜；每个题目主要测查一个教学点，各题目间的教学点一般不要交叉和重复，并且尽可能按由易到难的层次排列，方便教师选用。

（三）活动设计法

活动设计法主要是以学生动手设计活动为主，以使教师借助学生在活动中的言语行为表现，确定其劳动教育新内容的当前情感状态及对劳动教育新内容的认知水平。劳动教育课程设计要考虑学生的参与活动。

我们认为活动的设计应遵循以下原则：首先，与既定劳动教育内容和劳动教育目标相适应，活动内容不可漫无边际，应主要参考劳动教育内容和目标制定；其次，应便于师生互动，以帮助学生及时获得所需的学情信息；最后，简单易行，活动不应太复杂，避免占用太多的劳动教育时间，喧宾夺主。

二、生本化设计法

所谓生本化就是以学生为本，以学生的发展为本，把劳动教育与学生的实际结合起来，在劳动教育过程中教师要满足学生的自我需要，尊重学生的生命力，把对学生的关注扩展到劳动教育活动的每一个环节，让学生积极参与管理，成为管理主体。

劳动教育生本化课程设计是根据劳动教育规律和劳动教育资源特色要求，基于学生的现有知识水平、学习特点与需求，对劳动教育活动的目标、内容、方式、学习情境、评价指导及整个教学过程所做的整体系统化策划和具体安排。劳动教育生本化课程设计重视学生的生命力、学生的发展力和劳动教育教学的应用价值，劳动教育方式方法上注重启发式、探究式、讨论式、体验式、合作式，以此提高劳动教育教学质量和效益，实现可能条件下的劳动教育教学过程最优化。它的整个劳动教育教学过程是开放的、动态的和灵活的，即从劳动教育前的准备预设到劳动教育参与互动，再到劳动教育后的评价反思，整个过程都是在动态变化之中，每一个环节都是学生亲身参与其中。

譬如，孟府劳动教育专题《〈孟子七篇〉线装书的制作》生本化课程设计。

案例分享

《〈孟子七篇〉线装书的制作》生本化课程设计（片段）

（二）劳动教育过程活动生本化

劳动教育过程活动生本化，就是力求课程设计线装书制作的过程，以及每个环节都精心设置一些促使学生参与的劳动教育活动。

1. 技能培养

①小组合作让学生自主提出问题，自己解决问题；

②小组合作讨论提出问题，师生共同解决问题；

③学生讨论线装书的构成，讨论制作线装书使用的工具；

④师生分析线装书的制作，展示制作方法；

⑤教师指导学生制作线装书、学生帮助学生制作线装书。

2. 习惯培养

①学会发言。能清楚表达自己的观点，接受他人的意见并改正、补充。

②学会倾听。乐于倾听别人的意见，努力掌握别人发言的要点，对别人的发言勇于做出评价。

③学会质疑。敢于提出不同的看法，表达个人观点，听不懂时请求对方再讲一次。

④学会组织。主持小组学习，能根据他人的观点，做总结性发言。

⑤学会担当。小组成员之间的职责要定期轮换，培养责任意识，体验多种角色，从而进行换位思考，有利于小组合作。

⑥学会参与。机会均等，要求人人参与，对发言多的进行次数限制，以便他人也有表达的机会，实现全员参与。

⑦学会点评。设计多方位的激励评价机制，采用学生自评、小组互评、生生互评、师生互评等方式，发挥先进、典型学生的示范效应，引导全体学生全方位地参与劳动教育评价过程。

本案例由孔潇敏老师设计。

上述课程设计的最大特色就是尊重学生的生命力，全程引导学生积极参与。学生在每一个环节中，都需要观察、探究、思考、讨论。而教师在这种设计中，则巧妙智慧地转换了角色，变成了劳动教育活动的设计、组织、实施、评估、指导者而不是机械地传授者。

三、实地考察方法

实地考察方法是指为了解劳动教育基地、线路、流程，掌握劳动教育教学实施流程，开展好劳动教育课程设计活动，而去劳动教育实践基地进行实地调查的方法。通过一定的方式对调查对象进行相关的接触与走访，获得第一手的准确资料，确保劳动教育课程设计的质量。开展实地考察，注意以下流程：

（一）确立考察目的

教师根据教学内容，甄选考察对象，制定考察任务，明确考察目的，对劳动教育课程计划中提到的劳动教育实践基地、劳动教育目的地、劳动教育线路都要逐个考察，一一落实，不能遗漏。

（二）决定考察方法

开展实地考察时，要求在实地考察前，对实地考察项目做出完整规划，用最合理的成本、最合适的方法及最适当的时间来执行实地考察，进而获得最适用的课程设计信息资源。实地考察的方法包括：走访法、问询法、观察法、实验法、查阅资料法、问卷法，以及劳动教育前的模拟训练法、说课法等。

（三）展开实地考察

课程设计者带着考察任务，有目的地对劳动教育实践基地进行实地考察。在考察过程中，发现实际问题，运用实地考察的方法和途径去解决发现的问题。在实地考察时，要求考察人员在对劳动教育实践基地总体考察的基础上，重点考察有代表性的教学点。如果没有重点考察，总体考察就会显得浮泛；而光有个别的重点考察没有总体考察，印象便又会变得支离破碎。

案例分享

对沂蒙红嫂纪念馆劳动教育基地的考察

沂蒙红嫂纪念馆位于山东省沂南县马牧池乡常山庄村。这里是面向全国各级党员领导干部开展马克思主义群众观教育和党的群众路线教育的省级干部教育培训基地，是国内迄今唯一全面、系统介绍“红嫂”的专题纪念馆，也是中国唯一一处以普通群众为主题的革命纪念馆。该馆以沂蒙红嫂的感人事迹展现了“最后一口粮当军粮，最后一块布做军装，最后一个儿子送战场”为核心内容的红嫂精神。被中央和国家部委确立为爱国主义教育基地、革命传统教育基地。

以上是课程设计的总体印象，如果进行劳动教育课程的专题设计，还需要再详细地考察村中八路军布鞋的制作、烙煎饼、纺线、织布、磨豆腐、割麦子、独轮车使用技术、剪纸技术等劳动内容，同时还要考察每个项目的专家一次能教授多少学生？房间能容纳多少学生？譬如，一个摊煎饼的场地，100 平方米左右的劳动教育场地，只能容纳 30 个左右的学生，无法承载大型团队，就不能在此开展这个摊煎饼活动，也就不能准备摊煎饼这个课程。假如有 200 人学生团队，而且接待计划中注明了摊煎饼技术课程，我们可以在实地考察的基础上，建议把课堂设置在游客服务中心的广场上，同时建议再另外聘请20名摊煎饼师傅传授摊煎饼制作技术。以上这些既要总体考察，又要具体勘查，不能有细节的遗漏。

（四）做好分析记录

在考察过程中，要随时对自己观察到的现象进行分析，努力把握住考察对象的特点。在考察过程中，对一些能够具体说明事物的材料要做必要的记录，说明要准确。譬如，拓片制作课，劳动工具需要哪些、多少件、拓片制作模板数量多少、自己劳动教育团队人数多少、这里的项目专家讲解的和其他专家讲解的是否一致、劳动教育基地内容和中小学教材哪里有联系、每个教学点最恰当的劳动教育方式方法是什么，等等。这些问题都要一一记录在册。

（五）汇报考察结果

当实地考察完成后，考察人员必须将所有搜集来的资料，加以编辑、组织、分类、充实，编写课程设计方案、制作PPT，使考察资料变成可供劳动教育课程设计使用的资讯。把不能用来开展劳动教育课程的项目、内容、方法、模式等给有关方面予以具体清楚的汇报，并提出自己的修改意见或建议。

四、跨学科设计法

中小学劳动教育课程涉及语文、数学、英语、科学、美术、物理、计算机、历史、化学、音乐、美术、思想品德等多个学科内容，超越了某一个学科的知识范畴、研究范式，创造性地联结起某个主题的多学科内容并进行整合，开启的是一种创造性的活动、新的认知视野和新的问题解决智慧。教师把这些人类社会和自然界实践过程中积累起来的丰富的经验成果进行加工、整理和诠释，就形成了跨越其他任何单一学科的劳动教育专业知识。学生通过体验和探究的方式交叉渗透学习，获得这些横跨不同学科的知识，对所学知识形成一个整体性和系统性的认知，从而开阔学生视野，培养创新创造能力，养成科学探究精神，增强团队合作意识，提升自身的综合素质。

另外，劳动教育课程的内容关涉到的这些学科的知识、理论和方法并非独立并行，而是处于交叉协同的状态，并且因为这些科目的交叉与协同产生出了新见解、新知识或新思维。单一学科的知识、内容与方法无法解决劳动教育所面临的复杂问题，需要依托其他相关学科的知识、理论或方法加盟助力，协同支持，一起发力，最终让学生在劳动教育中遇到的问题迎刃而解。

譬如，劳动教育课程设计方案——竹笛的制作，就是典型的跨学科设计。

案例分享

《竹笛的制作》课程设计方案（片段）

【教学对象】

高二学生

【教学工具】

竹竿、砍刀、手锯，打孔器、能够钻眼（孔）的钻子或者粗铁丝（烧红）之后钻孔用、修挖洞孔的小尖刀（普通小尖刀也可以）、能够打穿竹子内的长刀（或用粗钢丝把一头打成半圆形，磨得锋利一些即可），铅笔、米尺、直尺。

【教学方法】

运用头脑风暴法、探究、实验、合作、讨论。

【教学过程】

一、现场勘察，遴选竹子

依据之前环节的规划，引导小组长带领组员对竹林基地进行勘察，遴选合适的竹竿长度、直径和数量。首先，要选用老的、坚实而干燥的竹子；其次是竹节要小，表面圆而平整，两头的粗细相差不大。

二、砍伐竹子，制作竹竿

在竹林基地，小组长在组内进行责任分工。在竹农和教师的指导帮助下，对遴选好的干燥的竹竿进行打磨，制作竹竿。如果竹身不直，可用柴火或草火烘烤，把有弯的地方烤热后，扳直浸入冷水中以防弯曲。注意引导提醒：同学之间相互指导、帮助，感受劳动的艰辛和劳动成果的甜美。

三、切割竹竿，做成笛管

（1）按照现场竹笛制作专家的要求，按照长30厘米标准切割竹子，做成笛管。学生应该随时将自己的发现记录下来。采用小组合作法、讨论法，形成团队合作意识。

（2）打通竹子内节，削平外节，内外都要尽量光滑。如果竹皮粗糙而不美观，也可以刮去一层薄皮。提醒注意安全操作。

（3）比量尺寸，决定调子。把竹子材料弄好以后，量一下内径（直径）和长度，根据它的粗细和长短，决定做什么调子的笛子最合适。

（4）调音和挖孔。这是做笛子全部过程中最重要也是最困难的一步工作。往往因一个孔挖得不合格（发音不准）而使全笛报废。

挖孔时，首先挖好吹孔（不可挖得太大），堵上笛塞（也可以利用某个不打通的竹节，来作笛塞），然后量好吹孔至后音孔的距离，挖两个后出音孔。开始要先挖小点，然后吹一吹，听一听，看看筒内音是否准确？如果低了点，就将两个孔都向前（向吹孔那边）挖大一些，也可以不再挖。要特别注意的是，开始挖孔时不能超过规定的尺寸，以防音孔开高了不好弥补。

把后出音孔挖好后，以此孔为基点，朝着吹孔方向按顺序、尺寸比例依次挖孔。挖的方法也是先挖小点，然后边试音，边扩大。挖好一孔再挖另一孔，最后挖膜孔。两头多余的竹子先锯掉或后锯掉都可以。如果笛尾竹子长，还可开两个前出音孔（又称调音孔），也可以将笛尾锯短一些，不要前出音孔。

这个过程，要引导提醒：同学之间相互指导、帮助、团结、合作，感受制作竹笛的艰辛和成功的喜悦。

（5）全部工序完后，进行总的校对和检查，最后上漆。这样一支新笛子就算完全制成了。

各小组之间相互观摩、讨论评估。全程发扬集体主义精神、合作精神，不怕吃苦、不怕困难。

上述这个案例片段，从劳动教育教具的准备，到内容的确立，均涉及物理、音乐、语文、数学等学科知识，这样富有创意的跨学科活动设计与实践让学生们领略到万花筒般的认知新体验。在不同学科之间进行探索、制作、体验等，这种跨学科设计的方法对于学生的核心素养的培养有十分重要的意义。

思考题

1. 劳动教育课程设计有什么意义？
2. 简述劳动教育课程设计的原则。
3. 简述劳动教育课程设计的环节。
4. 简要回答劳动教育课程设计有哪些方法。

参考答案

第二章 劳动教育课程主题

本章导读

本章简述了劳动教育课程主题的选题方法以及课程主题命名的原则、要求和方法，并推荐了部分课程主题的名称。

福建省中小学生劳动教育实践基地：福建省漳州市绿港园生态农业有限公司的大门

供图：苏在中

学习要求

掌握劳动教育课程主题的选题方法，熟悉课程主题命名的原则、要求和方法。

思维导图

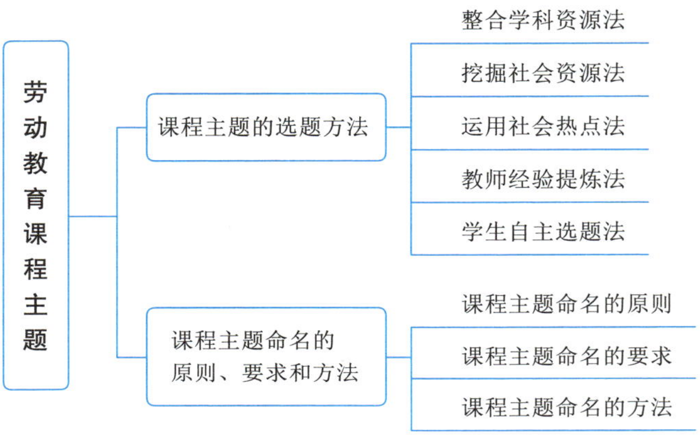

主题泛指课程主要内容，具有核心、焦点、主旨、重心、中心、要旨等内涵。劳动教育主题是劳动教育教学活动的主旨与核心。劳动教育课程设计最基础的环节就是确定劳动教育主题。确定劳动教育主题首先要掌握劳动教育主题的选题原则、选题方法和课程主题的命名方法。

第一节　课程主题的选题方法

劳动教育课程主题的选题方法主要有整合学科资源法、挖掘社会资源法、运用社会热点法、教师经验提炼法、学生自主选题法等。

一、整合学科资源法

劳动教育打破分学科教学模式，强调各学科知识之间的整体关联，通过一个劳动主题将它们统整起来，围绕这个主题组织、设计活动内容。譬如，《大葱的栽培技术》劳动教育课程，包含数学、生物、物理、语文、农业基础、地理等学科知识，教师要结合原来的学科知识，进行整合，形成新的劳动教育课程主题，围绕这些学科知识，设计大葱的栽培技术这一个主题内容。

劳动教育课实践环节与综合实践活动、研学旅行活动中的社会服务、设计制作、职业体验重叠部分，可整合实施。职业院校、普通高等学校劳动教育中学生生产劳动和服务性劳动可以通过专业实习、实训、创新创业等实践环节完成，日常生活劳动可以通过学生管理落实。

二、挖掘社会资源法

《大中小学劳动教育指导纲要（试行）》规定，劳动教育的内容主要包括日常生活劳动教育、生产劳动教育和服务性劳动教育三个方面。这三个方面包含学校资源、家庭资源和社会资源，而不仅仅是片面的学校资源。教师要依托社会各方资源，精心设计、组织开展主题明确、内容丰富、形式多样、吸引力强的劳动教育活动，以鲜明的劳动价值导向引导学生，以积极向上的力量激励学生，促进学生形成良好的劳动品德和劳动习惯。开展学雷锋、植树节、劳动节、丰收节、科技节等主题教育活动，参观考察古代著名工程、民居民俗、科普场馆、劳动博物馆、艺术馆、非遗馆等，充分利用传统农业、工矿企业、科研院所、实验室等社会资源，遴选出合适的劳动教育主题课程，把社会资源同学校劳动教育主题有机结合起来。

三、运用社会热点法

社会热点往往蕴含着重要的课程资源，我们在遴选劳动教育主题时，要把社会生活的热点内容渗透到劳动教学的全过程中，让劳动教育课堂贴近社会、回归生活，让学生在劳动中感受劳动的快乐、品味劳动的幸福。

譬如，2023 年 4 月 27 日，2023 年庆祝“五一”国际劳动节暨全国五一劳动奖和全国工人先锋号表彰大会在北京人民大会堂隆重举行。全国 207 个集体和 1035 名个人分获全国五一劳动奖状、全国五一劳动奖章，1044 个集体获全国工人先锋号。表彰对象既有圆满完成首次火星探测、空间站建设等重大任务的航天专家，也有基层的货车司机、快递员、外卖配送员等。我们可以精心选取和挖掘“全国五一劳动奖章”这个社会热点资源，确立劳动教育课程主题，譬如，“我是劳动小能手”“我来当环卫劳动模范”“我来制作飞机模型”等主题，对学生进行劳动教育，用社会热点背景感染学生，让劳动教育的课堂充满活力与张力。社会上还有很多劳动教育热点，譬如，高科技农业类的农业物联网、基因育种、高科技植物保护、新型农用机械、温室蔬菜与花卉、农产品加工等劳动主题，高科技工业类的机器人智能车间、高端装备制造车间、新能源工厂等劳动主题，新兴产业的无人机、AR、VR、数字工厂等劳动主题都是社会热点，都可以作为劳动教育的主题。

案例分享

运用社会热点法设计劳动教育课程主题之回顾（片段）

匡衡路小学运用社会热点法设计劳动教育课程主题，收到良好的效果。高速铁路刚刚运行，老师及时选取和挖掘社会热点资源——乘坐高铁，制作高铁动车模型，感受祖国科技的飞速发展。每年一度的植树节都是社会热点话题。2019年4月8日，党和国家领导人习近平、栗战书、汪洋等来到北京市通州区永顺镇参加首都义务植树活动，习近平同大家一起亲自植树。学校抓住这个话题，迅速确定劳动教育主题。譬如，我来种植小杨树、我是小小护林员、果树栽培我能行、我是绿地保洁员、爱护花草树木宣传员、操纵无人机喷洒农药技术、我是森林防火宣传员等劳动教育主题。2019年12月17日，我国第一艘国产航空母舰山东舰在海南三亚某军港交付海军，国产航空母舰成为社会热点话题。老师抓住这一个热点，及时确立劳动教育主题。譬如，我来制作航空母舰模型、我是航空母舰小小设计师、飞机模型制作的方法技巧、航空英雄故事演讲等主题。这些都是运用社会热点法确定劳动教育课程主题的案例。

四、教师经验提炼法

劳动教育主题设计，不仅应当充分发挥学生的自主性，还要重视指导师的经历、爱好和特长。指导师在设计活动主题时，可以从个人的经验出发，并且结合自身的兴趣和爱好。使用含有指导师个人经验的主题开展劳动教育活动时，指导师对于内容相对比较熟悉，同时由于指导师对自己和学生知识、能力以及兴趣方向等比较了解，这样设计出来的劳动教育主题活动在实施时会更有保证。如果指导师能够结合业余爱好和兴趣设计劳动教育活动主题，在开展劳动教育活动时指导师将会更加积极、热情地投入到活动之中，并且通过自己的热情激发学生的兴趣，使活动能够持续开展。同时从指导师兴趣出发指导学生开展活动，也有利于指导师发挥自身特长和潜力，使活动的效果更加理想。

五、学生自主选题法

劳动教育主题设计，指导师也可以发动学生独立自主地发现和寻找问题，然后师生共同来筛选问题，把问题转化成劳动主题。

指导师通过创设劳动情境，激发学生的劳动创造性思维，引导和启发学生从多方面发现和寻找研究劳动教育课题，鼓励学生在自己所处的自然、社会和生活环境中留心观察、用心体会、细心辨析，从中探寻自己感兴趣的劳动教育问题或课题，并将问题及时记录下来，再经过讨论转化为劳动教育的主题。譬如，其他学科教学中涉及的与劳动实践有关或学生非常感兴趣的内容，学生个人生活和学习中出现的问题，学校、家庭、社区生活中学生感兴趣的劳动现象，科技与社会热点问题等，都可以作为劳动教育主题。对于学生自己选择的主题活动，其参与的积极性和效果自然是不言而喻的。

课程主题的选题方法多种多样，这需要指导师、学校、劳动基地等机构或部门根据资源实际和本部门、本单位的实际统筹考虑，选取可行性强、具有教育价值和意义的课程主题。

第二节　课程主题命名的原则、要求和方法

一、课程主题命名的原则

主题通常就是课程主题内容或中心的概括，占据着非常显著的位置。劳动教育课程主题命名时需遵循以下原则。

（一）育人导向原则

劳动教育课程要把握育人导向。坚持党的领导，围绕培养担当民族复兴大任的时代新人，着力提升学生综合素质，促进学生全面发展、健康成长。把准劳动教育价值取向，引导学生树立正确的劳动观，崇尚劳动、尊重劳动，增强对劳动人民的感情，报效国家，奉献社会。课程主题命名时要把育人导向原则作为首要原则。

（二）科学性原则

劳动教育的教育属性决定了课程主题命名时必须遵循科学性原则。所谓科学性，一是指用词科学，包括选用专业术语，选用已经证实的结论性结果，不能选用俗语俚语，不能选用未经证实科学假想的内容；二是表述要科学，

包括语言陈述方式要符合学生的阅读习惯，陈述内容的思想导向要符合科学认知等。

（三）规范性原则

规范性原则主要是指主题名用词规范，主题风格符合学生身心发展规律、符合学生综合素质培养的需要，主题名称的内涵突出实践性，体现劳动教育活动的特征，反映时代发展和科技进步。

（四）题文一致性原则

题文一致性是课程主题命名时最基本的要求。课程主题要准确地概括课程的核心内容、精神和本质，做到内容真实、观点准确、文字精确、题文一致。主题命名不仅要求文字简练、概念准确、语意清晰，还需要十分清楚地、直截了当地告诉学生课程的内涵与目标，而不是让学生自己去体会或猜测劳动教育课程内容。

譬如，“走进农耕博物馆，探寻农耕文化”课程，主要体现的是农耕文化主题。透过题目我们就可以了解从漫长的原始社会、奴隶社会、封建社会，一直到今天的信息时代农业农具的变化，中国农耕文化的辉煌灿烂。劳动教育课程可以围绕这一主题组织素材，到博物馆安排劳动活动。我们也可以推测出劳动教育内容的大致情况，用词方面也符合科学、规范的基本要求。

二、课程主题命名的要求

课程主题名就像一个人的名字一样，具有鲜明的个性和特色。一个好的主题名就是一个好的劳动教育课程开端，可以有效地引导师生进入劳动情境，为开展劳动活动奠定基础。劳动教育课程主题命名时要做到：准确规范、简洁醒目、新颖有趣、贴近实际。

（一）准确规范

（1）课程名称要内容准确，表述规范，“有其名必有其实，名为实之宾也”。

（2）课程名称的外延必须与正文一致，即做到课程主题名称要把劳动教育课程研究核心内容交代清楚，与劳动目标相吻合。

（3）课程名称的内涵不能太大，也不能太小，要把劳动的对象和内容准确地表达清楚。

譬如，“探寻中国农业文化”就过于宽泛而让人不得其所，不知道究竟想干什么。需要根据具体的内容要点遴选课程主题，进而准确表述课程名称。譬如，“读孟子七篇学亚圣劳动精神”就准确多了，可以让师生清楚地知道课程的意图与主要内容就是学习孟子的劳动观点。

（4）课程名称不能用口号式、结论式、疑问式句型，应以陈述式句型表述。

（5）课程名称表述不能含糊笼统，应尽可能突出主题的劳动内容、劳动对象、核心概念。

（6）课程名称不能出现并列式、对仗式词组，能不要的字尽量不要。

（二）简洁醒目

标题是一个语句，简洁是其显著特点。《现代汉语词典》对标题的解释是“标明文章、作品等内容的简短语句”。标题要做到简洁醒目，请注意以下几点：课程名称长度不要超过20字；课程名称要新颖独特，富有新意；课程名称宜简不宜繁，宜短不宜长，尽量避免概念化语言，多用形象化、具体化语言；课程名称表述方式符合阅读习惯，避免晦涩的学究语言。譬如，“大学生三下乡服务活动”“走进黄河三角洲，种植黄河水稻”“我来黄山制作野生植物叶脉拓印化石”“打造锡纸船”“我是小小环卫工人”“我来制作电铃”“劳动中的焦裕禄精神”“采摘铁观音茶，体验安溪茶制作”。

（三）新颖有趣

创新是推动事物发展的重要力量，新颖生动，不落俗套往往更能引起学习的兴趣。新颖让人难忘，但不能哗众取宠，有趣就有吸引力，但不能为了有趣而偏离劳动目标。

譬如，“家务劳动我能行”“我是电脑小画家”“魅力陶艺世界”“我是小小养殖员”“珍惜来之不易的粮食”“黄瓜的栽培技术”等都表现得独特、新颖、有趣、真实，都可以借鉴使用。“我们制作泰山叶脉化石”“我是孔府小小拓印师”“论语竹简制作”三个主题课程，标题的选取就做到了简练直接，新颖有趣，既体现了劳动地的特色名片，同时又具有美感和内涵，会让学生产生想看下去、想去实地劳动的欲望和冲动，从而起到了事半功倍的效果。

（四）贴近实际

课程名称要贴近学生的生活实际，适宜学生的年龄特征。劳动教育课程在小学、中学、大学的不同年龄段的学生都要开设，需要充分考虑到学生的年龄和身心特点。小学生适合趣味性、生活化的标题，初中生需要新颖、有挑战性的标题，高中生适合思考性更强一些的标题，大学生要选择理论研究水平高的标题。需要根据不同的学情和劳动内容特点选择适合的标题。譬如，“我为中国农业做贡献”“月球上的劳动者”“劳动大师就是我”等名称，都显得假、大、空。

三、课程主题命名的方法

劳动教育课程因其特有的体验性、研究性特点，主题的命名需更加注重教育性和体验性。常用的命名方法主要有：聚焦法、抽取法、创新法和“地点 +”法等。

（一）聚焦法

全国各地劳动教育资源博大精深、五花八门，再加上学校城乡差异、学生情况差异，致使劳动教育主题无法统一。《大中小学劳动教育指导纲要（试行）》提出的五个层次学段的劳动教育内容主题和《中小学综合实践活动课程指导纲要》推荐的 152 个活动主题过于宽泛，因其缺乏具体的研究对象，不具有直接作为课程主题的条件。譬如，结合“三支一扶”“大学生志愿服务西部计划”“青年红色筑梦之旅”“三下乡”等社会实践活动开展服务性劳动，强化公共服务意识和面对重大疫情、灾害等危机主动作为的奉献精神，这些都比较抽象、内容宽泛。参考这些主题，可以对某一主题进一步聚焦，使之具备可行性和具体化。

譬如，《中小学综合实践活动课程指导纲要》为 3~6 年级推荐的“社区公益服务我参与”，可以聚焦某一项社区公益服务活动，如社区清理小广告、社区卫生大扫除、社区环保服务等；“巧手工艺坊”主题可以聚焦到某一种手工艺，如陶罐、剪纸等；“做农业科技宣传员”可以聚焦为做农业良种科技说明及宣传推广等。

结合劳动教育资源实际，聚焦劳动教育课程主题，是最方便的一种主题遴选方式。

（二）抽取法

抽取法就是抽取劳动教育课程中的关键词作为标题，是课程名称的常用方法，也是比较稳妥、有效的方法。劳动教育课程主题分为单一劳动教育主题与综合劳动教育主题，命名时可以抽取不同的关键词来作为主题名称。譬如，“曲阜明古城墙遗址考古”主题抽取的是“考古”关键词，“探寻明故宫建筑技术”抽取的是“建筑”关键词，“探秘西双版纳多样植物”抽取的是“植物”关键词。单一主题相对更容易提炼主题名称。综合主题的劳动教育内容是并列的、相对独立的，不存在逻辑和先后顺序的关系，可根据实际开展活动的时间长短进行内容上的添加和删减。

（三）创新法

创新法是先对劳动教育课程内容进行提炼，再围绕劳动主旨发挥想象和联想以各种手法创新设计标题。创新法可以融入文学构词法进行创新，可以借用学科专业词汇进行创新，还可以运用辩证的手法进行创新。譬如，“探究营养与烹饪”的“探究”，“探寻农业科技”的“探寻”，“解密创客空间”的“解密”，“维护家用电器”的“维护”，都凸显了学生的学习方式及过程，同时涵盖了劳动教育主题内容。

（四）“地点+”法

劳动教育课程设计实践中，还有地点＋劳动内容、地点＋劳动方式、地点＋主题内容等命名方法。譬如，“兰考县的泡桐种植技术”“探寻寿光市现代蔬菜农业科技”“走进汶上县农耕博物馆”“上九山古村落染织技术”“老北京布鞋的制作”“天津码头上的搬运工”“泰山上的挑山工”等，都是采用了

“地点 + 内容”改编而成，成为响亮的劳动教育主题名称。

知识拓展

教育部《中小学综合实践活动课程指导纲要》推荐主题汇总（片段）

1~2 年级

考察探究类：我与蔬菜交朋友。

社会服务类：生活自理我能行、争当集体劳动小能手。

设计制作类：我有一双小巧手——手工纸艺、陶艺，我有一双小巧手——制作不倒翁、降落伞、陀螺。

3~6 年级

考察探究类：跟着节气去探究、我也能发明、关爱身边的动植物、生活垃圾的研究、生活中的小窍门、零食（或饮料）与健康、家乡特产的调查与推介。

社会服务类：家务劳动我能行、社区公益服务我参与、我是尊老敬老好少年。

设计制作类：“打字小能手”挑战赛、我是电脑小画家、手工制作与数字加工、学做简单的家常餐、巧手工艺坊、魅力陶艺世界、创意木艺坊、安全使用与维护家用电器、奇妙的绳结、生活中的工具、设计制作建筑模型、创意设计与制作（玩具、小车、书包、垃圾箱等）。

职业体验类：走进农业基地、我是小小养殖员、走进劳动教育基地、来之不易的粮食、我喜爱的植物栽培技术。

7~9 年级

考察探究类：秸秆和落叶的有效处理，种植、养殖什么收益高。

社会服务类：走进敬老院、福利院，我为社区做贡献，做个养绿护绿小能手，农事季节我帮忙，参与禁毒宣传活动，交通秩序我维护。

设计制作类：组装我的计算机、用计算机做科学实验、开源机器人初体验。

职业体验类：探究营养与烹饪、多彩布艺世界、我是服装设计师——纸模服装设计与制作、创作神奇的金属材料作品、现代简单金木电工具和设备的认识与使用、基于激光切割与雕刻的创意设计、立体纸艺的设计与制作、“创客”空间、生活中的仿生设计、生活中工具的变化与创新、走近现代农业技术。

10~12 年级

考察探究类：清洁能源发展现状调查及推广、农业机械的发展变化与改进、家乡土地污染状况及防治、劳动教育方案设计与实施、考察当地公共设施。

社会服务类：做农业科技宣传员、参与公共文化服务、做普法志愿者。

职业体验类：走进社会实践基地、创办学生公司。

思考题

1. 劳动教育课程主题的选题方法有哪些？
2. 劳动教育课程主题命名有哪些要求？
3. 劳动教育课程主题命名有哪些方法？

第三章 劳动教育课程目标

本章导读

本章主要论述了劳动教育课程目标的含义、依据，劳动教育总体目标和学段目标的基本内容，以及劳动教育课程目标的设计方式。课程目标的基本内容和设计方式是本章重点内容。

劳动教育基地：河南省濮阳市示范性综合实践基地　　供图：张双军

学习要求

了解劳动教育课程目标的含义，熟悉劳动教育课程目标的依据，掌握劳动教育总体目标和学段目标的基本内容，掌握劳动教育课程目标的设计方式。

思维导图

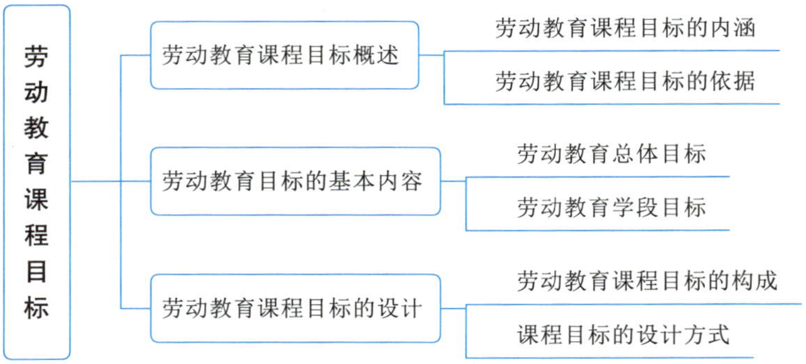

第一节　劳动教育课程目标概述

一、劳动教育课程目标的内涵

劳动教育课程目标是在劳动教育课程设计与开发过程中，劳动教育课程本身要达到的具体要求，它期望一定阶段的学生在树立正确的劳动观念、提高必备的劳动能力、培育积极的劳动精神、养成良好的劳动习惯和品质等方面所达到的程度。劳动教育课程目标具有重要的导向性和引领指导价值，既是落实立德树人、培养人才的根本任务，也是对劳动教育课程开发、实施和评价提出的总体性质量要求，引领劳动教育课程开发和实施的方向，是课程内容、课程实施、课程评价的重要参考标准。劳动教育课程目标具有导向功能、规范功能、评价功能。

案例分享

上海财经大学探索构建立体式劳动教育新模式（节选）

完善环节设计，增进劳动体认。在新生入学、志愿服务、实习实践、毕业离校等节点，设置新生宿舍“养成教育”、疫情期间“居家劳动一小时”、毕业季“留给母校一间整洁如初的寝室”等劳动任务。依托暑期“千村调查”项目，设立“田间课堂”劳动实践课。602 名师生组成 96 支调研团队返乡调研，深入基层开展服务性劳动实践，用专业所学为地方经济社会发展贡献智慧力量。引导学生广泛参与志愿服务劳动，开展场馆服务、社区公益、关爱弱势群体、支教帮扶、爱心募捐等项目，让学生在实践中服务群众、奉献社会。

来源：上海财经大学（2021–03–22）。

二、劳动教育课程目标的依据

教育的根本目标是促进人的自由而全面发展。马克思主义认为，“教育与生产劳动相结合是造就全面发展人的唯一方法”。我国劳动教育课程目标的编写，要依据我国教育方针政策和学科核心素养目标统筹考虑。

（一）我国教育方针政策

习近平总书记指出，“人民创造历史，劳动开创未来”。新中国成立以来，我国开展了具有中国特色的劳动教育实践，尤其是习近平新时代以来，我国一系列教育方针政策，为劳动教育课程目标的编写提供了政策依据。

2015 年 7 月 20 日，教育部共青团中央全国少工委印发《关于加强中小学劳动教育的意见》。意见指出，通过劳动教育，提高广大中小学生的劳动素养，促进他们形成良好的劳动习惯和积极的劳动态度，使他们明白“生活靠劳动创造，人生也靠劳动创造”的道理，培养他们勤奋学习、自觉劳动、勇于创造的精神，为他们终身发展和人生幸福奠定基础。

在 2018 年召开的全国教育大会上，习近平总书记指出：要努力构建德智体美劳全面培养的教育体系，形成更高水平的人才培养体系；要在学生中弘扬劳动精神，教育引导学生崇尚劳动、尊重劳动，懂得劳动最光荣、劳动最崇高、劳动最伟大、劳动最美丽的道理，长大后能够辛勤劳动、诚实劳动、创造性劳动。这为我们把握劳动教育的精神实质，开展好适应新时代需要的劳动教育提供了思想指南和行动纲领。劳动教育的最终目的是让青少年有幸福生活的能力，劳动教育的目标就是培育劳动观念、端正劳动态度、养成劳动习惯、增强劳动情感、增长劳动知识、提升劳动技能。

2019 年 6 月 23 日，中共中央、国务院发布《关于深化教育教学改革全面提高义务教育质量的意见》。意见指出，深化教育教学改革、全面提高义务教育质量要坚持立德树人，着力培养担当民族复兴大任的时代新人。坚持以习近平新时代中国特色社会主义思想为指导，全面贯彻党的教育方针，落实立德树人根本任务，遵循教育规律，强化教师队伍基础作用，围绕凝聚人心、完善人格、开发人力、培育人才、造福人民的工作目标，发展素质教育，培养德智体美劳全面发展的社会主义建设者和接班人。

2020 年 3 月 20 日，中共中央、国务院颁布《关于全面加强新时代大中小学劳动教育的意见》，其中明确了劳动教育总体目标，强调劳动教育是中国特色社会主义教育制度的重要内容，要全面贯彻党的教育方针，坚持立德树人，把劳动教育纳入人才培养全过程，贯通大中小学各学段，贯穿家庭、学校、社会各方面，把握育人导向，遵循教育规律，创新体制机制，注重教育实效，实现知行合一，促进学生形成正确的世界观、人生观、价值观。

2021 年 4 月 29 日，第十三届全国人民代表大会常务委员会第二十八次会议通过新修改的《中华人民共和国教育法》，其中第五条规定："教育必须为社会主义现代化建设服务、为人民服务，必须与生产劳动和社会实践相结合，培养德智体美劳全面发展的社会主义建设者和接班人。"

2022 年 10 月 16 日，习近平总书记在中国共产党第二十次全国代表大会上的报告指出：办好人民满意的教育。教育是国之大计、党之大计。培养什么人、怎样培养人、为谁培养人是教育的根本问题。育人的根本在于立德。全面贯彻党的教育方针，落实立德树人根本任务，培养德智体美劳全面发展的社会主义建设者和接班人。

（二）学生发展核心素养目标

2014 年教育部印发《关于全面深化课程改革落实立德树人根本任务的意见》，提出"教育部将组织研究提出各学段学生发展核心素养体系，明确学生应具备的适应终身发展和社会发展需要的必备品格和关键能力"，这是第一次提出"核心素养"概念。

中国学生发展核心素养以培养"全面发展的人"为核心，分为文化基础、自主发展、社会参与三个方面，综合表现为人文底蕴、科学精神、学会学习、健康生活、责任担当、实践创新六大素养，各素养之间相互联系、互相补充、相互促进，在不同情境中整体发挥作用。为方便实践应用，将六大素养进一步细化为人文积淀、人文情怀、审美情趣、理性思维、批判质疑、勇于探究、乐学善学、勤于反思、信息意识、珍爱生命、健全人格、自我管理、社会责任、国家认同、国际理解、劳动意识、问题解决、技术运用 18 个基本要点。

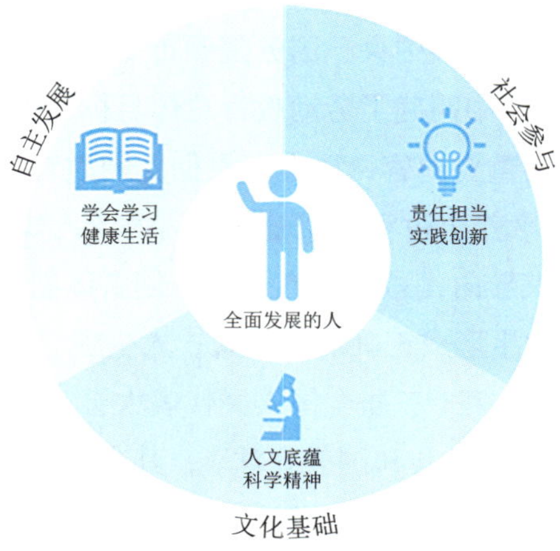

核心素养示意图

（三）义务教育劳动课程标准

2022 年 4 月教育部制定的《义务教育劳动课程标准（2022 年版）》指出：劳动课程围绕核心素养，体现课程性质，反映课程理念，确立课程目标。

1. 核心素养内涵

劳动课程要培养的核心素养，即劳动素养，主要是指学生在学习与劳动实践过程中逐步形成的适应个人终身发展和社会发展需要的正确价值观、必备品格和关键能力，是劳动课程育人价值的集中体现，主要包括劳动观念、劳动能力、劳动习惯和品质、劳动精神。

2. 总目标

（1）形成基本的劳动意识，树立正确的劳动观念。形成对劳动与人类生活、社会发展、个人成长之间关系的正确认识，懂得人人都要劳动、劳动创造财富、劳动创造美好生活等基本道理；体验劳动的艰辛和快乐，形成劳动效率意识、劳动质量意识；具有热爱劳动、热爱劳动人民、尊重普通劳动者的积极情感；树立劳动最光荣、劳动最崇高、劳动最伟大、劳动最美丽的观念。

（2）发展初步的筹划思维，形成必备的劳动能力。能从目标和任务出发，系统分析可利用的劳动资源和约束条件，制订具体的劳动方案，发展初步的筹划思维，发展基本的设计能力；能使用常用工具与基本设备，采用一定的技术、工艺与方法，完成劳动任务，形成基本的动手能力；能综合运用多学科知识和多方面经验解决劳动中出现的问题，发展创造性劳动的能力；在劳动过程中学会自我管理、团队合作。

（3）养成良好的劳动习惯，塑造基本的劳动品质。能自觉自愿地劳动，养成安全规范、有始有终的劳动习惯；体悟劳动成果的来之不易，珍惜劳动成果；能辛勤劳动、诚实劳动、协作劳动和创造性劳动，养成吃苦耐劳、持之以恒、责任担当的品质。

（4）培育积极的劳动精神，弘扬劳模精神和工匠精神。通过持续性劳动实践，培养勤俭、奋斗、创新、奉献的劳动精神；具有继承中华民族勤俭节约、敬业奉献优良传统的积极愿望；弘扬爱岗敬业、甘于奉献的劳模精神和精益求精、追求卓越的工匠精神；具有不畏艰辛、锐意进取、为社会发展和国家建设付出辛勤劳动的奋斗精神。

《义务教育劳动课程标准（2022 年版）》是制定义务教育阶段学生参与劳动教育课程的目标依据。

第二节　劳动教育目标的基本内容

劳动教育目标的内容可划分为总体目标和学段目标，后者具体体现为小学劳动教育目标、中学劳动教育目标、职业院校劳动教育目标、普通高等学校劳动教育目标。

一、劳动教育总体目标

为推进大中小学劳动教育的有效实施，2020 年 3 月中共中央、国务院颁布《关于全面加强新时代大中小学劳动教育的意见》（简称《意见》），明确劳动教育总体目标，即“通过劳动教育，使学生能够理解和形成马克思主义劳动观，牢固树立劳动最光荣、劳动最崇高、劳动最伟大、劳动最美丽的观念；体会劳动创造美好生活，体认劳动不分贵贱，热爱劳动，尊重普通劳动者，培养勤俭、奋斗、创新、奉献的劳动精神；具备满足生存发展需要的基本劳动能力，形成良好劳动习惯”。2020 年 7 月教育部印发《大中小学劳动教育指导纲要（试行）》，进一步明确劳动教育的总体目标，准确把握社会主义建设者和接班人的劳动精神面貌、劳动价值取向和劳动技能水平的培养要求，全面提高学生劳动素养，使学生树立正确的劳动观念、具有必备的劳动知识和能力、培育学生积极的劳动精神以及养成良好的劳动习惯和品质。

（一）树立正确的劳动观念

正确理解劳动是人类发展和社会进步的根本力量，认识劳动创造人、创造价值、创造财富、创造美好生活的道理，尊重劳动，尊重普通劳动者，牢固树立劳动最光荣、劳动最崇高、劳动最伟大、劳动最美丽的思想观念。

立足劳动教育培养学生的核心价值观，树立正确的劳动观念，是构建具有内在生命力的劳动教育体系的关键内容，是指导和实施劳动教育的重要依据。苏霍姆林斯基坚持认为“离开劳动，不可能有真正的教育”，他还认为，“如果学生只知享用由社会创造并提供给学校的那些物质和精神财富，就不可能产生真正的教育”，“只有当一个人认识到在劳动中有一种比获得满足物质需要的资料更重要的东西，即精神创造及自身才能和天资的发挥，只有在那时候，劳动才能成为快乐的源泉”。[①]

（二）具有必备的劳动知识和能力

掌握基本的劳动知识和技能，正确使用常见劳动工具，增强体力、智力和创造力，具备完成一定劳动任务所需要的设计、操作能力及团队合作能力。引导学生掌握基础的劳动知识，经历规范的劳动过程，遵循科学的劳动流程和劳动规范，认识和使用劳动工具，学习处理劳动材料，练习和掌握劳动技能，学习使用项目管理与经营方法，并尝试技术改革创新，最终生产出物化产品或为对象物提供劳动服务，为职业劳动做准备。

① B.A.苏霍姆林斯基.帕夫雷什中学［M］.赵玮，王义高，蔡兴文，等译.北京：教育科学出版社，1983.

（三）培育积极的劳动精神

领会“幸福是奋斗出来的”内涵与意义，继承中华民族勤俭节约、敬业奉献的优良传统，弘扬开拓创新、砥砺奋进的时代精神。

马克思主义认为，劳动是促进社会发展和人的全面发展的唯一途径，是人的生存和发展的唯一方式；自由劳动是人的第一需要；劳动创造财富，一切财富都是由劳动创造出来的；一切劳动者都是值得尊重和敬仰的，劳动最光荣、劳动最崇高、劳动最伟大、劳动最幸福。

习近平总书记多次强调，要在全社会大力弘扬劳模精神、劳动精神，“让劳动光荣、创造伟大成为铿锵的时代强音，让劳动最光荣、劳动最崇高、劳动最伟大、劳动最美丽蔚然成风”。这是马克思主义劳动观的重大发展，也是新时代党对劳动教育的根本要求。劳动教育的主要使命就是要让学生牢固确立“四个最”的劳动价值观，旗帜鲜明地反对一切不劳而获、贪图享乐、崇尚暴富的错误思想，让中华民族勤俭、奋斗、创造、奉献的劳动精神在一代又一代青少年身上发扬光大。

劳动教育应引导新时代青年一代理解劳动的意义，理解劳动世界，理解劳动关系，培养劳动意识与习惯，培育积极的劳动精神，形成马克思主义的劳动价值观。新时代劳动精神，体现为勤奋、奉献、创新精神。新时代应围绕奋斗精神、工匠精神和创造精神的学习与塑造，打造劳动文化，培育劳动精神。

劳动教育的课程目标要以弘扬劳动精神、提升学生综合素质为导向，大力在学生中弘扬劳动精神、劳模精神、工匠精神。学校要开展劳动教育，通过身体力行的劳动体验，引导学生树立辛勤劳动、诚实劳动、创造性劳动的观念，养成劳动习惯，磨炼意志，提高能力。引导学生崇尚劳动、尊重劳动、乐于劳动。

（四）养成良好的劳动习惯和品质

劳动教育目标的设计应包括引导学生能够自觉自愿、认真负责、安全规范、坚持不懈地参与劳动，形成诚实守信、吃苦耐劳的品质。珍惜劳动成果，养成良好的消费习惯，杜绝浪费。劳动教育要从小做起，从小事做起，日就月将，养成良好的劳动习惯；培养学生吃苦耐劳、勤俭朴素的优良作风，反对好逸恶劳、奢侈浪费的恶习。

案例分享

课题名称	我为邹县抗日民主政府做党旗	学校班级	小学五年级
劳动目标	劳动观念	在制作党旗的过程中，感受党旗的设计与制作倾注了老一辈革命家的心血和劳动，树立尊重党旗、尊重革命先烈的观念。	
	劳动能力	明确党旗的组成，能说出党旗的规格，能够按照流程规范地制作一面党旗。	
	劳动精神	领会邹县的革命先烈用热血和牺牲换来幸福生活的奉献精神，激发自己为社会做贡献的热情。	
	劳动习惯和品质	养成事前规划、事中管理、事后场清的良好劳动习惯；在制作党旗时，严格按照党旗的长宽比例和党徽的位置不断地调整制作规范，在党旗制作的劳动过程中提升学生的劳动品质意识。	

本案例由山东济宁邹城市峄山路小学康园园老师编写。

二、劳动教育学段目标

根据中共中央、国务院《关于全面加强新时代大中小学劳动教育的意见》与教育部《大中小学劳动教育指导纲要（试行）》要求，指导教师在设计劳动教育课程目标时，要针对不同学段、类型学生特点，以日常生活劳动、生产劳动和服务性劳动为主要内容开展劳动教育。劳动教育学段目标具体如下：

（一）小学阶段劳动教育目标

1. 小学低年级

以个人生活起居为主要内容，开展劳动教育，注重培养劳动意识和劳动安全意识，使学生懂得人人都要劳动，感知劳动乐趣，爱惜劳动成果。指导学生做到以下几点：

（1）完成个人物品整理、清洗，进行简单的家庭清扫和垃圾分类等，树立自己的事情自己做的意识，提高生活自理能力；

（2）参与适当的班级集体劳动，主动维护教室内外环境卫生等，培养集体荣誉感；

（3）进行简单手工制作，照顾身边的动植物，关爱生命，热爱自然。

2. 小学中高年级

以校园劳动和家庭劳动为主要内容开展劳动教育，体会劳动光荣，尊重普通劳动者，初步养成热爱劳动、热爱生活的态度。指导学生做到以下几点：

（1）参与家居清洁、收纳整理，制作简单的家常餐等，每年学会 1~2 项生活技能，增强生活自理能力和勤俭节约意识，培养家庭责任感；

（2）参加校园卫生保洁、垃圾分类处理、绿化美化等，适当参加社区环保、公共卫生等力所能及的公益劳动，增强公共服务意识；

（3）初步体验种植、养殖、手工制作等简单的生产劳动，初步学会与他人合作劳动，懂得生活用品、食品来之不易，珍惜劳动成果。

（二）初中阶段劳动教育目标

初中要兼顾家政学习、校内外生产劳动、服务性劳动，安排劳动教育内容，开展职业启蒙教育，体会劳动创造美好生活，养成认真负责、吃苦耐劳的劳动品质和安全意识，增强公共服务意识和担当精神。让学生做到以下几点：

（1）承担一定的家庭日常清洁、烹饪、家居美化等劳动，进一步培养生活自理能力和习惯，增强家庭责任意识；

（2）定期开展校园包干区域保洁和美化，以及助残、敬老、扶弱等服务性劳动，初步形成对学校、社区负责任的态度和社会公德意识；

（3）适当体验包括金工、木工、电工、陶艺、布艺等项目在内的劳动及传统工艺制作过程，尝试家用器具、家具、电器的简单修理，参与种植、养殖等生产活动，学习相关技术，获得初步的职业体验，形成初步的生涯规划意识。

案例分享

课题名称	大枣采摘		劳动对象	初二学生
教学目标	劳动观念	通过参与大枣采摘劳动，体会农民伯伯的辛苦劳动，养成认真负责的态度，树立正确的劳动观念，树立劳动最光荣、劳动最美丽的思想观念。		
	劳动能力	通过对大枣的准备、采摘、储运等环节，初步具备采摘必备的基本劳动知识和技能，逐渐具备团队合作能力，增强社会责任意识。		
	劳动精神	通过大枣采摘配套文化活动（朗诵、摄影、绘画、书法、征文等）和合作劳动，向农民伯伯学习，培育积极的劳动精神。		
	劳动习惯和品质	在大枣采摘劳动中养成认真负责、吃苦耐劳的劳动习惯，形成对社会负责任的态度和社会公德意识。		

本案例由山东济宁邹城市峄山路小学康园园老师编写。

（三）高中阶段劳动教育目标

普通高中要注重围绕丰富职业体验，开展服务性劳动和生产劳动，理解劳动创造价值，接受锻炼、磨炼意志，具有劳动自立意识和主动服务他人、服务社会的情怀。指导学生做到以下几点：

（1）持续开展日常生活劳动，增强生活自理能力，固化良好劳动习惯；

（2）选择服务性岗位，经历真实的岗位工作过程，获得真切的职业体验，培养职业兴趣；积极参加大型赛事、社区建设、环境保护等公益活动与志愿服务，强化社会责任意识和奉献精神；

（3）统筹劳动教育与通用技术课程相关内容，从工业、农业、现代服务业以及中华优秀传统文化特色项目中，自主选择 1~2 项生产劳动，经历完整的实践过程，提高创意物化能力，养成吃苦耐劳、精益求精的品质，增强生涯规划的意识和能力。

（四）职业院校劳动教育目标

职业院校要重点结合专业特点，增强职业荣誉感和责任感，提高职业劳动技能水平，培育积极向上的劳动精神和认真负责的劳动态度。组织学生做到以下几点：

（1）持续开展日常生活劳动，自我管理生活，提高劳动自立自强的意识和能力；

（2）定期开展校内外公益服务性劳动，做好校园环境秩序维护，运用专业技能为社会、为他人提供相关公益服务，培育社会公德，厚植爱国爱民的情怀；

（3）依托实习实训，参与真实的生产劳动和服务性劳动，增强职业认同感和劳动自豪感，提升创意物化能力，培育不断探索、精益求精、追求卓越的工匠精神和爱岗敬业的劳动态度，坚信“三百六十行，行行出状元”，体认劳动不分贵贱，任何职业都很光荣，都能出彩。

（五）普通高等学校劳动教育目标

普通高等学校要强化马克思主义劳动观教育，注重围绕创新创业，结合学科专业开展生产劳动和服务性劳动，积累职业经验，培育创造性劳动能力和诚实守信的合法劳动意识。使学生做到以下几点：

（1）掌握通用劳动科学知识，深刻理解马克思主义劳动观和社会主义劳动关系，树立正确的择业就业创业观，具有到艰苦地区和行业工作的奋斗精神；

（2）巩固良好日常生活劳动习惯，自觉做好宿舍卫生保洁，独立处理个人生活事务，积极参加勤工助学活动，提高劳动自立自强能力；

（3）强化服务性劳动，自觉参与教室、食堂、校园场所的卫生保洁、绿化美化和管理服务等，结合“三支一扶”、大学生志愿服务西部计划、“青年红色筑梦之旅”、“三下乡”等社会实践活动开展服务性劳动，强化公共服务意识和面对重大疫情、灾害等危机主动作为的奉献精神；

（4）重视生产劳动锻炼，积极参加实习实训、专业服务和创新创业活动，重视新知识、新技术、新工艺、新方法的运用，提高在生产实践中发现问题和创造性解决问题的能力，在动手实践的过程中创造有价值的物化劳动成果。

第三节　劳动教育课程目标的设计

一、劳动教育课程目标的构成

一个完整的课程目标包括 ABCD 四个要素，即：

A（audience）：行为主体，意为学习者，这里指学生，是目标表述中的主语。行为目标在描述时应指向学生的学习行为而不是教师的教授行为。规范的行为目标开头应当要清楚地表明达成目标的行为主体是学生。如“学生……”“能辨认……”“能背诵……”“能解释……”“能评价……”等描述。

B（behavior）：行为动词，说明通过学习后学生应能做什么，是目标表述句中的谓语和宾语。这是目标表述中的最基本的成分，不能省略。课程目标应采用可观察、可操作、可检验的行为动词来描述。

C（condition）：行为条件，说明上述行为在什么条件下产生，是目标表述的状语。如“通过小组探究学习，制定……”“在网上收集材料，检验……”等。

D（degree）：表现程度，规定学生达到上述行为的最低标准，用来测量学生学习的结果所达到的程度。如“能准确无误地说出……”“详细地写出……”“客观正确地评价……”等。

二、课程目标的设计方式

完整的课程目标体系包括三类：结果性目标、体验性目标、表现性目标。因此，目标陈述也有相应的三种基本方式：结果性目标陈述方式、体验性目标陈述方式、表现性目标陈述方式。

（一）结果性目标的陈述方式

结果性目标说明学生的学习结果是什么，指教学过程结束后学生身上所发生的行为变化。这种目标指向具有精确性、具体性、可操作性的特点，主要应用于“知识与技能”领域。结果性目标细分为“知识”和“技能”两个子领域。“知识”分为了解、理解和应用三个水平，“技能”分为模仿、独立操作和迁移三个水平。具体见表 3-1 所示。

表 3-1　结果性目标的表述

领域	目标水平	行为动词
知识	了解水平：包括再认或回忆知识，识别、辨认事实或举出例子，描述对象的基本特征等。	说出、背诵、辨认、回忆、选出、举例、列举、复述、描述、识别、再认等。
	理解水平：包括理解内在逻辑联系，与已有知识建立联系，进行解释、推断、区分、扩展、提供证据，收集、整理信息等。	解释、说明、阐明、比较、分类、归纳、概述、概括、判断、区别、提供、转换、猜测、预测、收集、整理等。
	应用水平：包括在新的情境中使用抽象的概念、原则，进行总结、推广，建立不同情境下的合理联系等。	应用、使用、质疑、设计、解决、撰写、拟定、检验、总结、推广、证明、评价等。
技能	模仿水平：包括在原型示范和具体指导下完成操作，对所提供的对象进行模拟、修改等。	模拟、重复、再现、模仿、例证、临摹、扩展、缩写等。
	独立操作水平：包括独立完成操作，进行调整与改进，尝试与已有技能建立联系等。	完成、表现、制定、解决、拟定、安装、绘制、测量、尝试、试验等。
	迁移水平：包括在新的情境中运用已有技能，理解同一技能在不同情境中的适用性等。	联系、转换、灵活运用、举一反三、触类旁通等。

譬如，《探究造纸术》课程目标：

（1）能归纳古人发明纸的原因。

（2）阐述说明蔡伦的贡献及蔡侯纸的优点。

（3）能说出汉代造纸的主要流程。

（4）分析归纳出造纸术对中国和世界文明的作用。

（5）能够养成节约用纸、回收废纸的习惯。

本案例课程目标主要表述学生的学习结果，而且是知识领域的结果；所采用的行为动词有“归纳”“说出”“阐述”“养成”等；这类目标具有具体性、可操作性的特点，属于典型的结果性目标。

（二）体验性目标的陈述方式

体验性目标主要是描述学生自己的心理感受、情绪体验，所采用的行为动词是体验性的、过程性的。这种方式指向无须结果化的或难以结果化的课程目标，主要运用于“过程与方法”“情感态度与价值观”领域。体验性目标分为三个层次水平，即经历（感受）、反应（认同）和领悟（内化）。具体见表 3–2 所示。

表 3–2　体验性目标的表述

目标水平及含义	行为动词
经历（感受）水平： 包括独立从事或合作参与相关活动、建立感性认识等。	经历、感受、参加、参与、尝试、寻找、讨论、交流、合作、分享、参观、访问、考察、接触、体验等。
反应（认同）水平： 包括在经历基础上表达感受、态度和价值判断，做出相应的反应等。	遵守、拒绝、认可、认同、承认、接受、同意、反对、愿意、欣赏、称赞、喜欢、关注、重视、尊重、爱护、珍惜、蔑视、拥护等。
领悟（内化）水平： 包括具有相对稳定的态度，表现出持续的行为，具有个性化的价值观念等。	形成、养成、具有、热爱、树立、建立、坚持、保持、确立、追求等。

譬如，《世界工厂——中国制造（福耀玻璃）》课程目标：

（1）感受、认识反映中国经济的制造业具体形态。

（2）观察科学、严密的生产组织过程，领会精益求精的精神和科技的力量，激发学生对科学技术应用的兴趣。

（3）从企业创始人曹德旺的成功历程和慈善行为感受中国人的勤劳有为。

（4）培养“我为中国人和中国而骄傲”的民族自豪感和爱国心。

本案例课程目标主要是描述学生的心理感受和情绪体验；所采用的行为动词“感受”“认识”“领会”“激发”“培养”等是体验性的、过程性的；这类目标难以量化，属于典型的体验性目标。

（三）表现性目标的陈述方式

表现性目标旨在培养学生的创造性，强调学习及其结果的个性化。表现性目标的陈述，不是规定学生在教学过程结束后应该展示的行为结果，而是强调学生在此情境中获得的个人意义。表现性目标主要应用于实践类和艺术类课程的陈述。表现性目标划分为复制和创作两个水平。具体见表 3-3 所示。

表 3-3　表现性目标的表述

目标水平及含义	行为动词
复制水平：按照指导师的提示重复某项活动；利用可得到的资源，复制某项作品、产品或完成某种操作活动；按指导师指令或提示，利用多种简单技能从事某项任务等。	从事、做、说、画、写、表演、模仿、表达、演唱、展示、复述等。
创作水平：按照提示，从事某种较复杂的创作；按照自己的思想和可得到的资源完成某种任务，或者利用多种技能创作某种产品。	设计、制作、描绘、涂染、编织、雕塑、拓、收藏、表演、编演、编曲、扮演、创作等。

譬如，以下是典型的表现性目标：

（1）考察和评估《制作八路军布鞋》的重要意义。

（2）在一个星期里完成校园劳动教育周活动，讨论时列出您印象最深刻的五个劳动教育事件。

（3）考察农耕博物馆，体验农耕劳动，讨论在那里看到的、做到的最有趣的几件事。

从以上案例可以看出，表现性目标关注的不是事先规定的结果，而是学生在活动中展现出来的创造性表现。它为学生提供了活动的领域，至于结果则是开放的。表现性目标对学习结果和水平未进行界定，因此课程评价在操作上有一定难度。

思考题

1. 简述劳动教育课程目标的内涵。
2. 简述劳动教育的总体目标和学段目标。

第四章
劳动教育课程内容

本章导读

劳动教育课程内容是劳动教育课程的核心，关系到劳动教育的教学质量。本章从“劳动教育课程内容”的概念入手，介绍了劳动教育课程内容的主要类型、学段要求和选择依据，最后介绍了劳动教育课程内容的选择方法。

劳动教育基地：广西壮族自治区柳州市柳州城市职业学院　　摄影：张侠

学习要求

了解劳动教育课程内容的含义，熟悉劳动教育课程内容的主要类型，掌握劳动教育课程内容的学段要求，熟悉劳动教育课程内容的选择依据，掌握劳动教育课程内容的选择方法。通过本章的学习，能够简单设计出符合不同学段学生特点的劳动教育课程内容。

思维导图

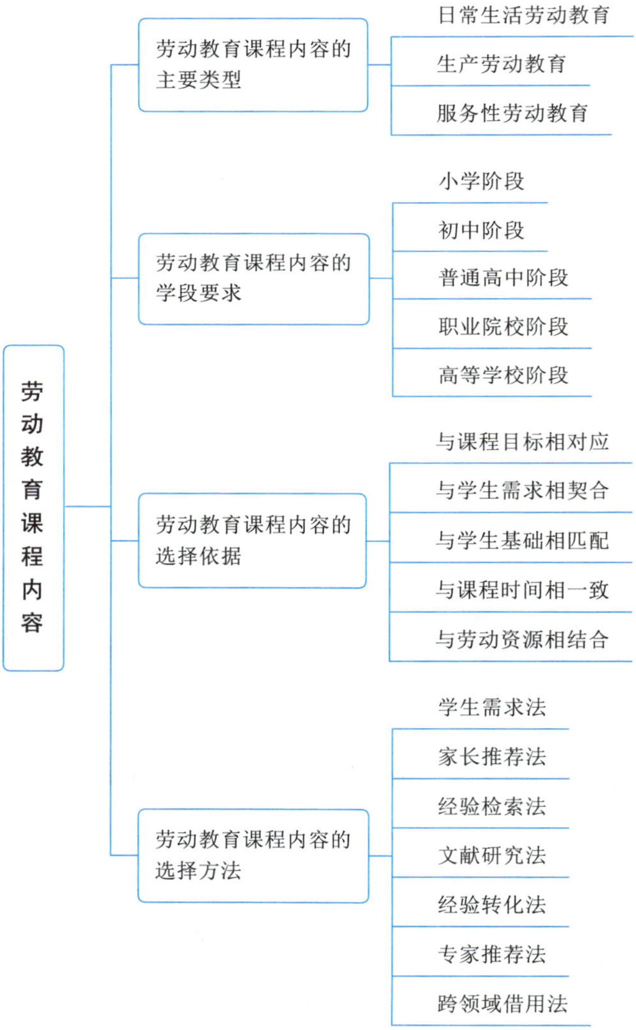

第一节　劳动教育课程内容的主要类型

劳动教育课程内容是指以劳动教育目标为根据，并遵循不同学段青少年学生的身心发展规律，考虑到学生认知活动的特性，对学生所要学习的劳动教育课程内容选编而成的劳动教育课程体系。它包含了学生劳动参观、考察、制作和体验的劳动教育教学点、活动场馆、实践基地的资源及其承载的文化、技术、概念、原理、方法和传递的劳动思想、劳动价值观、劳动精神。

根据《大中小学劳动教育指导纲要（试行）》规定，目前我国劳动教育内容主要包括日常生活劳动教育、生产劳动教育和服务性劳动教育三种主要类型。

一、日常生活劳动教育

日常生活劳动教育要求立足个人生活事务处理，结合开展新时代校园爱国卫生运动，注重生活能力和良好卫生习惯培养，树立自立自强意识。它包括以下三个方面的内容：

（一）劳动习惯教育

学校设置相应的劳动任务，鼓励学生主动参与学校服务和部分管理工作；在课程中提高动手内容的比例，使学生能够持续将动脑与动手相结合；学校应通过多样化、实践性的教学，让学生有意识地主动地参与劳动、理解劳动、投身劳动和热爱劳动，培养良好的劳动习惯。

（二）劳动技能教育

中小学设置基本技能类的劳动教育内容，如手工、园艺、非物质文化遗产方面的课程，培养学生必要的生活和生产技能、初步的职业意识和创新意识及解决实际问题的能力。

二、生产劳动教育

生产劳动教育要求让学生在工农业生产过程中直接经历物质财富的创造过程，体验从简单劳动、原始劳动向复杂劳动、创造性劳动的发展过程，学会使用工具，掌握相关技术，感受劳动创造价值，增强产品质量意识，体会平凡劳动中的伟大。它包括以下三个方面的内容：

（一）科学意识教育

适应社会大生产的、与工业劳动技能相关的科学劳动教育，要求在物理、化学、生物等学科教学中加大动手操作技能、职业技能等的培养力度；通过科学技术活动和实践，培养学生的基础性科学素养与科学意识。

（二）科学精神教育

学校应提供与产业升级和生产活动能力提高相关的创新劳动知识及其应用机会，支持学生把科学融入学习和生活中，体会、探究科学知识和科学方法所蕴含的核心理念与基本价值；在各类相关教材和活动中，体现科学家追求真理的精神和献身科学的事业心，促使学生树立科学精神，坚定为建设科技强国而学习的信念。

三、服务性劳动教育

服务性劳动教育要求让学生利用知识、技能等为他人和社会提供服务，在服务性岗位上见习实习，树立服务意识，实践服务技能；在公益劳动、志愿服务中强化社会责任感。它包括以下三个方面的内容：

（一）校内公益活动

校内组织的各项劳动，如校园卫生保洁和绿化美化及与劳动有关的兴趣小组、社团、俱乐部的活动，可以培养学生提供服务、主动参与公共活动的习惯。

（二）社会公益劳动

学校可定期安排学生参加农业生产、工业体验、商业和服务业实习等义务劳动实践，利用劳动教育实践基地、综合实践基地和其他社会资源，与研学旅行、团队日活动和社会实践活动等相结合，培养学生的活动组织能力和奉献精神。

（三）国家公益行动

鼓励和支持学生以不同的形式参与救助受灾群众、救济贫困人士、扶助残障人士等活动，支持大学生参与“下基层、进农村”的锻炼，组团开展“支边教育”等教育扶贫活动，促使学生在真实的生活中培育新时代的世界观和价值观，自觉融入建设现代化强国的热潮之中。

第二节　劳动教育课程内容的学段要求

一、小学阶段

小学低年级要注重围绕劳动意识的启蒙，让学生学习日常生活自理，感知劳动乐趣，知道人人都要劳动。譬如，物品整理清洗、简单的家庭清扫和垃圾分类、维护教室内外环境卫生、简单手工制作、照顾身边的动植物等劳动。

小学中高年级要注重围绕卫生、劳动习惯养成，让学生做好个人清洁卫生，主动分担家务，适当参加校内外公益劳动，学会与他人合作劳动，体会到劳动光荣。譬如，参与家居清洁整理、制作简单的家常餐、参加校园卫生保洁、垃圾分类处理、绿化美化、社区环保、公共卫生、初步体验种植与养殖、手工制作等活动。

二、初中阶段

初中要注重围绕增加劳动知识、技能，加强家政学习，开展社区服务，适当参加生产劳动，使学生初步养成认真负责、吃苦耐劳的品质和职业意识。譬如，让学生承担一定的家庭日常清洁、烹饪、家居美化、校园保洁和美化、助残、敬老、扶弱等服务性劳动。适当体验包括金工、木工、电工、陶艺、布艺等项目在内的劳动及传统工艺制作过程，尝试家用器具、家具、电器的简单修理，参与种植、养殖等生产活动。

三、普通高中阶段

普通高中要注重围绕丰富职业体验，开展服务性劳动、参加生产劳动，使学生熟练掌握一定劳动技能，理解劳动创造价值，具有劳动自立意识和主动服务他人、服务社会的情怀。譬如，日常生活劳动、选择服务性岗位、参加大型赛事、社区建设、环境保护、志愿服务，以及工业、农业、现代服务业与中华优秀传统文化特色项目的生产劳动。

四、职业院校阶段

中等职业学校重点是结合专业人才培养，增强学生职业荣誉感，提高职业技能水平，培育学生精益求精的工匠精神和爱岗敬业的劳动态度。譬如，持续开展日常生活劳动；定期开展校内外公益服务性劳动，做好校园环境秩序维护；依托实习实训，参与真实的生产劳动和服务性劳动。

五、高等学校阶段

高等学校要注重围绕创新创业，结合学科和专业积极开展实习实训、专业服务、社会实践、勤工助学等，重视新知识、新技术、新工艺、新方法应用，创造性地解决实际问题，使学生增强诚实劳动意识，积累职业经验，提升就业创业能力，树立正确择业观，具有到艰苦地区和行业工作的奋斗精神，懂得空谈误国、实干兴邦的深刻道理；注重培育公共服务意识，使学生具有面对重大疫情、灾害等危机主动作为的奉献精神。譬如，掌握通用劳动科学知识；巩固良好日常生活劳动习惯，自觉做好宿舍卫生保洁，独立处理个人生活事务，积极参加勤工助学活动；强化服务性劳动，自觉参与教室、食堂、校园场所的卫生保洁、绿化美化和管理服务；结合"三支一扶"、大学生志愿服务西部计划、"青年红色筑梦之旅"、"三下乡"等社会实践活动开展服务性劳动；重视生产劳动锻炼，积极参加实习实训、专业服务和创新创业活动，重视新知识、新技术、新工艺、新方法的运用。

案例分享

当农夫种菜、请农民当老师、厨房里花式烹饪、给小树穿冬衣（节选）

——创意劳动作业催生大批00后"劳动家"

小学五年级孩子不会叠被子，初一学生不会洗衣服、剥鸡蛋，孩子成为家务劳动的"绝缘体"……近年来学生劳动素养缺乏、劳动教育被淡化的现状，引发社会广泛关注。去年3月，中共中央、国务院印发了《关于全面加强新时代大中小学劳动教育的意见》，提出把劳动教育纳入人才培养全过程，贯通大中小学各学段，"为孩子补上缺失的劳动课"成为社会共识。

在长沙，今年寒假，劳动成为00后新时尚，催生了一批新生代"劳动家"。他们有的当起农夫，拿起锄头学种菜；有的变身大厨，拿起锅碗瓢盆花式烹饪；有的将课堂搬到田间地头，挽起裤腿请农民当老师。"孩子懂事了""知道主动分担家务了"……一时间，孩子们的变化成为好评收割机。

创意劳动：双胞胎姐妹花变新锐小厨娘

1月30日，长沙市第一中学正式放寒假。在学生们的作业清单里，除了要求学生做家务，体验父母全天劳动轨迹，还鼓励大家做创意大师，用智慧和巧手在美食上做文章，将废品变成"作品"。

看到这，长沙市第一中学高2020级12班全盈燕、全盈羽这对双胞胎姐妹便开始琢磨着如何给家人送上新春大礼。"我希望家人健康长寿。"妹妹全盈羽顺着这条思路，在菜的寓意上找灵感。参考了有关视频资料后，她的点子诞生了。前不久，她找来西蓝花、杏鲍菇、番茄酱等食材，配上蚝油、生抽、盐等调料，经过她的一双巧手，这些材料如同被施了魔法，变成了一棵造型精美的“松树”，被摆放在盘子中。一旁的“寿”字，更是成了点睛之笔。

“做这道菜旨在祝福长辈们有松柏之寿。”全盈羽向记者介绍，这道菜虽然看起来简单，但做起来就不那么容易了。“前后耗时一个小时，制作过程中对烹饪者的刀工、火候的要求都十分高。另外，为杏鲍菇上色，用裱花笔写字和摆盘，这些都考验着烹饪者的综合能力。”

妹妹的这道创意菜吸引了姐姐全盈燕的目光，她也不甘示弱，拿来圣女果、香蕉、海苔，制作出可爱喜庆的财神爷，为家里增添了浓浓的节日氛围。“爷爷对我的作品也赞不绝口。”全盈燕表示，制作创意美食是一项有趣的劳动，她还脑洞大开地研制了芥末炒鸡蛋等黑暗料理。

听到孩子分享劳动心得与体会，妈妈钟女士欣慰不已。“孩子参与劳动非常有必要，在这过程中，她们收集与找到和节气有关的食谱，并动手做出来，对于她们来说，也是一次有益的锻炼。”

除了全盈燕、全盈羽这对双胞胎姐妹花，长沙市第一中学高 2020 级 4 班王湘宁寒假里大开脑洞，将废弃的饮料瓶、啤酒罐、牛奶箱进行再利用，变成了实用的烟灰缸、梳妆盒、筷子架……“劳动是我国的传统文化，我们应该主动从小事做起，养成劳动习惯。”在王湘宁和家人看来，劳动技能的培养与文化学习同等重要，尤其是步入社会后，它将在生活中发挥重要的作用。（记者：舒文　通讯员：徐国鸿　马晓东）

来源：长沙晚报（2021-02-24）。

第三节　劳动教育课程内容的选择依据

中国历史悠久，地大物博，劳动资源丰厚，劳动类型齐全，劳动实践场所包罗万象、多姿多彩。综合实践基地、青少年校外活动场所、学校劳动实践基地、学生实训实习场所、学校设施设备、土地、山林、草场、厂矿企业、城乡社区、福利院、医院、博物馆、科技馆、图书馆、社会机构、公共场所等，为大中小学劳动教育提供了无穷无尽、永不枯竭的劳动教育课程内容。如何从这些琳琅满目的课程资源中选择适合的劳动教育课程内容，我们认为以下内容可以作为选择的参考依据。

一、与课程目标相对应

劳动教育课程内容应与劳动教育课程目标的要求相对应，确保劳动教育课程内容与劳动教育课程目标一致，这是劳动教育课程设计有效的保障。因此，在确定好课程目标后，课程内容的选择就必须依据课程目标，即有什么课程目标，便有什么课程内容，课程目标与课程内容趋于一致，这样整个课程才会趋于完整。譬如，如果课程目标是培养学生解决机器人制造问题的能力，那么课程内容就应给出学生发现机器人制造问题并解决机器人制造问题的机会；如果课程目标是让学生了解和体验某种劳动工具的演变历史，那么课程内容就应该具有体现这种劳动工具演变历史的典型资源，让学生有机会走进劳动工具演变资源的情境，近距离观察、体验这种劳动工具演变的历史文化。

二、与学生需求相契合

劳动教育课程的设置要以学生身心发展特点和需求为依据，着力于促进学生的劳动素养发展，充分发挥劳动教育的特质和优势，以多种方式实现劳动教育的课程目标。

课程内容要契合学生的需要，能够激发学生的学习兴趣，从而使学生在劳动教育过程中得到知识、能力、情感、心理等多方面的满足。学生参加劳动教育活动，其实际获得的满足既可以是物质上的，也可以是技能与思维层面的，更是思想、精神层面的。

譬如，学生通过向当地“布老虎鞋”制作非遗传承人学习“布老虎鞋”制作技艺，学会了制作“布老虎鞋”的方法，读懂了非遗“布老虎鞋”的价值，理解了非遗传承人的想法，获得了技能和思维的发展，同时也感受到劳动的美丽和劳动创造的社会价值，以及制作“布老虎鞋”的骄傲和自豪。

三、与学生基础相匹配

课程内容要与学生的能力基础相匹配。劳动教育课程内容具有学段性特征，同一劳动教育课程资源，在不同学段的课程中内容的呈现应有所区别。课程内容的深度、广度及表现形式都要与学生的学段特点相适应。

四、与课程时间相一致

课程设计者选择课程内容，要与课程时间相一致。有多少时间就安排多少学习内容。要合理分配课程时间。在时间总数固定的情况下，按最重要、次重要、一般重要的内容合理分配时间，同时考虑各部分课程内容所需的教学活动时间，安排得当。比如，对基本概念或事实的介绍一般采用讲授法，所用时间较少；而一些探究、实验方法或技能，需要示范、演练和小组研讨，则需要预留更多的时间。

五、与劳动资源相结合

课程内容的选择要考虑劳动教育课程资源的可行性。如果有丰富的、可用的课程资源，就能支撑相关课程内容的学习。如果相关的课程资源缺乏，就要考虑删除或削减这一部分课程内容，或者通过其他的方式获得。

另外，劳动教育课程资源一般都具有多重属性，所以，同一课程内容往往会对应多种课程目标。设计者在选择课程资源的时候尽可能考虑课程资源的多重属性，力求在劳动教育课程实施中实现尽可能多的课程目标。

总之，劳动教育课程内容的设计选择，要与课程目标相对应，与学生需求相契合，与学生基础相匹配；既要考虑课程时间，又要与劳动教育课程资源相结合。

案例分享

天津大学开展“劳动拥抱新时代”劳动教育周系列活动

本站讯（通讯员陶森）五一劳动节前夕，天津大学深入贯彻落实中共中央、国务院《关于全面加强新时代大中小学劳动教育的意见》，启动“劳动拥抱新时代”天大劳动周，组织学生积极参与“一场专题学习、一次居家劳动实践、一期劳动作品征集、一门劳动教育课”的“四个一”主题教育活动，加强新时代大学生劳动教育，培养学生树立正确劳动价值观和良好劳动品质。

同上一堂劳动思政课，涵育劳动情怀

在“同上劳动教育课，共创美好居家环境”主题活动日中，各学院（部）辅导员以班会、团课、党课等多种形式，领学了《关于全面加强新时代大中小学劳动教育的意见》和习近平总书记关于劳动的重要论述，深化学生对马克思主义劳动观的认识。建筑学院辅导员赵乾琨讲道:“习近平总书记说要崇尚劳动、尊重劳动，懂得劳动最光荣、劳动最崇高、劳动最伟大、劳动最美丽的道理，对劳动教育提出了更高的要求。作为天大学子，更要深刻理解劳动教育，用实际行动践行‘不从纸上逞空谈，要实地把中华改造’的决心！”随后学生集体共同观看了《工匠精神》视频课，从天津大学王其亨教授团队近40年潜心研究“样式雷建筑烫样”的现代工匠故事出发，学习和讨论新时代工匠精神的深刻内涵。这堂在线劳动思政“大课”旨在号召学生在做人与为学中继承和发扬劳模精神、工匠精神，成为新时代大国工匠。“中国制造与中国创造方面的节节攀高与工匠精神密不可分。工匠精神和劳动精神是我们在成就个人理想和实现中华民族伟大复兴中国梦的征途上的一盏明灯！”法学院本科生陈娅诺在集体学习后备受触动地说。

药学院邀请学校派驻到定点扶贫的甘肃省宕昌县的大寨村第一书记、药学院2015届毕业生江皓，为全校师生党员带来一堂劳动“云党课”。江皓以《新时代青年人的使命担当》为题，分享了他在扶贫一线奋战600余个日夜的点点滴滴，引导学生树立正确的劳动观和择业观，鼓励学生到祖国最需要的地方建功立业，用勤劳的双手创造美好人生。数学学院启动“点亮计划”，开展“我眼中的德智体美劳”主题师生沙龙，聘任体美劳朋辈“引路人”，共话劳动教育。

连线居家卫生大扫除，比拼劳动技能

“大家行动起来吧！”随着班长的一声令下，教育学院2019级教育学2班全体学生迅速响应，纷纷拿起抹布、扫帚、拖把等劳动工具，或收纳整理，或清洁卫生死角，或打扫室内卫生，或下厨烹饪美食。劳动的间歇，同学们也不时通过手机屏幕与同劳动的小伙伴互动，劳动的快乐顺着网络传递开来。这番热火朝天的劳动盛况，成为今年天大劳动周的特殊景象。全体学生以班级或宿舍为单位进行视频连线，集中进行居家劳动，“直播”劳动过程，“晒出”劳动成果，开展在线劳动竞技，养成良好生活劳动习惯。刚参加完在线大扫除的法学院学生江滢兴奋地说：“这次居家连线大扫除，我不仅和同学们一起进行了家务劳动，还相互鼓励，相互点评劳动成果，从劳动中收获快乐，觉得非常有意义！”

各学院辅导员也身体力行，利用集中清整学生宿舍区环境卫生的机会，“现身说法”为学生进行劳动示范教育。建工学院在清扫过程中开通了网络直播，辅导员化身劳动技能导师，现场讲解宿舍卫生标准和整理技巧。千余名“亲”学生涌入直播间，“围观”这堂生动活泼的“真人”劳动课，并纷纷点赞。“我被老师们的劳动热情和高超技巧深深感染了，赶紧也把家里认真收拾了一遍。看直播学劳动的形式真是太棒了！”建工学院学生杨泽文如是说。

创作主题微作品，弘扬劳动主旋律

“待到樱花烂漫时，诗情画意绘黄鹤楼”“抗疫英雄事迹宣传册”……韵律悠扬的诗歌、构图精美的海报、天马行空的vlog视频，在“讴歌劳动美礼赞抗疫行”原创作品征集与评选活动中，天大学子聚焦抗疫英雄、先进工作者、劳动模范、大国工匠和身边的普通劳动者，用近200件原创作品展现了劳动人民在各个行业、各个领域、各个岗位的时代风采，阐释了自己心中的新时代劳动精神，弘扬了劳动最光荣、劳动最崇高、劳动最伟大、劳动最美丽的主旋律。自动化学院本科生郭汀华实地走访敬老院工作人员，创作《疫情下的敬老院工作者》短视频，向聚光灯外的劳动者和坚守者致敬。

本次征集活动得到了同学们的热烈响应，各学院（部）通过网站、微信公众号等广泛宣传和展示了学生提交的优秀作品，在师生中掀起了崇尚劳动、致敬劳动者的热潮。“看着同学们笔下的劳动作品展，我脑中又回想起医护人员、公安民警、社区服务人员、快递员等这些身边的普通劳动者在平凡的岗位上勇挑重担、担当作为，为抗疫胜利做出突出的贡献的感人故事，领悟到了习总书记说的‘劳动光荣，创造伟大’的深刻内涵！”理学院学生杨云帆如是说。

开设第二课堂课程，践行劳动精神

烹饪菜肴、种植花草、卫生扫除、田间劳作……居家期间同学们将家庭作为劳动教育的主阵地，积极参与劳动教育第二课堂课程。为鼓励学生充分参与劳动实践，保障本科阶段劳动教育课程不少于32学时，党委学生工作部联合各学院（部）利用课外实践教育课程化、学分制平台，共开设“农作物种植劳动体验”“垃圾分类社区行”等20门劳动教育课程，其中疫情期间开设8门，内容涵盖了劳动知识与劳动实践、生活劳动、专业性劳动及公益性劳动，鼓励学生用辛勤劳动“换取”课程学分。机械学院学生在《劳动基础知识与实用技能》等劳动课程中累计打卡劳动超过1500余次。“劳动是什么？许多人认为劳动是累的苦的，其实这只是劳动的障眼法，劳动是甜的快乐的！”自动化学院学生李丰地在“居家生活劳动实践课”结课作业中写下了这段话。

在第二课堂中，学生或学习体验以体力劳动为主的居家生活劳动和生产劳动，或宣传科学防疫知识，为医护人员子女提供公益家教，积极投身家乡战“疫”公益性劳动，勤勉奋斗、爱国力行，用实干兴邦谱写劳动最美乐章。

据悉，天津大学不断加强和改进劳动教育，以“劳动淬炼计划”深入实施“三全育人”“五育并举”人才培养综合改革，坚持“五育并举”。以生活劳动引导学生“会劳动”，以专业实践锻炼学生“能劳动”，以文化浸润激励学生“爱劳动”，积极探索构建劳动教育新模式。今年，学校延续设立天大劳动周，后续还将开展劳动主题教育月活动，从劳动技能提升教育、劳动品质养成教育、校园劳动文化建设三个方面不断推动劳动教育落实落细。（编辑：张华　郭水晶）

来源：天津大学（2020-05-01）。

第四节　劳动教育课程内容的选择方法

在劳动教育实践中，劳动教育课程内容的选择方法不拘一格，多种多样，也都取得良好的实用效果。本书我们重点介绍学生需求法、家长推荐法、经验检索法、文献研究法、经验转化法、专家推荐法、跨领域借用法。

一、学生需求法

学生需求法是指在了解学生需求的基础上，根据学生需求确定与之匹配的劳动教育课程内容。劳动教育课程设计者可以通过各种途径和方法对学生进行劳动教育需求调查研究，并对调查研究中获得的数据进行分析，找到学生集中的需求点，然后根据学生需求确定课程内容。

调查研究的方法包括问卷调查法、访谈法，即通过对学生的问卷调查，统计学生对劳动教育活动的兴趣、爱好等，并制定相关的活动策略，同时还可以结合问卷调查的开展情况，有针对性地走访一些学生，进行更深入细致的调查，掌握更加具体翔实的信息。这种方法是基于学生自身兴趣，从自然、社会和学生自身生活中选择和确定研究劳动教育主题和课程内容，在课程中观察、记录和思考，主动获取知识，分析并解决劳动问题的过程。

二、家长推荐法

劳动教育既包括生产劳动和服务性劳动，也包括日常生活劳动。家庭是日常生活劳动的主要场所。在家庭日常劳动中，家长担任着日常生活劳动的具体指导老师之职业角色，家长在学生劳动素养的提高、健全人格的塑造、劳动价值观的培养、劳动行为习惯的养成等方面，起着基础性教育引领作用。在劳动教育中，家庭劳动教育和学校劳动教育、社会劳动教育的边界日益模糊，劳动教育不再是学校自己的事情，家庭和社会更多地参与到劳动教育中；家庭本身就是教学机构，拥有现成的实践场地，家长承担着劳动教育指导与服务的重要功能，家长提出的教学内容，因地制宜、因材施教，更具有针对性和实操性，更符合学生实际。因此，指导教师在设计劳动教育课程内容时，应虚心听取家长意见，采用家长推荐日常生活劳动教育内容的方法，来选择劳动教育内容。

三、经验检索法

较深厚的劳动教育课程专业经验和一定的社会经验是对劳动教育课程设

计者的要求。经验检索法是帮助劳动教育课程设计者有效挖掘沉淀多年的劳动教育专业知识的一种手段。因此，在实际的劳动教育课程开发过程中，设计者要结合自己的专业经验和知识，将一定的工作方法和技巧内化到课程中。经验检索分以下两个步骤：

第一步，使用第一时间闪烁法进行经验检索。这是一种发散性思维逻辑开发，即劳动教育课程设计者在确定好劳动教育课程主题或课程内容大纲后，第一时间进行内容填充，快速将自己当下能够想到的所有劳动教育内容写下来。设计者可以通过这种方式，先将自己已有的劳动教育经验和素材在每个课程内容大纲下进行大致归类，再依据相关方法对每个课程内容大纲的内容进行补充。

第二步，使用深度搜索挖掘法进行经验检索。在快速写下自己当下能够想到的所有劳动教育内容后，课程设计者再深度思考是否有需要进一步补充的内容，将潜藏在大脑深处的劳动教育内容挖掘出来。

四、文献研究法

文献研究法，即通过查阅书籍、学术期刊以及网络资料，了解掌握国家教育主管部门有关劳动教育的相关规定、国内外开展劳动教育的相关经验和成果，为本次劳动教育的课程设置提供理论支撑与做法借鉴。

理论书籍、学术期刊上的劳动教育理论具有一定的权威性，可以弥补有丰富实践经验的课程设计者在劳动教育系统理论知识上的不足。因此，在劳动教育课程内容开发时，查阅理论书籍、学术期刊资料等文献至关重要。课程设计者在使用了前面几种方法之后，再查阅理论书籍和学术期刊，就会提升劳动教育课程内容的高度、深度，增强劳动教育课程内容的系统性。

五、经验转化法

劳动教育课程设计者在劳动教育课程开发过程中，除了运用自己的知识和经验，还可以参考借鉴他人及其他学校以往的劳动教育活动案例，进行研究，总结成功经验，吸取失败教训，并将其中成功的经验转化、运用到自己的劳动教育课程内容设计中。

六、专家推荐法

劳动教育课程设计者在课程开发、设计劳动教育过程中，还可以参考行业资深专家的知识和经验，有效弥补自身知识和经验的不足。在劳动教育课程设计过程中遇到技术性问题时，设计者可以直接请资深专家进行指导或协助。这既能大幅度提升劳动教育课程的操作性和有效性，又能将资深专家的知识和经验进行转化与提炼。

七、跨领域借用法

劳动教育课程设计者在课程开发过程中，可以充分运用跨领域知识方法，触类旁通，为劳动教育课程开发带来更多的资讯和活力。在使用这一方法时，设计者要对借用的跨领域知识方法有所选择和鉴别，切忌全盘照搬。

思考题

1. 简述我国劳动教育内容的主要类型及要求。
2. 简述我国普通高等学校劳动教育的内容。
3. 说一说劳动教育课程内容的选择依据有哪些。
4. 说一说劳动教育课程内容的主要选择方法。

第五章
劳动教育教学方式和教学方法

本章导读

本章是介绍劳动教育课程实施方法的重点章节，着重介绍了劳动教育教学方式和教学方法的基本概念和特点，并在此基础上对常见的劳动教育教学方式的教学流程和教学要求、教学方法的教学要求和教学流程做了一一阐述。

劳动教育基地：上海市上海工商职业技术学院　　摄影：严雷萍

学习要求

了解教学方法、教学方式的概念、特点，熟悉劳动教育课程中常用的教学方式、教学方法，掌握并能够运用常见的常用的劳动教育教学方式和方法进行劳动教育课程设计。

思维导图

- 劳动教育教学方式和教学方法
  - 劳动教育教学方式
    - 设计制作
    - 职业体验
    - 考察探究
    - 社会服务
    - 榜样激励
    - 博物馆参观
    - 党团队劳动教育活动
  - 劳动教育教学方法
    - 小组合作法
    - PBL教学法
    - “从做中学”教学法
    - 头脑风暴法
    - 情境体验法
    - 角色扮演法
    - 参观访问法
    - 成果展示法
    - 跨学科教学法
    - 世界咖啡法
    - 六顶思考帽法
    - 讲授示范法

劳动教育课程的实施是整个劳动教育活动的核心环节。教师需要按照劳动教育课程目标，根据不同的劳动教育教学内容和不同层级的学生，运用恰当的劳动教育方式，采用灵活的教学方法，才能实现预定的劳动教育目标。

第一节　劳动教育教学方式

劳动教育方式是教师在进行劳动教育教学时，为完成劳动教育教学目标，而灵活使用的各种形式。在劳动教育活动实践中，出现的劳动教育方式多种多样，我们参考教育部《大中小学劳动教育指导纲要（试行）》《中小学综合实践活动课程指导纲要》中提到的设计制作、职业体验、考察探究、社会服务、榜样激励、博物馆参观、党团队劳动教育活动等主要方式及其关键要素，简要阐述。

一、设计制作

（一）含义

设计制作指学生运用各种工具、工艺（包括信息技术）进行设计，并动手操作，将自己的创意、方案付诸现实，转化为物品或作品的过程，如动漫制作、编程、陶艺创作等，它注重提高学生的技术意识、工程思维、动手操作能力等。

（二）特点

在课程实施过程中，鼓励学生手脑并用，灵活掌握、融会贯通各类知识和技巧，提高学生的技术操作水平、知识迁移水平，体验工匠精神等。

（三）教学流程

设计制作的主要流程包括：明确劳动教育目标，创意设计，选择活动材料或工具，动手制作，交流展示物品或作品，反思与改进。

二、职业体验

（一）含义

职业体验是指学生在教师的指导下，在实际劳动工作岗位上或模拟情境中见习、实习，从中体认劳动职业角色的过程，如学工、学农等。

（二）特点

职业体验注重让学生获得对劳动职业生活的真切理解，发现自己的专长，培养劳动职业兴趣，形成正确的劳动观念和人生志向，提升生涯规划能力。

（三）教学流程

职业体验的主要流程包括：明确劳动教育目标，选择或设计劳动职业情境，劳动实际岗位演练，总结、反思和交流劳动经历过程，概括提炼劳动经验，行动应用。

三、考察探究

（一）含义

考察探究是学生基于自身兴趣，在教师的指导下，从自然、社会和学生自身生活中选择和确定研究劳动教育主题，开展研究性学习，在观察、记录和思考中，主动获取劳动知识，分析并解决问题的过程，如野外劳动考察、社会劳动调查、劳动实践、劳动历史探究、劳动成果考察、劳动过程研讨等。

（二）特点

考察探究注重运用劳动实地观察、访谈、实验等方法，获取材料，形成理性思维、批判质疑和勇于探究的劳动精神。

（三）教学流程

考察探究的主要流程包括：明确劳动教育目标，发现并提出问题，提出假设，选择方法，研制工具，获取证据，提出解释或观念，交流、评价探究成果，反思和改进。

（四）教学要求

运用考察探究式进行劳动教育，必须重视问题情境的创设、学习者的自主建构、基于证据的分析以及学习共同体中的讨论与对话，以激发学生的创造创新能力。

（1）教师要设计科学合理的劳动任务，激发学生的探究欲望，调动起学生学习劳动知识和劳动技能的动机，激发学生强烈的探索劳动知识、思考劳动问题的积极性和主动性。

（2）教师要建构真实的劳动情境，创设真实的生产、生活情境，确保劳动任务是真实的、劳动过程是真实的、劳动目标是真实的以及劳动成果是真实的。

（3）教师要提出真实的劳动问题，激发学生的好奇心、探究欲和求知欲，培养学生有关劳动的内在兴趣，为高效学习劳动知识和探究劳动问题创造条件。

（4）师生要在劳动教育过程中有高质量的师生互动。在劳动教育中，师生之间高质量的互动是培养学生深层次探究能力的基础。教师可通过设置较为复杂的劳动任务或有待解决的复杂的劳动问题，组织学生分组研讨或在实践中进行探索等，发挥每个学生的智慧，帮助学生有效解决依靠个体力量难以解决的复杂劳动情境中的具体问题。

四、社会服务

（一）含义

社会服务指学生在教师的指导下，走出教室，参与社会劳动，以自己的劳动满足社会组织或他人的需要，如公益劳动、劳动志愿服务、勤工俭学等。

（二）特点

社会服务强调学生在满足被服务者需要的过程中，获得自身发展，促进相关劳动知识、技能的学习，提升劳动实践能力，成为履职尽责、敢于担当的劳动者。

（三）教学流程

社会服务的主要流程包括：明确劳动教育目标，明确服务对象与需要，制订服务劳动计划，开展服务劳动，反思服务劳动经历，分享服务劳动经验。

五、榜样激励

（一）含义

榜样激励法是指教师选择在实现劳动教育教学目标中，对做法先进、成绩突出的个人或集体，加以肯定和表扬，要求学生学习，从而激发全体学生积极性的方法。榜样激励法是一种行为激励，通过榜样的示范来规范、引导学生的行为，从而形成合力，指向共同的学习目标。

（二）教学流程

榜样激励的主要流程包括：明确劳动教育目标，课前发现、确定并推出榜样，课中树立榜样、研究榜样、宣传榜样，课后交流评价、回顾与反思。

（三）教学要求

在采用榜样激励式教学方式时，教师要注意如下几点：

（1）围绕劳动的精神追求，树立典型，激发劳动热情。

（2）注意遴选、树立多类型榜样，不仅要有大国工匠、劳动模范，还要有身边劳动表现优异的普通劳动者和同学。

（3）教师在选择榜样时，如果是本班本校的学生榜样，应该是劳动成绩突出、劳动品德高尚的学生。

（4）注重榜样先进事迹的实际性，可模仿性。要结合自己的学习、生活实际来学习榜样，指导学生从榜样的具体事迹中领悟他们的高尚精神和优良品质，并明确要求学生在日常劳动实践中努力向榜样看齐。

（5）引导学生正确地对待榜样，学其所长，要防止机械地、形式主义地模仿榜样。

（6）表扬先进事迹的会议，形式要隆重、气氛要热烈，从而激发学生敬慕榜样的心情。

（7）关心身边学生榜样的不断成长，教育他们戒骄戒躁，提高成绩，克服不足，不断进步。

案例分享

天津市中小学劳动技能大比拼

本报讯（记者雷风雨）一道道美味小炒出锅，一盘盘饺子香味诱人……您没有看错，这不是在厨房，而是中小学生在学校进行的劳动技能大赛比赛。记者从市教委获悉，为展示本市劳动教育成果，促进中小学校完善劳动实践课堂，构建德智体美劳全面培养的教育体系，昨天，2021年度天津市中小学劳动技能大赛决赛在市第二南开学校和天津农学院举办。

昨天上午，记者在市第二南开学校看到，和平区岳阳道小学六年级学生刘宇瞳和刘暐暐参加了小学包饺子项目比赛。赛场上两名小选手互相配合，搓面、擀皮、上馅、捏合，一个个漂亮的饺子就在孩子们的手中完成了，最终她们获得了包饺子项目全市一等奖的佳绩。“成绩的取得得益于我们学校在‘融慧’办学思想的引领下，充分发挥劳动综合育人功能，探索劳动与德育、智育、体育、美育相融合的‘开放式’劳动教育模式，全面提升学生的劳动素养。”岳阳道小学校长褚新红说。

本届大赛由市教育两委主办，主题是“热爱劳动、勤于劳动、善于劳动”，涵盖小学低年级组、小学高年级组、初中组、高中组4个组别，主会场设在第二南开学校，进行整理行李箱、电子焊接、木模工艺、擦玻璃、金工工艺等12个室内项目比赛；分会场设在天津农学院，进行施底肥、移苗定植、平整土地、起垄做畦等6个农业项目比赛。全市16区在前期校级初赛、区级复赛的基础上，选派约600名学生参加决赛。决赛面向全市师生和家长进行网络直播。“在‘五一’国际劳动节即将到来之际，全市学生劳动技能大赛的举办，将激发青少年学生的劳动热情，培养学生正确劳动价值观和良好劳动品质，营造家庭关注、学校主导、社会支持的良好劳动教育氛围。”市教委相关负责人表示。（本报记者：周伟，雷风雨摄）

来源：今晚报（2021-04-25）。

六、博物馆参观

（一）含义

博物馆参观是指学生在教师的指导下，对博物馆进行关于劳动教育内容的参观、考察、探究、体验、设计、制作。譬如，走进农耕博物馆、历史博物馆、革命博物馆、海洋博物馆、水稻博物馆、劳模博物馆、劳务工博物馆，见证劳动之美丽，聆听劳动者之歌。

（二）特点

博物馆参观注重学生的亲历感悟、实践体验、行动反思，形成理性思维，通过对博物馆的劳动文化展示，使学生了解人类劳动文明、劳动历史积淀与民族劳动成果，获得崇拜感和自豪感，拓展个人劳动视野，培养主动探索劳动和劳动创新精神。

（三）教学流程

博物馆参观的主要流程包括：明确劳动教育主题目标，选择博物馆劳动内容，参观并听讲解，体验探究，设计制作，参观后的劳动任务实施、劳动实践体会，分享参观后的劳动成果交流、劳动知识拓展，回顾、反思与总结。

七、党团队劳动教育活动

（一）含义

党团队劳动教育活动是指由中国共产党、中国共青团、中国少先队组织机构开展的影响学生的身心发展的有目的性的劳动教育主题活动，如党旗下的劳动工匠技能比武、我为团旗添光彩、植树劳动比赛、红领巾制作行动等。

（二）特点

党团队劳动教育活动注重对学生的政治思想品德教育，培养学生爱国、爱党、爱团、爱少先队组织的理想信念，具有高尚的爱国情怀和党团队成员高尚的劳动精神。

（三）教学流程

党团队劳动教育活动的主要流程包括：明确活动目的，制定活动计划，开展劳动教育活动，劳动成果展示，反思与改进。

第二节　劳动教育教学方法

劳动教育教学方法是教师和学生为了实现共同的劳动教育目标，完成共同的劳动教育任务，在劳动教育活动中采用的教学方式、途径和手段的总称。劳动教育教学方法包括教师教授指导的方法和学生学习的方法两个方面，是教授指导方法与学习方法的统一。正确选择和设计恰当的劳动教育教学方法，对于更多更好地培养劳动人才具有重要作用。

一般说来，劳动教育教学方法选择的主要依据有：劳动教育教学目的任务的要求，劳动教育教学过程、原则和特点，劳动教育课程资源内容和特点，学生的情趣、水平、智能、态度、学风与习惯，劳动教育教学时间长短，教师的思想与业务水平、经验与能力、教学习惯与特长，师与生双边活动的配合、互动的状况与质量，劳动教育实践基地的物质条件、劳动设备、社会条件、自然环境，劳动教育过程中的突发性事件。

在劳动教育实践中，常用的教学方法多姿多彩，我们只介绍几种常见的教学法，如小组合作法、PBL 教学法、“从做中学”教学法、头脑风暴法、情境体验法、角色扮演法、参观访问法、成果展示法、跨学科教学法、世界咖啡法、六顶思考帽法、讲授示范法。

一、小组合作法

（一）含义

小组合作法是指学生在劳动小组或团队中为了完成共同的劳动任务，有明确责任分工的互助性学习。劳动小组合作学习法不仅解决了学校班级授课制中教师难以面向有差异的众多学生进行教学的不足，更是立足于新的劳动教育理念，为每一位学生的全面发展创设了适宜的环境与条件。

（二）教学要求

（1）学生要全员参加。根据明确的劳动教育目标导向，落实学生的个体学习，让每个学生有较充足的时间，按自己的水平进行自我学习。

（2）学生要主动参与。教师要努力提高学生参与小组合作活动的主动性，要善于精心设计合作学习的内容，让学生在劳动教育过程中学会自己发问、自己分析与解决问题。学生在合作过程中争论，才会有所发现、有所创新。

（3）学生要人人有岗位。依据学生能力的大小，引导学生在小组中选择合理的角色，从而促进不同层次的学生在小组合作中都能得到最优发展。

案例分享

在“非遗皮影进校园”劳动教育活动中，北京龙在天皮影基地引导学生分组合作——30 人一班，每 6 个人一组，共分 5 个组，分组体验皮影“非遗”技艺、动手制作艺术品，有效提高学生的观察能力和理解能力，发展学生的合作能力和创造能力，增强学生的合作情怀，培育学生的“工匠”精神，让学生们在校期间就能在皮影“非遗”项目课程领域成为小能手。这种劳动教育活动让学生获得了亲身体验，提升了对皮影“非遗”的认识，培养了合作意识和创新精神，收到了预期的效果。

（三）教学流程

（1）首先引导学生选择、确定劳动教育活动主题，制定活动方案（劳动、劳动准备、过程设计）。

（2）按照小组制定的计划开展劳动，随时做好劳动记录。

（3）劳动告一段落时，要及时总结劳动的体验，准备小组交流的材料。

（4）在做劳动总结时，尽量通过多种形式展示研究成果。

（5）劳动结束之后，要求每一位学生对整个劳动过程进行反思，以激发学生内心深层次的触动和感受。

河南郑州好想你经济管理中等专业学校师生采用小组合作法拔草捉虫

摄影：李岑虎

二、PBL 教学法

（一）含义

PBL 教学法是“基于项目的学习模式”（Project-based Learning，简称 PBL），也称为项目教学法，它是以项目为载体，以学习为目的，通过将复杂而真实的问题分解成一个又一个具体的项目，学生通过完成这些项目，掌握相关的各种知识和技能的一种教学方法。

PBL 教学法是基于现实世界的以学生为中心的一种方法，最早出现在 20 世纪 60 年代的医学教育中，由加拿大麦克马斯特大学的教师首创，目前已成为国际上较流行的一种教学方法。

（二）教学程序设计

1. 选择劳动项目

选择合适的劳动项目是 PBL 教学法运用的关键。教师在选择项目时需要注意以下几点：首先，选择的项目要与核心目标保持一致；其次，选择项目的内容应该是学生比较感兴趣、操作性强、可以吸引学生主动参与的；最后，选择的项目最好要层层推进、富有挑战，使学生不仅学习劳动知识，而且能够利用劳动知识解决问题。

2. 制定劳动计划

在明确了选择项目的基础上，要对如何完成项目制定出可行的计划。

3. 执行劳动计划

在实施 PBL 项目教学的过程中，教师要让学生直接参与到劳动项目的执行中，教师通过引导、辅助、支持的方式去配合学生，要不时地创造机会、提供空间、创设各种情境，激发学生的创新思维，使学生在学习中自主探索、发现，在合作交流中相互启示，在师生讨论中相互碰撞，形成共识，从而激发学生的创新欲望和需求，帮助学生形成一种良好的劳动探究习惯。

4. 完善劳动方案

由于 PBL 教学法需要解决的是真实而复杂的问题，已经制定的计划在执行的过程中可能还会存在一些瑕疵，教师可以引导学生通过讨论交流，对劳动方案进行修订和完善。

5. 展示劳动成果

展示项目成果应突出以学生为中心的理念，激发学生的劳动创造性，引导学生决定劳动成果展示的类型和内容。

6. 劳动评价反思

对劳动项目的完成过程和结果进行评价和反思并得出结论。评价应避免简单化，要关注过程性评价。

三、“从做中学”教学法

（一）内涵

“从做中学”的教育教学方法，肇始于美国现代著名的实用主义教育家杜威。杜威把所有的学习都视作行动的副产品，非常重视实践在学习中的作用，认为通过做所形成的直接经验在教育教学中极其重要。他强调通过“做”来促使学生思考问题，进而学到知识。杜威提出“教育即生活”“教育即生长”“教育即经验的改造”“教育就是经验的持续不断的改造或改组”等重要观点，教学过程应该就是“做”的过程。

我国著名的教育家陶行知是杜威的学生，陶行知提出了“教学做合一”的教育思想与教育教学方法。他将“做”置于“教学做合一”中最核心的地位，强调学生与教师要在做中学和做中教；强调要以实际生活为出发点，用实际遇到的问题引发“做”；强调“生活即教育”“社会即学校”，强调校园以外的教育活动的重要价值。陶行知认为，没有生活做中心的教育是死的教育，没有生活做中心的学校是死的学校，没有生活做中心的书本是死的书本。受陶行知的影响，黄炎培提出了职业教育是实践的教育的基本观点，强调“理论与实践相结合”的教育教学方法，使“从做中学”理论和方法随着时代的发展有了更为丰富的表现形式。

（二）教学要求

“从做中学”的教育教学方法具有明显的实践性，劳动教育与“从做中学”因“实践”而相遇。学校的劳动教育课程运用“从做中学”这种方法教学是最为适切的。

（1）从日常生活做起。劳动教育源于生活、服务于社会。在劳动教育教学中，“从做中学”更是触手可及，它是学生在日常生活的真实境遇中经常进行的活动，也是开展劳动教育的根本途径。因此，教师要有目的有意识地借助劳动教育，引导学生解决劳动中遇到的困难，提高本领，增长才干。

譬如，三明市示范性综合实践学校为同学们设置了一系列的手工劳动教育课程，包括生活 DIY、快乐布艺塑编、风筝扎制、制皂、植物拓染等，目的是通过手工制作培养学生热爱生活的品质，丰富学生的生活体验，让学生在感受制作的乐趣的同时，感受生活之美。在学校里，学生每 8 人住一间集体宿舍，每 45 人组成一个班。在宿舍里，学生要自己铺床叠被，自己打扫卫生，自己打饭，自己洗衣服。在班里，学生要为班级贡献自己的力量，发挥自己在班级中的作用，如整理教室、文明就餐，还要参与班级和基地的其他各项事务。

（2）在劳动教育中，我们要警惕，不要把“从做中学”的劳动精神的培养简化为劳动技术的学习和应用。在我国开设劳动教育课程，运用“从做中学”的劳动教育教学方法，并不是要让学生参加以创造物质财富为目的的生产劳动，而是要让学生参与服务于个人与他人的生活劳动和以生产实践为主的社会实践活动，这是培养社会主义的建设者和接班人的需要。

（3）教师在运用“从做中学”的方法时，要统筹考虑不同学段、层级的差异，做到因材施教。

（4）劳动教育的突出特点是劳动者直接参与活动。“做”的过程重在经验的重组和对劳动者的改造。

（5）身体力行地“做”是劳动教育的主要形式。不论是日常生活中的劳动、生产性劳动还是服务性劳动，都是通过“做”来建立与自我、社会、他人直接的劳动关系。尤其是原汁原味的劳动，就是劳动教育的重要载体。比如，让低年级学生学会简单的自我服务性劳动，让中年级学生学会帮助同伴、帮助家庭的比较复杂的劳动，让高年级学生学会做困难的复杂性劳动，等等。

（6）在劳动教育中，教师要充分借助丰富多样的劳动形式，让学生的眼、耳、口、鼻、手等感官获得充分体验，引导学生的成长和发展，使学生在劳动的过程中获得改造，成为“做与创造”的主人。

（三）教学流程

确定劳动教育目标；确定劳动教育主题；确定“做”的劳动教育内容；确定“做”的劳动教育方法；确定“做”的教学过程；从“做”中提炼要“学”的内容，“从做中学”；把“学”到的知识和技能，再“做”出来；展示“做”的成果；反思评价。

四、头脑风暴法

（一）含义

头脑风暴法（Brain-storming Method）的发明者是现代创造学的创始人、美国学者阿历克斯·奥斯本，他于1938年首次提出“头脑风暴法”这一概念。Brain-storming 原指精神病患者头脑中短时间出现的思维紊乱现象（病人会产生大量的胡思乱想）。奥斯本借用这个概念来比喻思维高度活跃，打破常规的思维方式而产生大量创造性设想的状况，是一种激发集体智慧产生、提出创新设想的思维方法，具体是指一群人（或小组）围绕一个特定的主题或目标，通过无限制的联想和自由讨论，进行创新或改善，形成新主意，产生新点子，提出新的办法。

（二）特点

在头脑风暴中，每一个人都会就某一具体问题畅所欲言，提供己见，从而产生尽可能多的观点。头脑风暴的效用在于：较之个体之和，群体参与能够达到更高的创造性协同水平。头脑风暴的特点是，让学生自由畅想，使各种设想相互碰撞并尽可能激发创造性设想的产生。这是一种集体开发创造性思维的方法。

（三）教学要求

（1）自由畅谈。参加者不应该受任何条条框框限制，放松身心，让思维自由驰骋。从不同角度、不同层次、不同方位，大胆地展开想象，尽可能地标新立异、与众不同，提出独创性的想法。

（2）延迟评判。头脑风暴法必须坚持当场不对任何设想做出评价的原则。既不能肯定某个设想，又不能否定某个设想，也不能对某个设想发表评论性的意见。一切评价和判断都要延迟到会议结束以后才能进行。这样做，一方面是为了防止评判约束学生的积极思维，破坏自由畅谈的有利气氛；另一方面是为了集中精力先开发设想，避免把应该在后阶段做的工作提前进行，影响创造性设想的大量产生。

（3）禁止批评。绝对禁止批评是头脑风暴法应该遵循的一个重要原则。参加头脑风暴会议的每个人都不得对别人的设想提出批评意见，因为批评对创造性思维无疑会产生抑制作用。同时，发言人的自我批评也在禁止之列。有些人习惯于用一些自谦之词，这些自我批评性质的说法同样会破坏会场气氛，影响自由畅想。

（4）追求数量。头脑风暴会议的目标是获得尽可能多的设想，追求数量是它的首要任务。参加会议的每个人都要抓紧时间多思考，多提设想。至于设想的质量问题，自可留到会后的设想处理阶段去解决。在某种意义上，设想的质量和数量密切相关，产生的设想越多，其中的创造性设想就可能越多。

（四）教学流程

（1）准备阶段。教师应事先对所议劳动问题进行一定的研究，弄清劳动问题的实质，找到问题的关键，设定解决问题所要达到的目标。同时选定参加会议的学生，一般以 5~10 人为宜，不宜太多。然后将会议的时间、地点，所要解决的问题，可供参考的资料和设想以及需要达到的目标等事宜一并提前通知与会学生，让大家做好充分的准备。

（2）导入阶段。这个阶段的目的是创造一种自由、宽松、祥和的氛围，使得大家得以放松，进入一种无拘无束的状态。教师宣布开会后，先说明会议的规则，然后随意谈点有趣的话题或问题，让大家的思维处于轻松和活跃的状态。

（3）明确目标阶段。主持人扼要地介绍有待解决的劳动问题。介绍时须简洁、明确，不可过分周全，否则过多的信息会限制人的思维，干扰思维创新。

（4）畅谈阶段。畅谈是头脑风暴法的创意阶段。这个阶段要注意：第一，不要私下交谈，以免分散注意力；第二，不妨碍及评论他人发言，每人只谈自己的想法；第三，发表见解时要简单明了，一次发言只谈一种见解。教师首先要向大家宣布这些规则，随后引导大家自由发言，自由想象，自由发挥，使彼此相互启发、相互补充，真正做到知无不言，言无不尽，畅所欲言。

（5）归纳整理阶段。经过一段讨论后，学生对劳动问题已经有了较深程度的理解。这时，为了使学生对劳动问题的表述能够具有新角度、新思维，教师或小组书记员要记录大家的发言，并对发言记录进行整理。通过对记录的整理和归纳，找出富有创意的见解，以及具有启发性的表述，供下一步畅谈时参考。

（6）筛选阶段。会议结束后，教师应向学生了解大家会后的新想法和新思路，以此补充会议记录。然后将大家的想法整理成若干方案，根据可识别性、创新性、可实施性等标准进行筛选。经过多次反复比较和优中择优，最后确定 1~3 个最佳方案。这些最佳方案往往是多种创意的优势组合，是大家的集体智慧综合作用的结果。

（7）设想处理阶段。头脑风暴法的设想处理通常安排在头脑风暴畅谈会后进行。在此之前，教师或记录员应设法收集学生在会后产生的新设想，以便一并进行评价处理。设想处理的方式有两种：一种是专家评审，可聘请有关专家及畅谈会学生代表若干人（5 人左右为宜）承担这项工作；另一种是二次会议评审，即由头脑风暴畅谈会的参加者共同举行第二次会议，集体进行设想的评价处理工作。

五、情境体验法

（一）含义

情境体验法是指在劳动教育教学过程中，教师有目的地引入或创设具有一定情绪色彩的、以形象为主体的生动具体的劳动场景，以引起学生一定的态度体验，从而帮助学生理解劳动教育内容，并使学生的心理机能得到全面发展的教学方法。情境体验教学法的核心在于激发学生的劳动情感。

（二）教学流程

（1）带入情境。即把学生带入劳动教育基地，从众多的劳动教育课程资源中选取某一典型劳动场景，作为学生观察的客体，并以教师语言的描绘，鲜明地展现在学生眼前。

（2）演示情境。即以实物为中心，勾画必要劳动背景，构成一个整体，来演示某一特定劳动情境。以实物演示情境时，应考虑到相应的背景，如“漓江上的竹筏”“植树节的劳动大军”“马路上的环卫工人”等都可设计出劳动课程背景，激起学生广远的联想。

（3）再现情境。用图画再现劳动教育课程情境、再现学校课文情境，把学校课本知识、劳动教育基地知识内容形象化、具体化。劳动教育手册插图、特意绘制的挂图、剪贴画、简笔画等都可以用来再现劳动教育课程情境。

例如，兰考县泡桐种植劳动教育课程中，指导师编写、策划、导演了焦裕禄种植泡桐情景剧。通过美术、声像等设备，展示当年焦裕禄书记带领兰考县人民广泛栽植泡桐、治理风沙的历史背景和情景，使得学生置身于那场红红火火的种植泡桐劳动情境中，从而激发学生的劳动热情，激励学生继承敬业奉献的优良传统，提升学生开拓创新、砥砺奋进的奋斗意识。

（4）渲染情境。用音乐渲染情境，以音乐特有的旋律、节奏，塑造出与劳动教育课程在基调上、意境上以及情境的发展上对应、协调的音乐形象，把学生带到预定的劳动教育的意境中。播放乐曲歌曲、师生自己的弹奏，以及学生表演唱、哼唱都是行之有效的办法。

（5）表演情境。学生扮演劳动教育课程情境中的某一角色并进行表演。由于学生自己扮演角色，这时候的角色已经不再是劳动教育资源中的角色，不再是劳动教育手册、课本中的静止的角色，而是自己或自己班集体中的活生生的同学。这样，学生必然对劳动教育手册、课本中的角色产生亲切感，很自然地加深了内心体验。

（6）描述情境。在情境出现时，教师或学生伴以语言描绘，或解说或描绘或者有感情地渲染，这对学生的认知活动起着一定的导向性作用。语言描绘提高了感知的效应，情境会更加鲜明，并且带着感情色彩作用于学生的感官。学生因感官的兴奋，主观感受得到强化，从而激起情感，促进自己进入特定的劳动教育情境之中。

（7）反思情境。学生对整个劳动教育过程进行反思，与生活学习中的个人思想品德和个人能力相联系，反思自己的不足，找出自己的差距。

例如，学生通过开展焦裕禄种植泡桐情景剧表演，明白了劳动是人类发展和社会进步的根本力量，劳动创造价值、劳动创造财富、劳动创造美好生活的道理；树立了劳动最光荣、劳动最崇高、劳动最伟大、劳动最美丽的思想观念；深深地领会了“幸福是奋斗出来的”内涵与意义。

（8）提升情境。通过对情境的反思，教师引导学生总结劳动教育中的收获，改正自己的缺点，提升自己的思想品德和学习能力。

例如，学生通过焦裕禄种植泡桐情景剧表演，反思自己在学习中、生活中的种种不足。坚持不懈地参与劳动，形成诚实守信、吃苦耐劳的品质。珍惜劳动成果，养成良好的消费习惯，杜绝浪费。努力提高自己为人民服务的劳动本领和技能，肩负起中华民族伟大复兴的使命。

六、角色扮演法

（一）含义

角色扮演法是指教师在教学中，通过劳动教育情景模拟，要求学生扮演指定劳动者角色，并对学生劳动行为表现进行评定和反馈，以此来帮助学生提升自身综合素养、提高个人劳动技能的一种教学方法。

（二）教学流程

（1）选择剧情。根据劳动教育资源和教学目标，选择有多种人物性格的劳动教育剧情。

（2）布置场景。教师需要根据劳动教学目标和内容准备教学材料和道具，布置表演的场景，为学生提供劳动角色扮演活动的流程、每个角色的介绍资料、角色扮演活动的教学评价表。教师还可以根据角色需要，适当给学生提供服装或道具。

（3）选择小组。采用学生自愿组合和教师确定相结合的方法，成立各种工作小组，共同完成劳动教育任务。

（4）分配任务。教师根据各个小组的分工，布置相应问题，说明相应任务，强调劳动教育过程中的合作和沟通。要强调这是一个小组作业，而不是个人表现。学生一起努力来呈现一次有效的表演。小组长去负责和班级中其他人的沟通。譬如，淮海战役的支前民工大军情景剧任务分工。

淮海战役的支前民工大军情景剧任务表

名　称	组　长	成　员	任　务
导演组			负责情景剧策划、导演等全部剧务工作
担架组			负责剧中担架制作、伤员运送
车辆组			负责剧中大小车征集、管理、运输
挑子组			负责剧中挑子制作、管理、物资运输
服装组			负责解放军服装、布鞋制作
弹药组			负责剧中弹药管理、运输
船只组			负责剧中船只制作、管理、运输
牲畜征收组			负责剧中牲畜征收、管理、运输
粮食征收组			负责剧中粮食征收、管理、运输
伤员救护组			负责剧中伤员救护运输
解放军组			负责淮海战役战斗
“国军”组			负责阻击解放军、民工

（5）选拔演员。小组成员选好劳动演员，准备表演。小组集体分析讨论决定角色扮演的人物和表演的大体思路，集体描述人物并大致勾勒出行动的可能进程。学生要挑选人物场景并讨论这些人物是如何对情景做出反应的，最大限度地激发学生参与的能动性和积极性，保证角色扮演活动的顺利进行。

（6）组织观众。观众的存在更能保证情境的真实性，有助于学生表演发挥，并让学生产生真实的情感体验。观众也要承担配合表演、维持秩序、参与互动、表演评价等具体的任务，让每一个学生参与到角色扮演活动中。

（7）开展表演。这是劳动角色扮演教学方法的主要教学阶段，既是对前面计划安排的检验，又是对后面评价、反思工作的引领。开展表演要设定时间限制，明确后续工作要求。根据具体情况，每个小组大约 10 分钟的表演时间，在第 8 分钟的时候，提醒一次。表演结束后，教师可以指导各组进行一次小型的讨论，也可以延迟到所有的小组表演结束后进行讨论。也可以让扮演者来描述他们扮演角色的感受。

（8）回顾讨论。小组成员回到组内讨论劳动表演体会，小组长准备向全班学生报告小组的讨论结果。教师指导全班同学回顾整个过程。保存整个过程的文稿或录像等资料。

（9）活动评价。教师要引导、帮助学生不断开展自评、互评活动，采取多种激励措施，全面评价学生。

案例分享

鲁班纪念馆《班门弄斧》情景剧（片段）

演出地点：山东滕州市龙泉广场鲁班纪念馆

基地简介：鲁班纪念馆位于山东滕州龙泉广场，占地 15.2 亩，规划建设面积 1 万平方米。鲁班纪念馆主体建筑以“继承与发展”为设计理念，采用仿古与现代相结合的建筑风格，以鲁班发明的卯榫结构为主、混凝土框架为辅，建设面积达 8600 平方米。鲁班纪念馆建设突出“百工圣祖”的特点，采用仿古式建筑风格，以土木建筑为主、混凝土框架为辅，构建飞檐画栋、美轮美奂的古建筑风貌，突出精巧典雅的灵性与特色。鲁班纪念馆设有圣祖堂、公祭大厅、木工器械馆、石器馆、兵器馆、建筑厅、舟桥厅、青少年科技教育厅、鲁班传人成果厅等。鲁班纪念馆院内规划建设以石磨、磨盘、碌碡、石槽等数千件石器垒成的石磨山和碌碡山。滕州市鲁班纪念馆目前是全国建筑体量最大、功能最全的纪念鲁班的专门场馆。鲁班纪念馆充分发挥了“科技发明展示中心、寻根感恩祭拜中心、爱国主义教育中心、鲁班文化传承中心”的功能。

导演：赵学生

演员：鲁班（张学生）、匠石（李学生）、柳宗元（王学生）、欧阳修（赵学生）、庄子（周学生）、围观百姓演员等

道具：汉服、官服、鼓、县衙大堂设施

教学方法：角色扮演法、情境体验法

教学过程：

一、小组准备活动

教师根据劳动教育课程目标提供鲁班纪念馆《班门弄斧》情景剧故事，介绍故事的时代背景、发生过程以及最后结果，使学生们充分了解故事始末，编写《班门弄斧》情景剧剧本，以及准备相关道具等。

二、选出扮演者

教师引导各小组研讨、修改剧本，帮助学生分析剧本中的角色特点，并引导组员和调动所有学生的参与扮演的积极性，最后由学生自行讨论、协商、达成一致，完成组内主角、配角、群演等各类角色的分配及组员的具体分工。

三、安排活动场景

学生自己安排古装定制，准备墨斗、刨子、钻子、锯子、砻、磨、碾子、云梯、钩拒等道具，布置情景剧舞台设施。指导老师将每位学生的角色介绍、出场顺序、时间、台词、走位等流程标准化，以劳动教案形式发放给对应的学生，让其提前预习、排练。

四、组织观众

学生导演组织未参与角色扮演的学生，以观众身份即围观情景剧的普通老百姓共同配合本次情景剧的演出。每位观众都有在表演过程维持现场秩序、表演结束后合理发表见解并对演员表现进行点评和建议的权利。

五、实施表演活动

学生们在一片“叮叮当当”木工制作声中开始表演，呈现《班门弄斧》

的完整剧情。

（1）鲁班是春秋战国时的能工巧匠，直到现在人们还都说，鲁班是木匠的祖师爷。

（2）当时还有一个工匠，名字叫石，人们叫他匠石，是楚国京城郢都那个地方的人，他的本事据说和鲁班分不出高低。

（3）庄子在《徐无鬼》这一篇里讲过一个故事。据说这个匠石有一个好朋友，两个人常常一起配合表演。这个朋友在鼻子尖上，薄薄地涂一层白灰，这匠石手中拿着斧子，瞅准了鼻子尖，“唰”一下子，就用斧子把鼻子尖上的白灰给削掉了，但鼻子尖的皮一点都未伤及。可见，他的本领有多大了。

（4）唐代柳宗元《王氏伯仲唱和诗序》：“操斧于班、郢之门，斯强颜耳。”

（5）宋代欧阳修《与梅圣俞书》：“昨在真定，有诗七八首，今录去，班门弄斧，可笑可笑。”

六、讨论和评价

小演员们表演结束后，以小组为单位，和台下的教师、未参演的观众展开互动。首先，由观众提出观看感受，选出代表口头陈述；其次，每位观众在提前设计好的演出评价表上逐项打分；再次，教师给出专业的点评和改进建议；最后，由观众和专业评委共同选评出本场情景剧的最佳演员和最佳表演团队。

七、总结评价

教师安排班长当主持人。主持人结合讨论和评价的结果，和每位参与情景剧的学生再次进行沟通，给出剧本解读、角色塑造、舞台表现、情感处理、团队协作等多方面、深层次的建议和方法，并引发学生对劳动教育本身的思考，将劳动课程的所获应用到生活实践中，使其更好地热爱劳动，热爱劳动人民，养成积极劳动的好习惯。

本案例由山东济宁学院孔潇敏老师编写。

七、参观访问法

（一）含义

参观访问法是指劳动教师通过有计划、有组织地安排学生到劳动单位参观访问，使学生得到启发、巩固所学的劳动知识和劳动技能、提高劳动觉悟的一种教学方法。这种方法的优点是，通过劳动者典型的现身说法，学生可以迅速接受某一新方法、新事物。参观访问法主要适用于某些无法或不易于在理论上讲述的劳动教育内容。通过参观，帮助学生了解现实劳动世界的一些真实情况，了解书本理论与劳动实际之间的差距。

（二）教学要求

（1）实行小组责任制，明确集合地点、时间、行进路线等。

（2）学生必须确保按计划有序地进行劳动活动，同时重视外出的安全以及行为礼貌规范。

（3）按要求做好记录。如写参观记录，重点写参观；而写访问记录，则要着重写好问和答。要做到条理清楚，重点内容则要写具体。

（4）参观后进行交流和总结。在参观访问结束后，要组织学生总结活动感受与体会等，让学生在成果展示过程中提升学习质量。

（三）教学流程

（1）要明确自己所要采访的劳动对象及范围。

（2）联系参观的劳动地点及有关人员。

（3）根据参观访问主题查阅参观访问对象的相关资料。

（4）教师可协同组织并设计参观访问的路线及人员。

（5）选择并设计参观访问的内容。

（6）要求学生带好记录工具，做好记录。

（7）教师以例证方式进行具体指导，如在描写参观劳动对象时，要写清方位、布局、形状、色彩、构造、特色、功能等，能用数字说明的尽量用数字说明；注意所写内容的科学性、知识性和趣味性；用词要求准确、形象。

（8）参观行程结束后，进行简短的讨论总结，查看是否达到预期目的。

八、成果展示法

（一）含义

成果展示法就是学生把自己或小组在劳动教育活动中的收获汇集、整理成各种形式的劳动成果（作品），并通过多种方式在班级、年级或学校进行交流、展示和评价的一种方法。

（二）作用

（1）劳动教育成果展示活动能够再现劳动教育过程，激发学生自我表现的积极性和培养自我表达能力，树立学习自信心，激发进一步探究的愿望。

（2）劳动教育成果展示活动能够为学生提供一个相互交流、合作学习的好机会。学生们将参与劳动教育活动的心得与体会以小组汇报的形式向全班甚至全校学生展示、交流。在这一过程中，他们不仅有机会获取其他学生的建议，同时还能深刻体会到小组成员合作的重要性。

（3）教师通过劳动教育成果展示活动能够获取有益的教学反馈信息，了解劳动教育主题活动实施的效果、学生参与活动的状态与程度、学生各方面能力的发展以及以后开展劳动教育主题活动需要注意的问题。所以，劳动教育成果展示对课程目标的落实起着非常重要的导向作用。

（4）劳动教育成果展示活动能提高学生学习的兴趣，发挥他们潜在的智力因素和学习能力，弥补学校课堂教学的不足。

（三）内容

成果展示的内容就是学生围绕劳动目标进行主题探究活动的过程和结果，如学生进行调查研究、走访、统计、收集与整理资料、动手制作、动脑创意等活动过程的记录与分析结果。有成型的成果，如小论文、调查报告、汇报演讲稿、手工作品、自编报刊、图形设计、方案设计；也有在活动过程中产生的初级成果，如观察记录、调查记录、资料摘抄、收集的资料等。

（四）教学要求

（1）成果展示是全体学生共同参与的活动，不是少数优秀学生的表演，教师应尽量给所有的学生提供充分表现的机会。

（2）成果展示不能流于形式、追求热闹，要体现应有的深度。引导学生在展示的过程中，发现自我、欣赏他人，最大限度拓展学生学习的空间，培养学生良好的劳动情感态度与新时代劳动价值观。

成果展示要注意学生的个性差异，教师对每一位学生所展示的劳动成果的特色，在评价时都要充分考虑到。

（3）学生原有的学习基础不同，劳动成果的水平也会有所不同。教师应对学生付出的努力程度给予更多的关注，避免为学生的劳动作品或劳动成果分等划类。

（4）成果展示内容和形式要由教师和学生共同商议，确保展示活动能够有计划、有顺序地进行。

（5）成果展示引导学生对劳动教育成果进行总结和自我反思，为下一步开展劳动教育活动积累经验。

九、跨学科教学法

（一）含义

跨学科教学法是以一个学科为中心，围绕这个中心学科确定课程主题，并运用不同学科的知识，对这个中心题目进行教学设计的教学方法。跨学科教学法是基于多元智能理论提出的教学方法。美国学者舒梅克认为，教学应跨越学科界限，将课程的各个方面组合在一起，建立有意义的联系，从而使学生在广阔的领域中学习。

劳动教育课程强调培养学生综合运用各学科知识解决现实问题的能力，劳动教育课程的内容涉及多个学科。通过运用跨学科教学方法，引导学生综合运用各学科知识，分析和解决现实问题，使学科知识在劳动教育中得到延伸、综合、重组与提升，从而提升学生的综合素养。

（二）教学流程

1. 确定课程主题

在劳动教育课程中，包含着不同层面的学科知识，因此教师在选择中心学科，确定课程主题时，要立足于各学科课程标准的要求，厘清中心学科与其他学科之间的联系，找到不同学科之间的契合点，并依据不同学生的学段特点和发展需求，确定劳动教育课程主题。

2. 罗列课程知识点

围绕课程主题，教师需要罗列跨学科教学中涉及的不同学科的知识点，并针对这些知识点，依据它们的逻辑关系，设计好课程中的问题。

例如，2020 年疫情期间，以“致敬最美劳动者”为课程主题，引导小学生发现、感知疫情期间各行各业涌现出的榜样。这样一个课程涉及的学科包括语文、道德与法治、美术和信息技术，学生通过运用相关学科学习中已有的知识和经验完成课程。通过信息技术对相关文献进行搜集和整理；融合道德与法治知识，进行爱国主义道德情感教育；运用语文知识，对收集的文献资料进行文字加工和处理，形成文本；运用美术知识，绘制心中“最美劳动者”的榜样形象。

3. 学生探究问题，教师指导答疑

学生可以通过小组合作的形式，运用不同学科知识思考解决劳动课程中的问题，实现多学科思维的碰撞；在这个过程中，教师也要善于从不同角度引导学生，并为学生答疑解惑，帮助学生创新思维方式。

4. 学生总结汇报研究成果

学生可以小组为单位，推选代表总结汇报研究成果，分析其中的关联，大家进行讨论交流。例如，上述“致敬最美劳动者”课程中，学生在劳动课后提交了作文、手抄报、绘画和剪纸等各种形式的作品。

5. 评价、反思

教师对学生的劳动成果进行评价，评价时不仅要从单学科知识掌握运用的角度，更要从学生核心素养培养的角度对学生进行综合评价，同时要对教学工作进行反思总结。

十、世界咖啡法

（一）含义

世界咖啡法是一种创造集体智慧的会谈方法，它通过营造“大家聚集在一起喝咖啡聊天的情景和氛围”，让拥有不同知识背景、不同观点的人围坐在一起，围绕一个劳动问题进行无障碍交流，畅所欲言，各抒己见，通过将大家的思维和智慧集中起来解决劳动过程中的问题，形成集体智慧。

（二）设计原则

世界咖啡法的设计要遵循以下原则：

（1）提出会议内容，即明确研讨劳动目标和参加人数及参加会议的地点。

（2）创造宜人的环境，即环境舒适、参与者被尊重、心理安全、人性化的环境。

（3）探究真正重要的劳动问题，即关注劳动核心问题，激发参与者的热情，鼓励开放创新，确保会谈成效。

（4）鼓励每个人的贡献，即鼓励每个人有意义地参与并且有实在的期望，确保全面参与和投入。

（5）交流并联结不同的观点，聚焦核心问题，鼓励不同的观点并且探究不同观点的相互联系，注意吸纳不同的劳动观点。

（6）共同倾听不同的模式和见解，分析深层次的问题，凝聚集体的力量，达成思想上的共识和一致。

（7）接受并分享集体智慧，分享共同成果，形成可执行操作的劳动方案和方法。

（三）教学流程

（1）环境氛围准备。环境要像咖啡屋一样布置。譬如，桌子上有桌布、鲜花、彩笔、蜡烛，要播放轻音乐，来点小点心。

（2）第一轮研讨。4~6 人围坐一桌开始第一轮研讨，组长介绍会谈的规则和主题。谈论围绕一两个对他们个人非常有意义的劳动问题进行，每人 2~3 分钟。第一轮结束的时候，组长留在这个桌子上整理归纳，其他人到另外的咖啡桌。

（3）第二轮研讨。咖啡桌的组长欢迎新参与者并和他们共享此前的会议精华，介绍本咖啡桌上次讨论的基本观点。逐一听取其他咖啡桌组员的观点，讨论继续进行，并随着新一轮讨论的开始，讨论深度得以加深。组长在两次研讨的基础上整理完善本咖啡桌的观点。

（4）第三轮研讨。第二轮结束的时候，根据世界咖啡法的设计，参与者继续转到其他没去过的咖啡桌开始新一轮的讨论。按照第二轮的流程，组长引导其他咖啡桌成员继续探究新的问题或者深入原来的问题。

（5）第四轮研讨。三轮或更多轮以后，各组组员回到第一轮所在的小组，整个小组集合在一起分享在其他咖啡桌了解到的印象最深刻的观点和经验，组长不断记录和完善本咖啡桌的主题和学习结果等。

（6）进行研讨小结。组长和组员对本咖啡桌的观点进行梳理、汇总和筛选，并推荐一位代表，准备本咖啡桌集体汇报的内容。

（7）汇报成果。各咖啡桌代表依次向教师汇报，其他咖啡桌成员可以点评交流。

（8）确定行动方案。教师根据各咖啡桌的意见，总结出最有价值的劳动课程设想和最关注的劳动问题，确定切实可行的劳动课程方案。

案例分享

桂林花海劳动教育基地，组织学生在基地餐厅开展劳动职业体验活动，运用世界咖啡法让学生分组围坐在餐桌周围，4 人一桌，让学生讨论未来职业，畅谈工匠精神，树立未来的人生目标。学生在餐厅、在基地当起了小厨师、小农夫，洗菜、择菜、炒菜、种菜。在实践中孩子们懂得了“一粥一饭，当思来之不易”的道理，感受到劳动最光荣、劳动最崇高、劳动最伟大、劳动最美丽。

本案例由广西知行合一研学教育管理有限公司秦玲、韦尚修编写。

十一、六顶思考帽法

（一）含义

六顶思考帽法是一种实现平行思考和提高创新思考的工具，是“创新思维学之父”爱德华·德·博诺（Edward de Bono）博士开发的一种思维训练模式，或者说是一个全面思考问题的模型。它提供了“平行思维”的工具，避免将时间浪费在互相争执上。强调的是“能够成为什么”，而非“本身是什么”，是寻求一条向前发展的路，而不是争论谁对谁错。运用六顶思考帽法，将会使混乱的思维变得更清晰，使团体中无意义的争论变成集思广益的创造，使每个人变得富有创造性。

（二）特点

爱德华·德·博诺认为，思考的最大障碍就在于混乱，每一个人在看待同一个事物时，总是会存在不同的视角，此时特别需要应用平行思考的方法，让每一个人围绕这个事物从每一个不同的视角进行平行观察。因此，他非常强调平行思考（Parallel Thinking）的重要性，并设计了六顶不同颜色的思考帽，包括蓝帽、白帽、红帽、黄帽、黑帽、绿帽。

（1）蓝帽。代表对思维的考察、控制、指挥。戴蓝帽的人通常是会议的主持人和协调人，他们要纵观全局，控制整个思维过程，会议结束时要进行总结和汇报。

（2）白帽。代表已经确认的信息、事实、数据，是一种中立的、无法创生的内容。戴白帽的人只要提供准确、中立、客观的信息、事实、数据即可，不需要诠释，也不需要附带情感。

（3）红帽。代表情绪、情感、直觉，如热情的、钟爱的、怀疑的、不喜欢的。戴红帽的人要立即发表对事件的感受即可，内容应尽量简短，无须解释自己的情感或者其理性。

（4）黄帽。代表积极、乐观、有建设性，与积极的评估有关。戴黄帽的人要从正面的角度去发现逻辑证据所支持的价值、观点、方案和收益，要采用有建设性和启发性的思考方式。

（5）黑帽。代表谨慎、批判、怀疑。戴黑帽的人要指出某个建议的风险、缺点、潜在的问题，以及不符合事实的经验、政策、建议等。

（6）绿帽。代表新观点和各种可能性。戴绿帽的人要提出各种具有替代性与可行性的解决方案，这些解决方案不一定符合逻辑，但必须具有创新性。

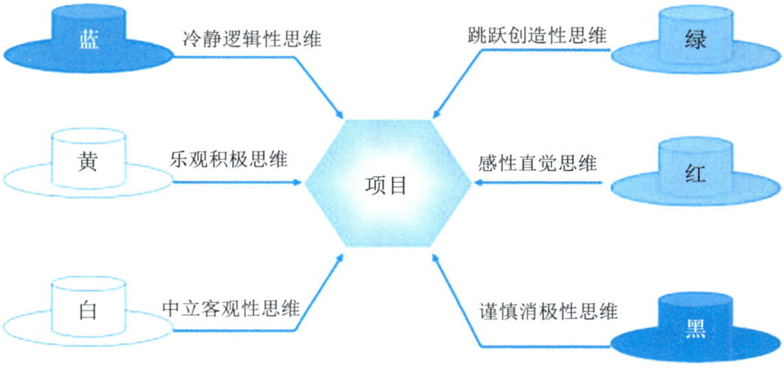

六顶思考帽法示意图

（三）作用

（1）六顶思考帽法是平行思维工具，是创新思维工具，也是人际沟通的操作框架，更是提高团队智商的有效方法。

（2）六顶思考帽法给人以热情、勇气和创造力，让每一次会议、每一次讨论、每一份报告、每一个决策都充满新意和生命力，利于调动学生的积极性。

（3）六顶思考帽法能够帮助人们提出建设性的观点，聆听别人的观点，集思广益，避免了学生自负现象，增强了团结合作意识。

（4）六顶思考帽法从不同角度思考同一个问题，从而创造出高效能的解决方案，避免了片面性思考。

（5）六顶思考帽法用“平行思维”取代批判式思维和垂直思维，避免人与人之间的对抗，能激发新思路、新想法。

（6）六顶思考帽法用形象化的手段驾驭复杂的问题，剔除思维的无助和混乱，摆脱习惯思维枷锁的束缚，以更高效率的方式进行思考。

（四）教学流程

六顶思考帽在讨论模式中的基本流程：

（1）白帽，陈述劳动问题；

（2）绿帽，提出解决劳动问题的方案；

（3）黄帽，评估该方案的优点；

（4）黑帽，列举该方案的缺点；

（5）红帽，对该方案进行直觉判断；

（6）蓝帽，总结陈述，做出决策。

注意，在整个思考过程中，应随时调换思考帽，进行不同角度的分析和讨论。

十二、讲授示范法

（一）含义

讲授示范法，即讲授式教学方法，是教师通过语言系统地向学生描绘情境、叙述事实、解释概念、论证原理、阐明规律，并现场示范的一种教学方法。讲授示范法是一种古老而又广为应用的传统的教学方法，有人批评它是“照本宣科”“满堂灌”“填鸭式”的教学，导致学生机械地、被动地学习，抑制了学生的主体参与，不利于学生能力的发展。如果教师能够正确运用讲授示范法，那么它的确是一种传授知识的有效方法。尽管颇受非议，但是教师如果运用得当，讲授示范法却是行之有效的一种劳动教育教学方法，是教师向学生传授知识不可缺少的重要手段。

（二）教学流程

（1）回顾知识。回顾以前学校学过的、与劳动教育基地资源有关的课本知识；确定学生已经掌握了以前学过的知识，并懂得课本知识和以前的劳动教育知识，与现在将要学习的劳动教育新知识之间的联系。

（2）确定目标。在劳动教育课的一开始，用学生可以理解的语言把劳动教育教学目标陈述清楚。

（3）导入新课。导入劳动教育新知识，认真组织劳动教育新内容，并且用趣味性的方式陈述出来。反复地检查是为了确定学生是否理解了信息。

（4）开展新课。开展劳动教育新课程教学时，教师先讲授新课知识内容，然后教师现场示范，引导学生淬炼操作，开展劳动项目实践；引导学生以组为单位，单独进行劳动实践时，继续监督学生，检查差错；指导学生劳动实践的全过程，确定他们进行了正确的劳动实践，评估成绩，提供正确的反馈、指导意见；全程可采用榜样激励法，用典型学生带动全体学生。

（5）反思交流。劳动教育项目完成后，按照约定的方式和方法，围绕劳动价值、意义的建构，引导学生总结、交流，促进学生形成反思交流习惯；指导学生思考劳动过程和结果与社会进步、个体成长的关联，避免停留在简单的苦乐体验上；组织学生交流分享劳动的体验和收获，肯定具有积极意义的认识，纠正观念上的偏差；将反思交流与改进结合起来，使学生在劳动中获得成长。

案例分享

辽宁抚顺某中学专门开发了垦荒体验课，安排学生利用每周 2 个课时投身劳动。劳动课教师先用 PPT 讲授种植、施肥、浇水、杀虫等劳动知识内容，然后教师现场示范种植、施肥、浇水、杀虫劳动知识，最后学生淬炼操作种植、施肥、浇水、杀虫技术，开展劳动项目实践。同时，学校将垦荒体验课与科普创新体验课、满族民俗文化体验课相结合，引导学生在劳动中学会创新。学校在当地政府的支持下，创建了中小学劳动实践基地，让更多学生前来体验劳动、感受垦荒。这一活动教师采用讲授示范法。在教师的指导下，学生在劳动教育中获得了充分的体验，收到了很好的效果。

本案例由抚顺探域未来研学实践劳动教育基地赵杨提供。

思考题

1. 劳动教育的教学方式有哪些？

2. 劳动教育教学方法选择的主要依据有哪些？

参考答案

第六章 劳动教育课程方案设计

本章导读

本章内容是全书的重点。本章从劳动教育课程方案的含义及其任务开始，重点介绍了劳动教育课程方案设计的要求、课程方案设计的基本要素，随后展示了劳动教育主题课程方案、专题课程方案设计的格式以及课程方案设计的基本框架，最后对劳动教育课程方案设计做了简要说明。

大中小学劳动教育与社会实践基地：山东鲁峄农业科技有限公司

摄影：包永和　巩卫军

学习要求

了解劳动教育课程方案的含义、任务，掌握劳动教育课程设计前的基本要求，掌握劳动教育课程方案设计的要素和格式，了解劳动教育课程方案设计说明。

思维导图

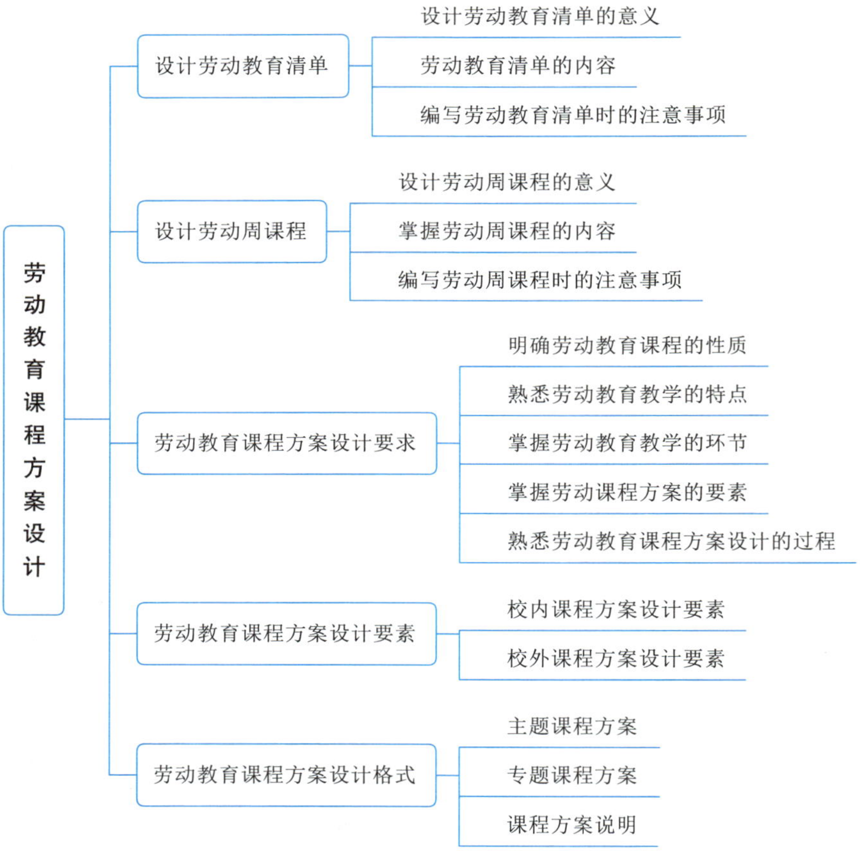

第一节 设计劳动教育清单

一、设计劳动教育清单的意义

设计劳动教育清单，是指依据劳动课程标准、选择和组织劳动课程内容、预设劳动方式的活动，是对劳动课程目标、劳动经验和预设劳动方式的具体化过程，是新时代劳动教育课程设计的重要特色和重要组成部分。

劳动教育清单一旦确定，基地、学校、家庭、社区就要结合学生实际情况，根据清单准备劳动内容，并对劳动内容进行计划、组织、实施、评价、修订，最终完成劳动课程目标。

二、劳动教育清单的内容

劳动教育清单的主要内容包括：学生学段层次、劳动教育目标、劳动类别、劳动任务群、劳动项目内容、项目实施建议、成果评价等方面。

（一）学生学段层次

劳动教育涉及小学、初中、高中、职业学校、普通高等学校等学段的学生。学生学段不同，劳动教育的要求也不一样，所以必须根据学生学段层次来设计劳动教育清单内容。

（二）劳动教育目标

知识拓展

大中小学劳动教育指导纲要（试行）片段

（2020年7月9日）

二、劳动教育目标和内容

（二）主要内容

主要包括日常生活劳动、生产劳动和服务性劳动中的知识、技能与价值观。日常生活劳动教育立足个人生活事务处理，结合开展新时代校园爱国卫生运动，注重生活能力和良好卫生习惯培养，树立自立自强意识。生产劳动教育要让学生在工农业生产过程中直接经历物质财富的创造过程，体验从简单劳动、原始劳动向复杂劳动、创造性劳动的发展过程，学会使用工具，掌握相关技术，感受劳动创造价值，增强产品质量意识，体会平凡劳动中的伟大。服务性劳动教育让学生利用知识、技能等为他人和社会提供服务，在服务性岗位上见习实习，树立服务意识，实践服务技能；在公益劳动、志愿服务中强化社会责任感。

（三）学段要求

1. 小学

低年级：以个人生活起居为主要内容，开展劳动教育，注重培养劳动意识和劳动安全意识，使学生懂得人人都要劳动，感知劳动乐趣，爱惜劳动成果。指导学生：(1) 完成个人物品整理、清洗，进行简单的家庭清扫和垃圾分类等，树立自己的事情自己做的意识，提高生活自理能力；(2) 参与适当的班级集体劳动，主动维护教室内外环境卫生等，培养集体荣誉感；(3) 进行简单手工制作，照顾身边的动植物，关爱生命，热爱自然。

中高年级：以校园劳动和家庭劳动为主要内容开展劳动教育，体会劳动光荣，尊重普通劳动者，初步养成热爱劳动、热爱生活的态度。指导学生：(1) 参与家居清洁、收纳整理，制作简单的家常餐等，每年学会 1~2 项生活技能，增强生活自理能力和勤俭节约意识，培养家庭责任感；(2) 参加校园卫生保洁、垃圾分类处理、绿化美化等，适当参加社区环保、公共卫生等力所能及的公益劳动，增强公共服务意识；(3) 初步体验种植、养殖、手工制作等简单的生产劳动，初步学会与他人合作劳动，懂得生活用品、食品来之不易，珍惜劳动成果。

2. 初中

兼顾家政学习、校内外生产劳动、服务性劳动，安排劳动教育内容，开展职业启蒙教育，体会劳动创造美好生活，养成认真负责、吃苦耐劳的劳动品质和安全意识，增强公共服务意识和担当精神。让学生：(1) 承担一定的家庭日常清洁、烹饪、家居美化等劳动，进一步培养生活自理能力和习惯，增强家庭责任意识；(2) 定期开展校园包干区域保洁和美化，以及助残、敬老、扶弱等服务性劳动，初步形成对学校、社区负责任的态度和社会公德意识；(3) 适当体验包括金工、木工、电工、陶艺、布艺等项目在内的劳动及传统工艺制作过程，尝试家用器具、家具、电器的简单修理，参与种植、养殖等生产活动，学习相关技术，获得初步的职业体验，形成初步的生涯规划意识。

3. 普通高中

注重围绕丰富职业体验，开展服务性劳动和生产劳动，理解劳动创造价值，接受锻炼、磨炼意志，具有劳动自立意识和主动服务他人、服务社会的情怀。指导学生:(1) 持续开展日常生活劳动，增强生活自理能力，固化良好劳动习惯;(2) 选择服务性岗位，经历真实的岗位工作过程，获得真切的职业体验，培养职业兴趣；积极参加大型赛事、社区建设、环境保护等公益活动、志愿服务，强化社会责任意识和奉献精神;(3) 统筹劳动教育与通用技术课程相关内容，从工业、农业、现代服务业以及中华优秀传统文化特色项目中，自主选择 1~2 项生产劳动，经历完整的实践过程，提高创意物化能力，养成吃苦耐劳、精益求精的品质，增强生涯规划的意识和能力。

4. 职业院校

重点结合专业特点，增强职业荣誉感和责任感，提高职业劳动技能水平，培育积极向上的劳动精神和认真负责的劳动态度。组织学生:(1) 持续开展日常生活劳动，自我管理生活，提高劳动自立自强的意识和能力;(2) 定期开展校内外公益服务性劳动，做好校园环境秩序维护，运用专业技能为社会、为他人提供相关公益服务，培育社会公德，厚植爱国爱民的情怀;(3) 依托实习实训，参与真实的生产劳动和服务性劳动，增强职业认同感和劳动自豪感，提升创意物化能力，培育不断探索、精益求精、追求卓越的工匠精神和爱岗敬业的劳动态度，坚信“三百六十行，行行出状元”，体认劳动不分贵贱，任何职业都很光荣，都能出彩。

5. 普通高等学校

强化马克思主义劳动观教育，注重围绕创新创业，结合学科专业开展生产劳动和服务性劳动，积累职业经验，培育创造性劳动能力和诚实守信的合法劳动意识。使学生:(1) 掌握通用劳动科学知识，深刻理解马克思主义劳动观和社会主义劳动关系，树立正确的择业就业创业观，具有到艰苦地区和行业工作的奋斗精神;(2) 巩固良好日常生活劳动习惯，自觉做好宿舍卫生保洁，独立处理个人生活事务，积极参加勤工助学活动，提高劳动自立自强能力；（3）强化服务性劳动，自觉参与教室、食堂、校园场所的卫生保洁、绿化美化和管理服务等，结合“三支一扶”、大学生志愿服务西部计划、“青年红色筑梦之旅”“三下乡”等社会实践活动开展服务性劳动，强化公共服务意识和面对重大疫情、灾害等危机主动作为的奉献精神；（4）重视生产劳动锻炼，积极参加实习实训、专业服务和创新创业活动，重视新知识、新技术、新工艺、新方法的运用，提高在生产实践中发现问题和创造性解决问题的能力，在动手实践的过程中创造有价值的物化劳动成果。

（三）劳动类别

劳动课程有三个类别，即日常生活劳动、生产劳动和服务性劳动。

日常生活劳动立足学生个人生活事务处理，涉及衣、食、住、行、用等方面，注重培养学生的生活能力和良好卫生习惯，树立自理、自立、自强意识。

生产劳动让学生在工农业生产过程中直接经历物质财富的创造过程，体验从简单劳动向复杂劳动、创造性劳动的发展过程，淬炼生产劳动技能，体会物质产品的来之不易，认识劳动与自然界的基本关系。

服务性劳动让学生利用知识、技能等为他人和社会提供服务，在现代服务业劳动、公益劳动与志愿服务中认识社会，树立服务意识，体悟劳动中人与人、人与自然、人与社会的关系，强化社会责任感。

（四）劳动任务群

参考教育部《义务教育劳动课程标准（2022年版）》规定的任务群名称编写。

1. 任务群名称

劳动课程内容共设置十个任务群，每个任务群由若干项目组成。其中，日常生活劳动包括清洁与卫生、整理与收纳、烹饪与营养、家用器具使用与维护四个任务群，生产劳动包括农业生产劳动、传统工艺制作、工业生产劳动、新技术体验与应用四个任务群，服务性劳动包括现代服务业劳动、公益劳动与志愿服务两个任务群。

2. 任务群的选用要求

（1）根据义务教育课程方案，劳动课程平均每周不少于 1 课时，用于活动策划、技能指导、练习实践、总结交流等。具体实施时，可根据学生年龄特点和任务群中的项目实践情况单节排课或 2~3 课时连排。

（2）学校结合实际，自主选择确定各年级任务群学习数量，鼓励有条件的地区和学校在整个义务教育阶段课程内容涵盖十个任务群。1~2 年级侧重在日常生活劳动、生产劳动内容中选择，服务性劳动不做要求，有条件的学校可结合实际情况开展。3~4 年级及以上各学段应涵盖三类劳动内容。5~9 年级的清洁与卫生劳动要求，可与同学段其他任务群融合实施，同时结合日常课外劳动和家庭劳动要求开展。7~9 年级结合相关任务群开展生涯规划教育。

（3）生产劳动四个任务群和服务性劳动两个任务群，其内容要求和劳动项目具有一定的开放性和选择性。学校可以因地制宜，结合实际情况，根据任务群安排，开发劳动项目，形成校本化劳动清单。

（4）培训机构可参照以上十个任务群名称，结合不同学段学生实际，编制相应内容。

（五）劳动项目内容

劳动项目是落实劳动课程内容及其教育价值，体现课程实践性特征，推动学生“做中学”“学中做”的重要实施载体。

劳动项目内容设计包括制订项目目标、选择项目内容、确定劳动场域、明确项目过程、提炼项目操作方法等。

1. 制订项目目标

在明确劳动课程目标、学段目标及项目目标关系的基础上，结合项目对应的具体任务群的课程内容要求，制订具体项目目标。项目目标的制订要精确、具体、可操作，力求最大限度反映劳动项目实施的预期结果和学生身心方面的变化，注重劳动观念、劳动能力、劳动习惯和品质、劳动精神的有机融合。

譬如，以木工工艺作品设计与制作项目为例：5~6 年级，可确定项目目标为“学会识读简单木工工艺作品图样，选择合适的手工工具和技术，制作简单木工工艺作品，感受作品完成后的喜悦与成就感，形成安全劳动、规范操作的意识”；7~9 年级，可确定项目目标为“能够根据需求，识读并绘制简单木工工艺作品图样，设计并加工简单的木工工艺作品模型或原型，体会作品的创造过程，逐步养成合理利用材料、环保节约的劳动习惯，树立产品质量意识，培养精益求精的劳动精神。

2. 选择项目内容

针对不同学段学生的经验基础和发展需要，考虑区域特点和学校劳动教育环境，把握不同学段劳动素养培养要求，围绕体现日常生活劳动、生产劳动、服务性劳动的十个任务群，合理选择和确定项目内容。

譬如，以日常生活劳动中“整理与收纳”任务群为例：1~2 年级可选择“笔袋整理”“书包整理”等项目内容，3~4 年级、5~6 年级可选择“整理衣橱”“清理使用过的教科书”等项目内容，7~9 年级可选择“书房用品整理与收纳”“教室的装饰与美化”等项目内容。从学生个人的学习用品整理、摆放逐步过渡到对家庭或者教室等较大空间的整理与美化，从单一到综合，从简单到复杂，逐步发展空间规划能力和整体筹划能力，体现不同学段的纵向衔接与递进关系。

3. 确定劳动场域

劳动场域是项目实施的基础条件。在实际操作过程中，要根据不同的项目科学、合理地确定劳动场域，包括劳动场所、工具设备、材料及劳动文化氛围等。劳动场所是指工厂、农场、专用教室等适合不同劳动项目的场所；工具设备主要指完成项目必需的劳动工具与设备；材料是指项目操作过程中需要使用的消耗性物品及安全防护用品等；劳动文化氛围主要指劳动场域中与相应项目相关的文化元素，包括张贴的标语牌、模范人物挂图、操作规程图、劳动任务统计表等。

4. 明确项目过程

项目过程可分为明确任务、劳动准备、制订计划、组织实施、交流评价等几个环节。明确任务环节是指在教师指导下，学生全面了解劳动任务的目的、要求、成果形式、评价标准等，学会对项目进行任务分解；劳动准备环节要让学生针对具体的劳动任务，了解和熟悉劳动工具与材料、劳动场所及劳动过程所需的基本知识与技能等；制订计划环节要引导学生在统筹各种资源的前提下，确定劳动的程序和步骤，形成合理的劳动计划；组织实施环节要让学生按照制订的劳动计划，有步骤地开展劳动活动，经历完整的劳动过程；交流评价环节要让学生对自己的劳动成果进行自我评价、同学间交流展示、师生共同讨论等，让学生在学会劳动的同时，体会劳动成果来之不易，懂得珍惜自己和他人的劳动成果。

5. 提炼项目操作方法

项目操作方法是学生完成劳动任务、形成劳动感悟的重要基础和前提。在设计项目时，教师要对项目操作的主要方法加以提炼。

譬如，饮食制作中的煎、蒸、炖等烹饪技法，木工工艺作品设计与制作中的锯、刨、凿等加工方法。这些方法需要学生通过模仿、巩固等过程才能够真正掌握。教师要充分考虑学生实践时可能遇到的困难、陷入的误区及存在的安全隐患，作出示范和指导，提出解决问题的策略，确保劳动项目的顺利实施和劳动课程目标的实现。

（六）项目实施建议

劳动项目实施建议就是要求运用合适的劳动教育方式和方法，通过开展明确的劳动活动项目，进而达到预定的劳动目标。譬如，教育部职业教育与成人教育司发布的《职业院校开展劳动教育参考清单》中的“实施建议”，对全国各职业院校具有指导意义，各职业院校可参照该清单制订本校的劳动教育清单。

案例分享

职业院校开展劳动教育参考清单

类　别	任务群	劳动项目	实施建议	成果评价要求
日常生活劳动	家务劳动	学做三道菜	运用相关知识，通过购买食材、烹饪前准备、制作、装盘、上桌，餐前仪式等环节，为家人精心准备一顿家宴	熟练掌握三道菜的制作过程，提交三道菜完成后的图片
		居家环境美化	运用相关知识或技巧对生活环境进行美化，如对寝室、房间进行美化设计，并动手改造	熟练掌握环境创设技巧，提交美化设计完成前后的对比图片

续表

类　别	任务群	劳动项目	实施建议	成果评价要求
日常生活劳动	家务劳动	趣味养成	选择学习茶艺、花艺、甜品烘焙、咖啡制作等技能	熟练掌握所选技能，提交作品照片
	收纳整理	掌握收纳技巧、学习卧室 / 宿舍整理装扮	系统收纳物品，如科学合理规划与收纳衣柜、书柜、橱柜物品	熟练掌握一个收纳小技巧并宣讲，提交卧室 / 宿舍整理装扮完成前后的对比图片
	“低碳”教育	“低碳”理念融入校园环保	通过调查问卷、线上线下政策宣讲，开展知识竞赛、张贴宣传标语、组建环保社团，开展主题班会等形式，普及低碳环保理念	熟悉低碳理念及国家当前的“双碳”政策，制作提交低碳环保理念海报
		构建专业+低碳智库	结合学生所学专业，通过组建专业团队，设计构建低碳环保校园的各类活动、政策建议、技术方案等	提交可行技术方案、项目申报书等材料
		低碳校园环保活动	学生可在学习之余自发或经组织参与校园环保活动，如开展垃圾分类与回收利用，参与植树、培育绿植、低碳出行等	提交学生日常生活中助力创建绿色环保校园行动计划
	生活事务管理	个人形象管理	结合职业、身份、场合，设计自我形象，如妆发服饰搭配、形体礼仪改进等	掌握形象设计的基本原理与操作步骤，提交完成前后的对比图片
生产劳动	劳动教育课程学习	“劳动教育课”学习	按照教学计划，学生线上、线下完成“大学生劳动教育”课程学习	完成 32 学时的学习，顺利获取 2 个学分
	专业劳动	学习、考取专业技能等级核心证书	按照专业人才培养方案，学习、考取专业技能等级核心证书	按人才培养方案考取该证书，提交专业技能等级证书扫描件
		学习、考取 1+X 职业技能等级证书	按照学生的职业兴趣，选择学习、考取相应的 1+X 职业技能等级证书	按人才培养方案考取该证书，提交 1+X 职业技能等级证书扫描件
		参加专业实训课程	按照教学计划，学生完成专业实训课程	按人才培养方案完成相应学时的学习，顺利获取相应学分
		参加专业顶岗实习	按照教学计划，学生完成专业顶岗实习	按人才培养方案完成相应学时的顶岗实习任务，顺利获取相应学分

续表

类　别	任务群	劳动项目	实施建议	成果评价要求
生产劳动	专业劳动	就业创业	加大高校毕业生就业岗位供给，拓展高校毕业生就业渠道，科学引导大学生创业	提交就业协议，完成就业信息登记
	新技术应用与创造	新技术的应用	结合自身专业，开展课外学术科技工作，设计和发明新技术	参加相关专项比赛，提交发明专利证书或比赛获奖证书
		新工艺的物化	结合自身专业实际，开展科技发明制作，形成物化产品，并与社会、企业合作将发明予以推广	参加有关专项比赛，提交成果转化企业证明材料或比赛获奖证书
服务性劳动	专业服务	专业技能服务	以专业技能和特长为依托，结合第一课堂、第二课堂以及“三下乡”等社会实践方式，对有需要的人群提供专业服务	提交服务佐证材料，服务时长达 16 小时以上
	公益劳动与志愿服务	校园公益活动	参与学校劳动周、劳动月活动	提交服务佐证材料，服务时长达 16 小时以上
		城市志愿服务	成为所在城市注册志愿者，参与城市志愿服务，如组织或参加当地重大赛事活动的志愿服务、关爱老人等服务	提交服务佐证材料，服务时长达 16 小时以上
		抗疫、救灾志愿服务	面对重大公共卫生突发事件及重大自然灾害，主动承担相关工作，担任抗疫、救灾志愿者	提交服务佐证材料

来源：教育部职业教育与成人教育司。

劳动项目实施要注意以下方面的问题：

1. 强化劳动与教育的有机统一

项目开发既要关注劳动知识和劳动技能的学习，更要关注劳动价值的引领、劳动精神的培育。要结合不同学段学生身心发展特点，考虑项目的劳动强度和实施方式的适宜性。要引导学生从现实生活中的劳动需求出发，筹划设计劳动方案，综合运用所学知识和技能解决问题，完成真实、综合的实践过程，激发学生的主动性和创造性。要将劳动内容与当地的传统文化相联系，让劳动教育成为激发学生学习中华优秀传统文化、树立民族自豪感的重要渠道。

2. 注重项目与其他课程的紧密结合

在具体项目实施过程中，要灵活运用其他课程所学的知识进行劳动实践，提高学生的综合素质，发挥劳动育人功能。

3. 关注课外、校外劳动实践体验的有效拓展

充分利用课外、校外劳动实践场所，自主开发项目，满足多样化的劳动实践需要，将劳动教育与学生个人生活、校园生活和社会生活有机结合，丰富劳动实践体验，让学生养成良好的劳动习惯和品质，深化对劳动价值的理解。

（七）成果评价

劳动评价是对学生劳动成果的评价。我们设计的评价方式要具体明确，科学合理。譬如，山东某劳动教育实践基地宿舍制定的劳动清单采用星级评价法，就是很受学生喜爱的评价法。

案例分享

劳动实践基地宿舍劳动清单（1~9 年级）

学　段	整理房间	打扫卫生	器具维护	美化宿舍	劳动评价
第一学段（1~2 年级）	收拾整理书柜、衣物	擦拭桌椅和与身体等高的书架、柜子	定期为绿植浇水，布置宿舍小书桌	择菜，摆放碗筷，饭后洗碗	☆☆☆
第二学段（3~4 年级）	叠衣服，整理	扫地或拖地	擦室内玻璃	擦洗门窗，为绿植除尘，去除黄叶等	☆☆☆
第三学段（5~6 年级）	分类整理公用书架	清洗文具牙具，借助工具擦拭高于自己的家具	清洁卫生间台面	移栽绿植，修剪绿植，学习插花等	☆☆☆
第四学段（7~9 年级）	行李收纳，全面收拾房间	清洁整理衣橱、书柜	安装立式电风扇，组装床头柜、小书架等	设计宿舍装饰方案，参与宿舍庆典布置	☆☆☆

本案例由山东弘道研学教育服务有限公司劳动教育项目部李子尚提供。

另外厦门市的普通高中劳动教育清单内的各劳动项目成效评价，实行星级评价，分学生自我评价和家长评价，科学合理。评价以☆（一般）、☆☆（较好）、☆☆☆（好）三个等次进行评价，打破原来的分数评价方式，利于

调动学生的积极性，对各地都有借鉴作用。

案例分享

厦门市思明区中小幼劳动教育清单（高中二年级）

劳动模块	任务群	项目内容	项目要求	劳动态度	劳动成果
日常生活劳动	整理与收纳	野外生存之生存空间设计	参加国防军事课程，在指定区域和指定范围，设计并实践野外有限条件下的生存空间与物品收纳 其他项目：家庭防震、防火应急求生物品的准备与收纳	☆☆☆	☆☆☆
	烹饪与营养	五谷与面食	根据家庭成员身体情况利用常见五谷和其他辅料制作营养粥，学会和面并制作简单面点营养餐	☆☆☆	☆☆☆
	家用电器使用	电器故障的检测与排除	在劳动实践基地专用教室，合理使用电工工具及材料，结合学科知识，进行常用电器故障检测与维修	☆☆☆	☆☆☆
	农业生产劳动	农具仿制创新	在劳动实践基地的农业劳动中体验农具，把农具系列课程和学科知识相结合，对农具进行改造或创新，并实践检验	☆☆☆	☆☆☆
生产劳动	传统工艺制作	板凳制作	在劳动实践基地专用工匠坊学会制作实用型传统竹制或木制板凳	☆☆☆	☆☆☆
	工业生产劳动	金属加工	在劳动实践基地专用教室，学习使用手工钻等工具，为产品进行二次加工	☆☆☆	☆☆☆
	现代服务业劳动	银行金融服务	学习金融理财知识，尝试为家庭成员制订理财计划	☆☆☆	☆☆☆
服务性劳动	公益劳动与志愿服务	我伴夕阳红	定期自愿参加社区关爱孤寡老人志愿者活动	☆☆☆	☆☆☆
家长整体评价					
教师整体评价					

三、编写劳动教育清单时的注意事项

编写劳动教育清单也是设计劳动教育清单。除了前文提到的要求以外，还要注意以下几点：

（一）掌握劳动教育清单的常规内容

劳动教育清单的主要常规内容包括学生学段层次、劳动教育目标、劳动类别、劳动任务群、劳动项目内容、项目实施建议、成果评价等方面。编写设计时，确保不缺项、不漏项。

（二）按照教育部劳动教育文件要求编写

教育部《大中小学劳动教育指导纲要（试行）》和《义务教育劳动课程标准（2022 年版）》是编写劳动清单的主要依据。培训机构要根据本地、本单位实际，设计不同学段学生劳动清单，增强学生参与劳动的计划性和持续性。

（三）根据本省市教育主管部门发布的《劳动清单》编写

本省市教育主管部门发布的各种《劳动清单》都是按照国家最新课程方案和课程标准制定的。因此，各培训单位要结合自己单位的实际，参考编写自己单位的劳动教育清单。

（四）参考外省市教育主管部门发布的《劳动清单》编写

很多外省市教育主管部门发布的《劳动清单》也都是按照国家最新课程方案和课程标准制定的，不仅对本省市开展劳动教育具有指导意义，而且对其他省市也有借鉴意义。因此，各培训单位可以结合自己单位的实际，把外省市的劳动教育清单改编成自己的劳动教育清单。

（五）严禁使用不经过教育部门编制或审核的劳动教育清单

不经过教育部门编制或审核的劳动教育清单往往缺乏教育性、思想性、系统性和科学性，不利于劳动教育的正确实施。因此，我们在设计劳动教育清单时，严禁使用不经过教育部门编制或审核的劳动教育清单。

第二节　设计劳动周课程

一、设计劳动周课程的意义

劳动周是指每学年设立的，以集体劳动为主的，具有一定劳动强度和持续性的课外、校外劳动实践时间。劳动周是劳动课程的重要组成部分。劳动周与每周至少1课时的劳动课不能相互替代。劳动周课程的设置，丰富、拓展了劳动教育的实施途径，有助于发展学生的劳动意识与能力，打通学校与社会的联系，发挥劳动教育的综合育人价值。因此，设计劳动周课程具有非常重要的意义。

二、掌握劳动周课程的内容

劳动周课程的内容，主要有主题名称、劳动对象、资源背景、劳动目标、劳动周任务规划、总结分享等方面。其中，劳动周任务规划是最为重要的内容，包括本周每一天劳动活动的时间、地点、方式、方法、流程，以及达成的劳动目标等。

案例分享

中小学劳动周设计

主题名称	收获花生喜悦多
劳动对象	小学六年级
资源背景	花生是一种常见的农产品，其收摘与简易加工是一种传统的生产劳动，蕴含着丰富的劳动教育资源。金秋时节，某校6年级以“收获花生喜悦多”为主题组织学生到农业生产基地开展为期一周的生产劳动。

续表

主题名称		收获花生喜悦多
劳动目标		通过全程参与花生收获与花生产品加工制作劳动，了解农产品加工知识和方法，进一步感受农业生产劳动的艰辛和愉悦，更加懂得珍惜劳动成果，养成安全劳动、规范操作的劳动习惯和品质
劳动周任务规划	第一天	在花生种植基地开展“收花生”劳动。参观花生种植基地，与种植人员交流，了解花生生长特点和种植过程。学习挖花生的方法，能正确地使用钉耙等工具刨花生，能按照要求摘果。体验出力流汗的劳动过程，体悟土地对于农作物生长的重要性
劳动周任务规划	第二天	在花生烘干车间开展“烘干花生”劳动。学习清洗和烘干花生的方法，能按照要求对收获的花生进行清洗烘干和分拣操作，体验现代劳动形态，培养专心致志、兢兢业业的劳动品质，体悟劳动工具革新的重要性
	第三天	在花生加工车间开展“初加工花生米”劳动。明确任务要求，熟悉花生米初加工工作的标准，了解主要工具和使用方法。在劳动中，进一步习得劳动技能，强化质量意识，学习科学生产的方法，感受劳动过程中分工与合作的重要性
	第四天	在花生产品加工车间分组开展“制作花生油”和“制作花生酱”劳动。认识压榨花生油和制作花生酱的设备，了解压榨、过滤花生油及制作花生酱的方法。感受农产品加工的价值，感悟诚实劳动、合法劳动的重要性
	第五天	在花生产品加工车间开展“多样化的花生食品包装”劳动。学习花生油装瓶、花生酱装瓶技能及简易包装设计
总结分享	总结、交流	劳动周的感想，展示、分享劳动成果。感受劳动成果的多样性，形成珍惜劳动成果的劳动品质

来源：教育部义务教育劳动课程标准。

三、编写劳动周课程时的注意事项

（一）主题选择

（1）注重价值引领。主题设置应体现劳动价值观的培育和劳动精神的培养，如“三百六十行，行行出状元”“发现身边的劳动者”“世界青年技能日”等。

（2）以学生的生活实际和社会生产实际为出发点。劳动周的主题建议结合校外学工学农等生产劳动、校外服务性劳动等进行选择，如“走进美丽乡村”。

（3）具有半开放性。一般就主题覆盖的范围作出规定，可根据劳动环境、实施条件等进行具体主题的选择和规划，加强与已有实践活动主题的有机结合。

（4）体现劳动任务的持续性。通过设置一些跨时空、长周期的劳动主题，让学生在完成一系列项目和劳动任务的过程中，养成吃苦耐劳、持之以恒等劳动品质。

（5）注重传统技术和现代科技相结合。主题选择既要考虑传统劳动，也要考虑新形态劳动。

（二）内容设计

（1）要注重劳动任务序列化。强调项目和任务循序渐进、相互关联、互为支撑。既可按照劳动实施的自然顺序，也可按照劳动主题，确定劳动内容、分解劳动任务。

（2）要注重劳动任务综合化。劳动任务的确定，既要注重把劳动实践与其他课程学习有机结合起来，也要注重覆盖多个任务群，引导学生综合运用所学知识和技能解决实际问题。

（3）要注重劳动任务科学化。劳动周的任务设计，要体现与学段相适应的劳动强度和难度，考虑时间安排的合理性。

（4）要注意劳动任务形态的多样化，尽可能地丰富劳动周的活动形式，如劳动项目实践、技能竞赛、劳模大讲堂、主题演讲或辩论、成果展示、职业体验等。

（三）时间安排

劳动周一般在学年内或寒暑假自主安排，也可以根据农业时令特点安排在夏季农忙时节或秋收时节等，还可以安排在学雷锋纪念日、植树节及爱国卫生运动周等时间。

劳动周一般每学年安排一次，具体时间可根据劳动周的内容设计和具体任务确定。

劳动周的时间安排可以打破年级限制，进行统筹实施，让不同年级的学生在共同的劳动周活动中，互帮互学、合作建构，形成良好的劳动合作与竞争氛围，促进劳动育人价值的实现。

（四）资源利用

（1）统筹和利用好社会、家庭和学校的现有资源。结合当地历史文化、自然资源及本校校情等，利用当地博物馆、非物质文化遗产馆、生态园、茶艺馆、校史馆、劳动教育基地等劳动教育资源和空间，实行“一区一案”“一校一案”“一家一案”等，开展个性化的劳动周活动。

（2）统筹和利用好各类活动资源。可结合校园科技节、校园文化节、校园劳动节等活动，也可通过组织全校劳动技能竞赛等方式，对劳动周进行系统、整体安排。

（3）统筹和利用好教师资源。除了劳动教育专门师资外，可聘请不同行业的优秀工匠、非物质文化遗产传承人及经验丰富的农民、技术工人等担任指导教师。

（4）多方优化和开发劳动教育资源。学校可优化设计劳动实践环境，如建设“校园生活馆”“快乐农场”等。家庭可开辟阳台、露台“种植角”。教育行政部门应加强统筹，打通区域壁垒，共建共享青少年劳动实践基地。

（五）组织周密

1. 周密计划，做好详细的劳动周方案

对劳动周涉及的人、财、物、事，以及时间、空间等要素有缜密的统筹和规划，并做好安全防范预案、意外事件处理紧急预案等；对劳动主题选择、劳动任务分配、劳动流程设计、材料选择、工具使用、过程记录、成果分享与处理、活动评估与改进等方面进行细致安排；对每日活动、每项任务进行明确、有序的组织与监控；对组织、协调、指导和参与管理的人员有明确的分工，使其有清晰的职责。

2. 做好组织动员和准备工作

提前对教师、学生和家长做好充分的动员，帮助师生及家长理解劳动主题的意义，明确劳动周的任务及其要求，做好各方面的准备；发挥学校的主导作用、家庭的基础作用和社会的协同作用，引导家庭和社会积极参与，使学生参加劳动周活动在实践上有支持、时间上有保证、资源上有保障。

（六）注重衔接

1. 劳动空间的衔接

劳动周的活动空间主要在课外和校外。譬如，小学 1~2 年级一般以家庭、班级、校园为主；3~4 年级可以到社区等校外场所；5~6 年级及以上可以走入农业、工业、现代服务业的真实社会场域，有条件的地方和学校应适当考虑到高新技术企业体验现代科技条件下劳动实践的新形态、新方式。

2. 劳动内容的衔接

按照学生知识、技术能力的已有基础和发展进阶设置劳动任务。从 1~2 年级开始，劳动内容难度按照“简单—复杂—综合”逐渐提高。例如，可根据季节更替，将春种秋收的任务有效衔接。

3. 劳动时段的衔接

对于某些因受时间限制无法在学校课堂组织或有效完成的劳动任务，可在劳动周补充实施。

（七）重视内化

通过让学生查阅相关资料、讨论劳动周主题的意义、参与劳动周的计划制订等活动，让学生形成对劳动周活动的积极期待和良好情感。

通过出力流汗、坚持不懈地完成有一定难度的劳动任务，掌握生活技能、生产技能和服务技能，培养学生精益求精的工匠精神。在活动过程中，鼓励学生主动思考、自觉参与、小组合作、积极探究，注重培养学生的问题解决能力和创造力，发展学生的劳动能力和劳动品质。

通过分享交流及评价，深化学生的劳动体验和价值体认。1~2 年级可采取画五角星、打钩、画漫画、谈体会等形式进行交流评价，3~4 年级及以上可鼓励学生采用多种方式分享交流，如写劳动周志、记录自己的心得体会和任务完成情况等，并指导学生依据各项评价标准对自己和他人在劳动过程中的表现作出评价。

（八）保障安全

在劳动周活动中，要切实保障学生劳动安全。

1. 建立健全安全教育与管理并重的劳动安全保障体系

要以安全、适度为原则，合理安排劳动任务强度和时长；在场所设施选择、材料选用、工具设备和防护用品使用、活动流程等方面制订详细、科学的操作规范；强化劳动过程中每个岗位的管理，明确各方责任，防患于未然；要加强对师生的劳动安全教育，强化学生劳动安全知识的学习，建立劳动风险意识、提升应急处理能力，培养学生在场所设施的安全性判断、劳动实践中的安全操作、劳动实施全程的安全防护等方面的基本能力；要科学评估劳动实践活动的安全风险，制订风险防控预案，完善应急与事故处理机制。

2. 确保劳动环境安全

要充分考虑劳动中可能遇到的在田埂、渠道、河边、山坡、建筑工地等处行走的安全问题，防止雷暴、冰雹、高温等天气引发的安全事故，加强生产劳动中有害气体的防范及重污染天气的防范等。

3. 确保劳动过程安全

要符合操作规范要求，规范生产工具、设备的使用，预防生产安全事故发生；要注意用火、用电、用气及可能使用到的化学试剂等的安全，防止触电、火灾、烧烫伤等事故的发生。

老师们谈劳动工具安全管理

来源：全国文明村——后八里沟村

4. 注意及时提醒学生

注意提醒学生，在集体活动中不要掉队、不要擅自离开集体，注意自己的人身和物品安全等。

第三节　劳动教育课程方案设计要求

劳动教育课程方案（简称课程方案）是指导教师开展劳动教育课程活动的教学计划，是根据劳动教育目标制定的劳动教育教学工作的指导文件。它决定着教学内容总的方向和总的结构，并对劳动教育活动做出全面安排，具体规定劳动教育内容的设置，以及各项内容的教学顺序、教学时数、教学方法、教学资源与劳动教育安全预案等。

编写设计劳动教育课程方案是指导教师经常而主要的工作。指导教师在编制设计劳动教育课程方案时要完成以下四个任务：确定本次劳动教育所要实现的劳动目的与任务；按照时间顺序安排课程的进程，编写出包括劳动教育课时数、劳动教育地点、劳动教育内容、劳动教育方式和方法的主题课程方案；编写出每一个详细的劳动教育专题课程方案；提出针对本次劳动教育如何改进教学、提高劳动教育教学质量的设想与举措等。

为完成劳动教育课程方案的设计任务，在设计劳动教育课程方案时要注意以下几点要求。

一、明确劳动教育课程的性质

劳动教育是新时代党对教育的新要求，是中国特色社会主义教育制度的重要内容，是全面发展教育体系的重要组成部分，是大中小学必须开展的教育活动，是大中小学必修课程。因此，指导教师要遵循教育教学规律，依托劳动教育资源，结合劳动教育课程特点，对劳动教育活动做出全面的考虑和准备，设计好符合教育规律的劳动教育课程方案。

二、熟悉劳动教育教学的特点

劳动教育教学是指教师和学生在共同实现劳动教育任务中的活动状态变换及其时间流程，它由相互依存的教和学两个方面构成。具体说来，劳动教育教学是教师根据劳动教育教学任务和学生身心发展的特点，有目的、有计划、有组织地引导学生积极主动地参加劳动教育活动，掌握劳动基础知识和基本技能，培养良好的劳动品质、劳动精神，提高核心素养，从而促进学生身心获得全面发展的过程。劳动教育过程就是要使劳动教育成为教育性劳动、发展性劳动和实践性劳动，这是劳动教育的特点和追求。

三、掌握劳动教育教学的环节

按照时间进度的不同划分，劳动教育过程分为劳动前、劳动中、劳动后三个基本阶段，简称“劳动前、劳动中、劳动后”三个阶段。

根据每个阶段及其任务的不同划分，劳动教育教学过程的基本环节主要包括劳动前的准备、劳动中的上课、劳动后的服务等环节。

劳动前的准备是劳动中上课的前提。为了上好课，教师在开展劳动前必须做好准备，即备好课，学生也要做好相应的课前准备。为了巩固和发展劳动教育成果，劳动后教师还要运用其他劳动形式为学生提供劳动后的服务。劳动中上课是劳动教育过程的中心环节，是实现劳动教育目标的主要手段。为了保证劳动教育有效地运行与改进，还必须对劳动教育过程进行后续的跟踪服务。这样便形成了以劳动前的备课为前提、以劳动中的上课为中心、以劳动后的服务为延续的循序渐进的师生互动的劳动教育过程。

四、掌握劳动课程方案的要素

指导教师编制设计劳动教育课程方案前一定要熟悉并掌握下列要素及其内容：劳动教育对象、劳动教育主题、劳动教育目标、劳动教育内容、劳动教育方式、劳动教育方法、劳动教育资源、劳动教育教材、劳动安全方案等。

五、熟悉劳动教育课程方案设计的过程

劳动教育课程方案设计的过程包括个人设计方案、集体讨论方案、现场完善方案三个过程。

（一）个人设计方案

学校和劳动实践基地分别组织相关人员围绕主题，个人先行设计课程方案。个人方案设计包括内容设计、实施流程、人员分工、安全预案编写等。

（二）集体讨论方案

课程研发团队对教师个人设计的专题课程方案进行深度沟通、研讨，取长补短，确定劳动教育专题课程方案。集体讨论方案的程序是：教师说课—团队评课—教师修订方案—教师再说课—团队再评课。

（三）现场完善方案

到基地现场按照集体共同研发的课程方案，模拟学生的身份进行全流程体验、查漏补缺、完善课程方案。

通过三次的方案设计，将学生、学校、基地等资源完整地衔接起来，使教育教学目标在学生身上充分实现，推动劳动教育课程设计落地。

第四节 劳动教育课程方案设计要素

设计好劳动教育课程方案是上好劳动教育课程的前提。设计好劳动教育课程方案可以加强劳动教育教学的计划性和针对性，有利于指导教师充分发挥自己的主导作用。

劳动教育课程方案主要包括以下要素：课题名称、学校班级、设计人、教学课时、教学目标、教学内容、教学重点、教学难点、劳动工具、教学方

式、教学方法、教学过程、劳动地点、教学链接、项目负责人、师资配置、活动经费、安全管理等。

由于校内和校外的劳动教育教学实施的地点区域不同，劳动教育课程方案设计要素也不尽相同，指导教师应结合劳动教学实际参考使用。

一、校内课程方案设计要素

（一）课题名称

劳动教育课题名称简称课题名称。课题名称是指本节课教学的主题，也可以是该节课的教学任务名称，还可以是该节课教学主要内容的总称。拟定课程名称时，要选择吸引力强、容易引起学生关注的内容，要做到课题名称意义准确、突出主题、规范简洁、富有时代气息。课题名称要求独特、新颖、有趣、真实，避免大、空、泛。

（二）学校班级

学校班级是指参与劳动教育活动的学校及其班级。同一劳动课程内容，不同学段的学生由于认知程度不同，掌握的现有知识储备不同，接受新知识、理解新问题、解决新问题的能力也不同，因此教师的教学方法也需有所不同。这就要求劳动教育课程设计应结合学生的身心特点，设计开发适合小学、初中、高中、大学等多个不同学段的劳动主题。所以，教师在劳动课程设计中要注意层级性原则，因材施教、因人而异，使用不同的教育教学方法才能达到育人的目的，而不能忽略学生年级段的差别采用一刀切的教学方法。

（三）设计人

劳动教育课程方案设计人，简称设计人，是指参与劳动教育课程方案设计编写的专业技术人员。设计人可以是学校教师，也可以是社会劳动实践指导教师。劳动教育课程的开发设计需要专业引领和科学规范。只有加强课程设计的专业性，才能真正实现通过劳动教育培养学生核心素养的目的，因此课程设计人的专业技术水平在整个劳动教育活动中至关重要。

（四）教学课时

课时是连续教学的时间单位，一课时就是一堂课所占用的时间。总课时，就是完成整个劳动教育过程所占用的时间。在劳动教育教学实践中，总课时有的以课时计算，有的按劳动教育天数计算，目前尚无统一规定。劳动教育课程不同于传统的大中小学课程，课时也不能拘泥于大中小学课时，劳动教育要根据教学内容和劳动教育资源情况来具体确定。课程设计时，指导教师要对本节课教学时间做总体安排并计划好各个教学环节所需时间。

（五）教学目标

教学目标是本节劳动教育课结束后，学生应达到什么样的要求和水平。教学目标的陈述要求具有可操作性。编写劳动教育课程方案教学目标时，可以直接参考《大中小学劳动教育指导纲要（试行）》明确的劳动教育四个方面的总体目标，即劳动观念、劳动能力、劳动精神、劳动习惯和品质。

劳动教育目标	劳动观念	
	劳动能力	
	劳动精神	
	劳动习惯和品质	

表格中的具体内容，根据学生学段层级差别，参照《大中小学劳动教育指导纲要（试行）》中的教育目标和学段要求来编写。

（六）教学内容

教学目标在一定程度上决定教学内容，教学内容是实现教学目标的根本条件。编写课程方案教学内容时，要列出该节课教学的具体内容项目，要求突出主题，言简意赅，点到为止。譬如，《我来黄山制作野生植物叶脉拓印化石》课程设计方案，教学内容可以直接写成“野生植物叶脉拓印化石制作”，《我来剪窗花纸，探究民俗文化》课程的教学内容可以编写为“剪窗花纸的方法技巧”，《考察赵州桥，制作桥的模型》课程的教学内容可以编写为“探究赵州桥结构、制作桥的模型”。

（七）教学重点

教学重点是依据劳动教育目标，在对劳动教育内容进行科学分析的基础上按照教学目标规定必须掌握和理解的最基本、最核心的教学内容，一般是劳动教育课程所阐述的最重要的方法、原理、规律、过程，是劳动教育思想或劳动教育特色的集中体现。对劳动教育重点的把握是劳动教育课程必须要达到的目标，也是劳动教育课程设计的重要内容。

（八）教学难点

教学难点是指学生现有水平尚不能充分理解和掌握的内容以及准备欠充分的内容。在一般情况下，使大多数学生感到困难的内容，教师要着力想出各种有效办法加以解决，否则不但这部分内容学生听不懂学不会，还会为理解以后的劳动教育造成困难。重点难点的分析确定，是非常重要的项目和步骤，它为劳动教具准备、教学过程设计中的时间分配以及劳动资料设计提供依据。

（九）劳动工具

劳动工具指的是劳动教育过程中用来讲解说明某事物或者某过程的模型、实物、标本、仪器、图表、多媒体等，包括教学设备、教学仪器、实训设备、教育装备、实验设备、教学标本、教学模型等。譬如，地质考察探究劳动活动中的生物标本、矿物标本、化石、岩石及珍稀动物样品，地质博物馆中的恐龙仿制品，海洋文化探究中的军舰模型，线装书制作中的纸、笔、针线、钉子、锤子、书页、尺子、夹子、剪子等，都是劳动工具。劳动课开始前就要确定本节课各个教学环节需要的教具。

（十）教学方式

目前，劳动教育主要的教学方式有考察探究、社会服务、设计制作、职业体验、党团队教育活动、博物馆参观、榜样激励等方式。在编写课程教学方式时，请结合劳动教育教学目标、教学内容、教学资源和学生实际选择设计适当的教学方式。

（十一）教学方法

教学方法是分析、选择以及设计确定该节课使用的教学方法。如前所述，劳动教育课程教学方法多种多样，指导教师可结合劳动教育教学内容、教学资源、学生实际，以及自己的教学风格灵活运用，而不拘泥于某一种方法。其他方面的教学方法选择理论本书第五章有专门而详细的论述，可供参考。不过，教学有法教无定法，教师既可以在已有的教学方法中选择使用，也可以根据实际设计使用一些新的教学方法，一方面促进教学方法的发展，另一方面进一步提高自己的教学水平和教学质量。

（十二）教学过程

教学过程设计是教师对整个教学过程的预期设想，以文字或图表的形式体现在教案中，也是整个教案最核心的部分，是教学方案的主要内容。要写出在劳动课堂上的基本内容，以及如何组织学生活动，怎样使学生在原有知识、技能基础上产生学习劳动新内容的积极性，怎样突出重点突破难点，怎样导入新课，怎样组织学生参加劳动、运用什么方法、怎样操作、怎样反思等。更为详细的教学方案，还应把课堂的提问及问题的答案、提问学生的方式和提问的学生、可能出现的情况、怎样处理等，都预先写在教学方案上。教学过程设计的撰写要求结构清晰、文字叙述详细、突出重点与难点。

劳动教育专题课程的教学过程按照实施时间的顺序可分为：劳动教育前、劳动教育中和劳动教育后三个基本步骤。按照教学任务这三个基本步骤可划分为五个基本环节，即课前准备，设置问题；课堂导入，提出问题；开展新课，解决问题；教学评价，激励提升；教学总结，反思问题。这就是劳动教育课的结构，也叫劳动教育课程教学过程。在实践中，我们称之为“三步五环教学法”。

二、校外课程方案设计要素

由于很多劳动教育课程需要到校外劳动实践基地或社区开展，因此需要增加适合在校外开展劳动教育的要素。校外劳动教育课程方案设计要素，除了上述校内课程方案最基本的设计要素以外，还要考虑劳动地点、教学链接、项目负责人、师资配置、活动经费、安全管理等要素。学生离开学校，开展劳动教育活动时，都要把这些一一设计出来，确保劳动教育教学活动规范、科学、安全。

（一）劳动地点

在设计课程方案时，劳动教育课程中涉及的全部劳动教育地点和资源地都要编写到方案里。

（二）教学链接

教学链接是指劳动教育教学内容和大中小学现行课程教材中相关联的知识链接，在劳动教育实践中俗称“教学链接”。参见案例分享。

案例分享

在编写八年级学生《我来黄山制作野生植物叶脉拓印化石》劳动教育课程方案时，要求教师首先查阅初中三年级以来学过的相关课本知识，并把劳动教育课程——叶脉拓印作品制作与课本知识联系起来。譬如，人民教育出版社小学语文二年级上《活化石》、小学科学六年级《小草和大树》、中学生物八年级下《生物的进化》等多处都有化石的描述，然后教师要把这些内容和劳动教育课程有机地结合起来，运用到劳动教育教学中。

我们在准备初三学生《桥的模型制作》劳动教育课程方案时，首先查阅小学到初中课本中关于桥的文章。我们发现从小学一年级到初中三年级仅仅人民教育出版社语文课本中就有五篇课文与桥有关。三年级上册《赵州桥》描写了距今有一千四百多年的赵州桥；四年级上册的《跨越海峡的生命桥》描述了台湾人民和大陆人民难以割舍的骨肉亲情；五年级上册的《小桥流水人家》表达了对故乡的思念；八年级上册的《中国石拱桥》和《桥之美》让读者用眼睛去欣赏，用心灵去感受。备课时，我们把学生的课本知识与劳动实践基地知识相联系，用劳动实践基地知识印证或强化学生的课本知识。课程链接把书本知识和校外劳动资源紧密联系起来，成为教师备课路上任何困难都不能阻挡的桥。

（三）项目负责人

项目负责人是指根据学校的派遣，负责劳动教育具体项目内容实施执行的专业人员。劳动教育教学具体项目负责人包括：学校代表、带队老师、指导教师、安全员、劳动项目专家等。在劳动教育实践中，各个具体项目负责人要岗位清晰，职责分明，各司其职、各负其责，密切配合，团结协作，齐抓共管，共同做好学生劳动教育工作。

1. 学校代表

学校代表是依据学校内部的规定，在劳动教育过程中担任某一职务或由学校校长指派代表学校依法行使学校权利、履行学校义务、开展劳动教育活动的负责人。其行为被视为学校的行为，其行为所产生的一切法律权利和义务由其所代表的学校享有和承担。在劳动教育实践中，学校代表一般由副校长、教导主任、政教主任、年级主任等与劳动教育教学业务有关的学校领导担任。他们根据相关规定，代表劳动教育的主办方，负责督导劳动教育活动按计划开展实施。

学校代表理论水平高，教学经验丰富，校外实践教学也是一般教师无法比拟的。因此，教师在开展劳动教育活动时，一定要尊重学校代表，虚心听取他们的意见和建议，不断提升劳动教育服务质量，任何轻视或否定学校代表的做法都是不正确的。在设计主题课程时也要突出学校代表的身份，以便及时取得联系沟通。

2. 带队老师

带队老师是指在劳动教育活动中由学校派遣带领学生队伍开展劳动教育活动的学校教师。在劳动教育领域，带队老师则是一个有较明确权力和职责的职位。带队老师一般主要负责学生的人员管理、纪律学风、出行住宿等问题，而一般不涉及该劳动教育团队的专业教学、课程设计等，与教师、学校代表、劳动项目专家等专业相关职位有明显的不同。在劳动教育实践中，带队一般是由班主任、年级主任等与劳动教育团队学生有密切关系的学校行政领导担任。按照相关规定，带队老师全程带领学生参与劳动教育各项活动。

学校很多的带队老师都是常年工作在学生管理一线的资深教师，他们有高尚的敬业品德，有丰富的学生管理经验，平时与学生关系最为密切，是学生的直接管理者，是劳动教育团队管理的主心骨，是教师必须依靠的强大的中坚力量。因此，教师在进行劳动教育课程设计时，一定要尊重带队老师，把他们编入教案，及时提醒各阶段的教师都要处理好与他们的关系，积极争取他们的支持，顺利完成劳动教育服务。

3. 服务人员

服务人员是指接受学校或劳动教育基地委派，为参加劳动教育活动的师生提供向导、讲解及其他服务的人员。在劳动教育过程中，服务人员只为学生提供劳动教育目的地向导、沿途风光讲解、劳动实践基地解说以及饮食、住宿、交通服务，不参与劳动教育教学活动。由于服务人员是具有丰富的校外带团服务经验的专业服务人员，有学校老师无法比拟的服务专业特长和优势，因此在设计校外劳动教育课程方案时，务必增加服务人员要素。

4. 劳动实践指导教师

劳动实践指导教师，简称教师。教师是指策划、研发或实施劳动教育课程方案，在劳动教育过程中组织和指导大中小学生开展各类研究性学习和劳动教育体验活动的专业技术人员。教师是保证劳动教育育人质量的关键因素，只有具有专业素养的劳动教师团队，才能确保劳动教育育人效果。

5. 安全员

劳动教育安全员是专门负责参加劳动教育活动的学生安全工作的专业人员。安全员的任务就是在劳动教育过程中随团开展安全教育和防控工作。在劳动教育过程中，学校或基地要按学生人数比例安排相应数量的专职安全员随团参加活动，他们不参与教学，只负责学生安全工作。

6. 项目专家

项目专家即劳动教育项目专家，是指掌握劳动教育专题课程项目的原理、技术、方法和工具，参与或领导启动、计划、组织、执行和讲解的活动，确保劳动教育项目能在规定的范围、时间、质量与成本等约束条件下完成既定目标的专业技术人员。

譬如，蔬菜、果树种植课程中的园艺师、农技师，陶瓷器制作课程中的陶瓷工艺美术大师，建筑劳动课程中的建筑设计工程师等，都是劳动教育项目专家。

劳动教育项目专家在自己的研究领域或者某项目技术方面有独到的专业

造诣，他们的专业水平和技能是教师和学校教师无法替代的。为开展好更专业的劳动教育课程，专业化引领劳动教育，专业的劳动教育课程应该邀请劳动教育项目专家参与实施。

（四）师资配置

劳动教育师资包括参与劳动教育活动的学校代表、带队老师、指导教师、安全员、服务人员、项目专家和其他工作人员。在实践中，有的把救生人员、医务人员、安保人员、家长志愿者列入其中，安排相应的任务，赋予岗位职责，也可参考设计。

（五）活动经费

活动经费就是举办劳动教育活动需要的各种费用，包括住宿费、餐费、门票费（半价、免票）、交通费、授课费（教师授课费、授课项目专家费）、服务费（劳动机构服务费、场地租赁费、服务人员服务费）、保险费、服装费、工具材料费、教材费等。

劳动教育活动经费明细表

项　目	单价 / 单位	数　量	合　计	负责部门	备　注
住宿费					
餐　费					
门票费					
交通费					
教师授课费					
项目专家费					
服务费					
劳动机构服务费					
保险费					
服装费					
工具材料费					
教材费					

续表

项　目	单价 / 单位	数　量	合　计	负责部门	备　注
场地租赁费					
其　他					
总金额	大写：			¥：	

校外劳动教育经费预算要听取劳动教育机构专业人员的意见，他们更懂专业行情和计算办法。

（六）安全管理

劳动教育课程涉及安全管理制度和安全防控问题，具体措施包括：劳动教育安全管理工作方案，劳动教育应急预案操作制度，劳动教育产品安全评估制度，劳动教育安全教育培训制度，未成年人监护方法，地震、火灾、食品卫生、治安事件、设施设备突发故障等在内的各项突发事件应急预案等。作为劳动教育指导教师要熟悉并掌握安全管理编写设计方法。

说明：本教材提到的以上校内、校外劳动教育课程方案要素，指导教师在编写设计课程方案时，要统筹考虑，不要过分强调校内、校外课程之分。譬如，校外的“安全管理”“安全员”“师资配置”“项目专家”等要素，在校内开展活动时，也是不可缺少的要素，都可以统筹使用。因此，我们编写课程方案，尽量做到全面具体、详细明了。

第五节　劳动教育课程方案设计格式

劳动教育课程方案可分为主题课程方案和专题课程方案两种。

一、主题课程方案

劳动教育主题课程方案是教师根据劳动教育活动所用的劳动教育资源单

位教材、学校教科书和学校教学总要求，结合劳动教育学生具体情况，按照劳动教育目标编制的某个特定主题的整体劳动教育进度计划。譬如，“校园卫生大扫除劳动教育主题活动”“为农服务劳动教育周主题课程”“劳动实践基地主题活动三日行程单”，类似于大中小学常规的“学期教学进度计划”以及“课题（单元）计划”。简言之，劳动教育主题课程方案是学校对某次劳动教育教学的总体规划与准备，是劳动教育活动的前提和依据。

主题课程方案包括校内主题课程方案和校外主题课程方案两种。

（一）校内主题课程方案

校内主题课程方案要素包括：课程名称、学校班级、设计人、教学课时、教学总目标、教学内容、教学重点、教学难点、劳动工具、教学方式、教学方法、教学流程、教学评价、教学反思、安全管理等。

校内主题课程方案设计的格式主要有条目式和表格式两种形式。

1. 条目式

条目式校内劳动教育主题课程方案如下：

校内劳动教育主题课程方案（条目式）

【课程名称】　　【学校班级】
【设计人】　　【设计时间】
【学校代表】　　【带队老师】
【指导教师】　　【项目专家】
【教学课时】　　【学生人数】
【课程总目标】
【教学内容】
【教学方式】
【教学方法】
【教学流程】
【安全管理】
【教学评价】
【教学反思】

2. 表格式

表格式校内劳动教育主题课程方案如下：

校内劳动教育主题课程方案（表格式）

<table>
<tr><td>课程名称</td><td colspan="6"></td><td>设计人</td><td></td></tr>
<tr><td>学校班级</td><td colspan="2"></td><td>学生人数</td><td></td><td>带队老师</td><td></td><td>联系方式</td><td></td></tr>
<tr><td>授课教师</td><td colspan="2"></td><td>项目专家</td><td></td><td>总课时</td><td></td><td>劳动地点</td><td></td></tr>
<tr><td>课程总目标</td><td colspan="8"></td></tr>
<tr><td>天　数</td><td>节　次</td><td>时　间</td><td colspan="2">课程内容及流程</td><td>教学方式</td><td>教学方法</td><td colspan="2">项目专家</td></tr>
<tr><td rowspan="3">第一天</td><td>1</td><td></td><td colspan="2"></td><td></td><td></td><td colspan="2"></td></tr>
<tr><td>2</td><td></td><td colspan="2"></td><td></td><td></td><td colspan="2"></td></tr>
<tr><td>3</td><td></td><td colspan="2"></td><td></td><td></td><td colspan="2"></td></tr>
<tr><td></td><td>4</td><td></td><td colspan="2"></td><td></td><td></td><td colspan="2"></td></tr>
<tr><td></td><td>5</td><td></td><td colspan="2"></td><td></td><td></td><td colspan="2"></td></tr>
<tr><td></td><td>6</td><td></td><td colspan="2"></td><td></td><td></td><td colspan="2"></td></tr>
<tr><td></td><td>7</td><td></td><td colspan="2"></td><td></td><td></td><td colspan="2"></td></tr>
<tr><td rowspan="7">第二天</td><td>1</td><td></td><td colspan="2"></td><td></td><td></td><td colspan="2"></td></tr>
<tr><td>2</td><td></td><td colspan="2"></td><td></td><td></td><td colspan="2"></td></tr>
<tr><td>3</td><td></td><td colspan="2"></td><td></td><td></td><td colspan="2"></td></tr>
<tr><td>4</td><td></td><td colspan="2"></td><td></td><td></td><td colspan="2"></td></tr>
<tr><td>5</td><td></td><td colspan="2"></td><td></td><td></td><td colspan="2"></td></tr>
<tr><td>6</td><td></td><td colspan="2"></td><td></td><td></td><td colspan="2"></td></tr>
<tr><td>7</td><td></td><td colspan="2"></td><td></td><td></td><td colspan="2"></td></tr>
<tr><td>安全管理</td><td colspan="8"></td></tr>
<tr><td>教学评价</td><td colspan="8"></td></tr>
<tr><td>教学反思</td><td colspan="8"></td></tr>
</table>

（二）校外主题课程方案

校外主题课程方案要素在校内主题课程方案要素的基础上，增加了劳动地点、教学链接、项目负责人、师资配置、活动经费、安全管理等要素。

1. 条目式

条目式校外劳动教育主题课程方案如下：

校外劳动教育主题课程方案（条目式）

【课程名称】

【学校班级】

【设计人】

【设计时间】

【学校代表】

【带队老师】

【指导教师】

【项目专家】

【教学课时】

【学生人数】

【劳动地点】

【师资配置】

【项目负责人】

【课程总目标】

【教学内容】

【教学链接】

【教学方式】

【教学方法】

【教学流程】（包含：天数、节次、教学时间、教学方式、教学方法、项目专家、负责人等）

【安全管理】

【教学评价】

【教学反思】

【经费说明】

2. 表格式

表格式校外劳动教育主题课程方案如下：

校外劳动教育主题课程方案（表格式）

课程名称						设计人	
学校班级		学生人数		带队老师		联系方式	
授课教师		项目专家		总课时		劳动地点	

续表

课程总目标							
天　数	节　次	时　间	课程内容及流程	教学方式	教学方法	项目专家	项目负责人
第一天	1						
	2						
	3						
	4						
	5						
	6						
	7						
第二天	1						
	2						
	3						
	4						
	5						
	6						
	7						
教学链接							
师资配置							
安全管理							
教学评价							
教学反思							
活动经费							

说明：表格中的天数仅供参考。

二、专题课程方案

专题课程是指在实施劳动教育教学的过程中，为达到某一专门劳动教育教学目的或解决某一专门问题而对学生进行的劳动教育课程。如陶器制作、剪纸技术、我是小厨师体验、荷花盆景制作、自行车维修技术等劳动教育专题。

专题课程方案是对劳动教育专题课程目标、劳动内容、劳动方式的规划和设计，是劳动教育计划、劳动教育教材等诸多方面实施过程的总和，是对每一堂劳动教育课具体深入的教学准备，是对师生劳动教育课堂预期的教学活动的设计和描述。类似于中小学教师的课时计划，俗称“教案”。一个完整的专题课程方案应包括：课题名称、学校班级、设计人、教学课时、教学总目标、教学内容、教学重点、教学难点、劳动工具、教学方式、教学方法、教学过程、教学总结，教学反思等。

专题课程方案包括校内专题课程方案和校外专题课程方案两种。

（一）校内专题课程方案

无论是校内专题课程方案还是校外专题课程方案，劳动教育专题课程方案的格式都有条目式和表格式两种形式。

1. 条目式

条目式校内劳动教育专题课程方案内容如下：

校内劳动教育专题课程方案（条目式）

【课题名称】

【设计人】

【学校班级】

【教学课时】

【教学目标】

【教学重点】

【教学方式】

【劳动工具】

【教学过程】

第一步：劳动教育前

【课前准备，设置问题】

第二步：劳动教育中

【课堂导入，提出问题】

【开展新课，解决问题】

【授课时间】

【指导教师】

【学校代表】

【劳动地点】

【教学内容】

【教学难点】

【教学方法】

【教学评价，激励提升】

第三步：劳动教育后

【教学总结，反思问题】

2. 表格式

表格式校内劳动教育专题课程方案如下：

校内劳动教育专题课程方案（表格式）

<table>
<tr><td>课题名称</td><td colspan="5"></td><td>设计人</td><td></td></tr>
<tr><td>学校班级</td><td colspan="2"></td><td></td><td>校方代表</td><td></td><td>带队老师</td><td></td></tr>
<tr><td>项目专家</td><td></td><td>指导教师</td><td></td><td>教学课时</td><td></td><td>授课时间</td><td></td></tr>
<tr><td rowspan="4">教学目标</td><td>劳动观念</td><td colspan="6"></td></tr>
<tr><td>劳动能力</td><td colspan="6"></td></tr>
<tr><td>劳动精神</td><td colspan="6"></td></tr>
<tr><td>劳动习惯和品质</td><td colspan="6"></td></tr>
<tr><td>教学内容</td><td colspan="7"></td></tr>
<tr><td>教学重点</td><td colspan="7"></td></tr>
<tr><td>教学难点</td><td colspan="7"></td></tr>
<tr><td>教学方式</td><td colspan="7"></td></tr>
<tr><td>教学方法</td><td colspan="7"></td></tr>
<tr><td>劳动工具</td><td colspan="7"></td></tr>
<tr><td colspan="8">教学过程</td></tr>
<tr><td>劳动前</td><td colspan="7">课前准备，设置问题</td></tr>
<tr><td rowspan="3">劳动中</td><td colspan="7">课堂导入，提出问题</td></tr>
<tr><td colspan="7">开展新课，解决问题</td></tr>
<tr><td colspan="7">教学评价，激励提升</td></tr>
<tr><td>劳动后</td><td colspan="7">教学总结，反思问题</td></tr>
</table>

（二）校外专题课程方案

校外专题课程方案要素在校内专题课程方案要素的基础上，增加了劳动地点、基地背景、教学链接、服务人员、师资配置等要素。

劳动教育专题课程方案设计的格式主要有条目式和表格式两种形式。

1. 条目式

条目式劳动教育专题课程方案内容如下：

校外劳动教育专题课程方案（条目式）

【课题名称】
【设计人】
【学校班级】
【带队老师】
【安全员】
【教学课时】
【教学目标】
【教学内容】
【教学重点】
【教学方式】
【劳动工具】
【教学过程】

第一步：劳动教育前

【课前准备，设置问题】

第二步：劳动教育中

【课堂导入，提出问题】

【开展新课，解决问题】

【教学评价，激励提升】

第三步：劳动教育后

【教学总结，反思问题】

【设计时间】
【指导教师】
【学校代表】
【服务人员】
【基地代表】
【劳动地点】
【基地背景】
【教学链接】
【教学难点】
【教学方法】

2. 表格式

表格式校外劳动教育专题课程方案如下：

校外劳动教育专题课程方案（表格式）

<table>
<tr><td>课题名称</td><td colspan="5"></td><td>设计人</td><td></td></tr>
<tr><td>学校班级</td><td colspan="3"></td><td>校方代表</td><td></td><td>带队老师</td><td></td></tr>
<tr><td>项目专家</td><td></td><td>指导教师</td><td></td><td>教学课时</td><td></td><td>授课时间</td><td></td></tr>
<tr><td>安全员</td><td colspan="3"></td><td>基地代表</td><td colspan="3"></td></tr>
<tr><td rowspan="4">教学目标</td><td>劳动观念</td><td colspan="6"></td></tr>
<tr><td>劳动能力</td><td colspan="6"></td></tr>
<tr><td>劳动精神</td><td colspan="6"></td></tr>
<tr><td>劳动习惯和品质</td><td colspan="6"></td></tr>
<tr><td>基地背景</td><td colspan="7"></td></tr>
<tr><td>教学链接</td><td colspan="7"></td></tr>
<tr><td>教学内容</td><td colspan="7"></td></tr>
<tr><td>教学重点</td><td colspan="7"></td></tr>
<tr><td>教学难点</td><td colspan="7"></td></tr>
<tr><td>教学方式</td><td colspan="7"></td></tr>
<tr><td>教学方法</td><td colspan="7"></td></tr>
<tr><td>教具准备</td><td colspan="7">师生和基地：</td></tr>
<tr><td colspan="8">教学过程</td></tr>
<tr><td>劳动前</td><td colspan="7">课前准备，设置问题</td></tr>
<tr><td rowspan="3">劳动中</td><td colspan="7">课堂导入，提出问题</td></tr>
<tr><td colspan="7">开展新课，解决问题</td></tr>
<tr><td colspan="7">教学评价，激励提升</td></tr>
<tr><td>劳动后</td><td colspan="7">教学总结，反思问题</td></tr>
</table>

三、课程方案说明

（一）主题课程和专题课程之间的关系

劳动教育课程包括主题课程和专题课程。主题课程中的教学内容由众多专题课程构成，专题课程的内容是主题课程内容的基础，所有专题课程共同组成劳动教育专题课程。譬如，“我是小渔民”劳动教育主题课程里，劳动教育内容有参观渔船、体验渔民生活、沙滩寻宝、赶海捡贝壳、木船模型制作、织网撒网等，这些专题内容就共同构成“我是小渔民”劳动教育主题。

案例分享

探究儒家传统文化中的劳动教育主题课程（片段）

【教学对象】初二学生

【教学地点】曲阜孔府

【教学内容】

（1）大巴上劳动教育安全知识研讨会。

（2）着汉服、整衣服、辨识劳动工具。

（3）孔府鲁菜坊体验“孔府菜”制作技术。

（4）体验《论语》竹简制作技术。

（5）丝网印刷技术体验课。

（6）拓印技术学习。

（7）劳动经验体会分享交流会。

案例所涉及的劳动教育主题课程中的内容是由 7 个专题课程构成的；要求每一个内容都能而且都要独立成课，这些独立开展的一个个劳动课程就是我们所谓专题课程，它们共同构成劳动教育主题课程。

（二）主题课程方案内容不要轻易变更

指导教师编写完主题课程方案以后，需要报给学校确认同意后才能实施。有的校外劳动教育主题课程内容，还可能要牵扯到劳动实践基地、交通、酒店等部门。校外主题课程方案往往是学校、基地或者其他劳动教育服务机构，甚至是政府主管部门共同商定的，原则上不允许指导教师或者哪一家单独轻易变更。如果确需变更，则需要参与本次劳动教育教学服务的各方共同协商才能变更。因此，指导教师不要轻易变更主题课程方案内容。

（三）统筹考虑设计劳动教育课程方案

劳动教育过程的设计方案是一种最基本的、具有普遍性的、常规的劳动教育实施方案模式，更适合考察探究、社会服务、设计制作和职业体验劳动教育课程。有的劳动教育活动如团队教育活动、博物馆参观等，需要和第五章劳动教育教学方式和教学方法统筹考虑。另外，本教材提供的课程设计模式，有很多相近、相同之处，需要指导教师根据自己的工作实践实际来确定具体的、恰当的劳动教育课程设计模式，弥补某一方面模式的缺憾和不足，彰显劳动教育独特的育人效果。

（四）专题课程方案需要创造性、灵活性

劳动教育专题课程方案是劳动教育教学预案，不可能穷尽一切教学要素和环节，有的劳动教育课程方案则需要指导教师随着劳动教育过程的实施，不断地进行调整和修订，而不是简单机械地模仿和复制。

同时，劳动教育专题课程方案的设计是一种创造性劳动，不同的指导教师有着不同的设计风格，无论是校内劳动教育专题课程方案还是校外劳动教育专题课程方案，实践中也不可能用统一固定的格式来要求每一个不同的指导教师按同一个格式来设计课程，更不提倡不同的老师用固定的教学方法来实施同一种劳动教育活动。实践中需要每位指导教师发挥自己的聪明才智，做出创造性的劳动教育特色课程方案设计。只有本着教育化、实践化、生活化的原则，创造性地自主开发、自主设计，才能不断丰富劳动教育专题课程内容。但是无论哪种格式、模板和方法，劳动教育课程内容中的基本要素都

是不能忽视的。

（五）专题课程方案设计要求详略得当

在劳动教学实践中，方案的详略也有不同，有详案和简案。教师不必拘泥于某一种形式，应根据自身的特点合理组织和编写教案。但新教师和年轻教师备课，以及老教师承担一门新课教学，还有社会实践基地的指导教师，我们建议写详案；指导教师可根据自己的教学经验和教学的实际情况进行取舍。

思考题

1. 劳动教育课程的性质是什么？

2. 请列举出 18 种以上的劳动教育课程方案设计要素。

3. 谈谈劳动教育课程方案编写设计的要求。

4. 请为你所在的单位设计一套《劳动教育清单》（小学、初中、高中、职业院校、普通高等学校五个层次各一份）。

5. 请为你所在的单位设计一套《劳动周课程》（小学、初中、高中、职业院校、普通高等学校五个层次各一份）。

参考答案

第七章
劳动教育教学过程

本章导读

本章是全书的重点章节，也是劳动教育活动的关键环节。本章重点介绍了劳动教育的上课。首先提出了劳动教育上课的“三步五环教学法”，然后对上课的五个基本环节进行了详细阐述，最后对劳动教育上课的基本要求做了说明。

大中小学劳动实践教育基地：长春农博园　　摄影：刘岚

学习要求

掌握上课的基本环节，了解上课的基本要求。

思维导图

- 劳动教育教学过程
  - 上课的基本环节
    - 课前准备，设置问题
    - 课堂导入，提出问题
    - 开展新课，解决问题
    - 教学评价，激励提升
    - 教学总结，反思问题
  - 上课的基本要求
    - 把握育人导向，突出思想性
    - 始终围绕总体目标教学
    - 突出实践性，确保学生动手参与
    - 调动学生积极性和主动性
    - 根据实际情况调整课程方案
    - 及时纠正并解决学生错误和困惑
    - 处理好跨学科之间的关系

第一节　上课的基本环节

劳动教育教学过程，简单地说就是指劳动教育的上课。上课是整个劳动教育工作的中心环节，也是提高劳动教育质量的关键。一堂好的劳动教育课的教学过程，按照教学时间的顺序可分为：劳动教育前、劳动教育中和劳动教育后三个基本步骤。按照每一步骤的教学任务，这三个教学过程可划分为五个基本环节，即课前准备，设置问题；课堂导入，提出问题；开展新课，解决问题；教学评价，激励提升；教学总结，反思问题。这就是劳动教育课的结构。在实践中，我们把这“三个步骤五个环节”的劳动教育教学过程称为“三步五环教学法”。

三步五环教学法

步　骤	劳动段	环　节	环节名称
第一步	劳动前	第一环	课前准备，设置问题
第二步	劳动中	第二环	课堂导入，提出问题
		第三环	开展新课，解决问题
		第四环	教学评价，激励提升
第三步	劳动后	第五环	教学总结，反思问题

一、课前准备，设置问题

课前准备就是劳动教育前的准备，是指在劳动教育活动开始前，教师把有关的劳动教育问题、事宜，提前让学生做好准备，提前为顺利开展劳动教育课程创造条件，达到预期的劳动教育教学效果。

课前准备的内容主要包括：告知课堂目标、布置劳动任务、组建劳动教育小组、做好劳动事务准备。

（一）告知课堂目标

1. 告知课堂目标的作用

劳动教育教学活动开始前，教师向学生提前告知明确而具体的劳动教育目标，将本次劳动教育的教学意图清楚地传达给学生，有利于教师正确地选择教学方法，妥善地组织教学过程，准确地评价教学结果；有利于学生清楚地知道将从本次劳动教育过程中学到什么，及时了解自己的学习结果，主动地把握自己的学习过程和方法。

2. 告知课堂目标的方法

（1）印发明白纸。教师提前把设计好的劳动教育目标发给学校，征求学校意见，共同修订后再印刷出明白纸，发给学生，告知学生将要进行的劳动教育的目的是什么，完成什么任务，让学生提前带着目标任务问题去思考、去准备。

（2）多媒体展示。运用学校或者劳动教育实践基地的多媒体，把劳动教育目标告知给学生。

（3）教师口头传达。教师开始见到学生时用语言告诉学生本次劳动教育活动的目标，让学生清楚明了。

（4）简易黑板书写。劳动教育过程中教师在临时制作的或者随身携带的简易“小黑板”上写出劳动教育目标并告知学生。

（5）终端设备转发。教师用手机、电脑、平板电脑等设备上的微信、QQ等工具平台，转发劳动教育目标文字材料。

案例分享

《垃圾分类职业体验》教案（片段）

【教学目标】

（1）通过本次垃圾分类劳动教育职业体验活动，学生要了解垃圾，认识垃圾分类的意义，学会垃圾分类基本知识和技能。

（2）运用学过的垃圾分类科学方法，培养学生的初步的创造能力和想象能力，学会废物回收利用。

（3）学会用手机、电脑和书刊查阅垃圾分类信息资料。

（4）能主动运用所学知识理解与解决问题并形成基本符合规范的垃圾分类研究报告。

（5）形成愿意与他人合作交流，经受挫折和失败并最终战胜困难的品格。

（6）养成热爱劳动、尊重劳动人民的品德，养成不乱扔乱放垃圾的好习惯，感受劳动最光荣。

【目标告知方法】

（1）经学校同意，提前一周发给学生，让每个学生都带着目标去准备。

（2）上课前拿出提前用纸板做好的临时“小黑板”，向同学们展示劳动教育目标，并用手机发信息告知全体学生。

（3）到达垃圾储存基地后，发放垃圾分类课程明白纸，让学生继续观看本次垃圾分类职业体验目标。

（二）布置劳动任务

为了圆满完成劳动教育活动，教师一般要提前对学生布置劳动教育任务，准备劳动工具、劳动问题与劳动资料。这些任务教师都要提前准备好。

准备工具：准备劳动教育课中使用的工具，如担架制作课程中的绳子、竹竿、锯、刀、剪子等。

准备问题：准备与劳动教育课有关的知识和问题。

准备资料：准备与劳动教育课有关的资料。

（三）组建劳动小组

1. 劳动小组的含义

劳动教育学习管理小组，简称劳动小组，是指在劳动教育过程中，为开展好劳动教育活动，根据学生的兴趣、爱好和要求，结合劳动教育的具体条件，组成学习管理小组，有目的、有计划、能动性地开展劳动教育活动的学生自我管理基层组织。劳动小组小型分散，便于开展多种多样的劳动教育活动，满足学生不同的兴趣、爱好，发展学生个体才能，使学生得到更多的学习和锻炼的机会，是目前劳动教育活动的主要组织形式。

2. 组建劳动小组的方法

（1）组建方式。采用个人自由选择组合和教师指令分配相结合的方式。

（2）组建程序。劳动教育前负责劳动教育课教学的教师要提前一周走近学生，与将要参加劳动教育的学生见面，指导安排班主任或者带队老师协助学生组建劳动教育学习管理小组，引导学生在劳动教育中自我管理。

（3）小组结构。将每班分成若干个劳动小组，一般每组 4~6 人，设组长 1 名、副组长 1 名，成员若干。成员设安全委员、救助委员、纪律委员、劳动委员等，保证个个有岗位，人人有职责，事事有人管。教师可以先明确每个小组成员的岗位责任与义务，引导学生自荐、推荐。劳动小组成立后，拟定劳动小组名称、学习口号，进行全班演讲，表明决心，还可以组织小组成员宣誓仪式，增强责任意识和团队意识，发挥小组干部模范带头作用，培养学生价值体认、责任担当的能力和意识。

（4）纪律要求。在劳动教育活动中，将以小组为单位展开活动，要求全体组员积极参加劳动教育活动，遵守小组纪律，维护小组荣誉。

案例分享

《我来洗衣服》设计（片段）

一、课前准备

（三）组建小组

每个学生根据自己的兴趣和爱好选择所喜欢的研究内容，自由组成学习活动小组。活动小组分别是：脏衣服收集小组、水资源调查组、洗衣粉调查组、洗衣组、晾晒组、整理衣服组。每个小组要民主选定小组长，由小组长负责安排各组员的任务。

（四）做好课前准备

在劳动教育过程中，教师不仅承担着劳动教育教学的重任，同时也从事着劳动教育事务的服务工作。劳动教育活动学生是否满意、劳动教育课程方案能否圆满实施在很大程度上取决于教师的劳动服务。

教师做好劳动教育团的接待准备工作是向学生提供良好服务的前提。教师的工作千头万绪，事无巨细，如果考虑不周就可能出错，因此，准备工作务必细致、周密。一般来说，教师的准备工作包括以下几个方面：

1. 熟悉主题课程方案

学校劳动教育教师设计课程时要熟悉年级、总人数、男女生数量、年龄、班主任、教学内容、教学方法、劳动工具、劳动地点、劳动时间、安全措施、评价方法、劳动专家、项目负责人等内容，做到心中有数。

校外劳动教育指导教师还要熟悉学校名称、年级、来自城市、总人数、男女生数量、年龄、风俗、饮食习惯、领队老师、电话号码、线路、用车情况、司机、教学内容、教学方法、劳动工具、劳动地点、劳动时间、安全措施、评价方法、劳动专家、项目负责人等内容，做到心中有数。

2. 做好劳动知识准备

做好有关劳动知识和资料的准备。准备的过程中应注意知识的更新，及时掌握最新信息。掌握基地专有名词术语，做好生源地有关知识的准备，注意在语音、语调、语法和用词等表达方面的选择与准备。

3. 做好劳动物质准备

教师尤其是校外的劳动教育指导教师，在上课前，要准备好迎接劳动教育团队的有关物质准备。包括：劳动教育团队主题课程方案、劳动教育服务质量反馈表、劳动教育团队名单、劳动教育团队费用结算单等。

准备好必带的工作物品。工作物品包括：工作证、执业身份标识、音像设备、宣传资料、通信录、劳动教育手册、教学评价表、安全管理手册，以及按劳动教育团队人数发放的物品（如劳动帽、劳动纪念品）等。

同时也要准备好必带的个人物品。个人物品包括：名片、手机及充电器、防护用品（雨伞、遮阳帽）、常备药物、记事本与工作包等。

案例分享

《孟子七篇》线装书的制作设计（片段）

【布置任务】

1. 准备工具

线、针、钻子、尺子、夹子、钉子、锤子、剪子、铅笔、宣纸、云彩纸（当封面用）。

2. 准备问题

了解线装书的演变历史。线装书制作需要用的材料有哪些？线装书的制作过程？《孟子七篇》的作者是谁？《孟子七篇》的主要内容？《孟子七篇》中的经典句子？中小学课本里哪篇文章提到《孟子七篇》？《孟子七篇》中的思想对社会发展有什么影响？孟子对你自己的影响是什么？怎样做一个新时代优秀青少年？

3. 准备资料

中小学有关课本、《孟子七篇》背诵比赛的流程方案、线装书的制作过程简介。查找有关资料。全组分工，人人查找，个个研究，然后劳动教育小组交流分享、点评。

4. 做好个人形象准备

教师的自身美不仅关系到个人形象，更关系到学校和劳动教育基地的形象。为了给学生留下良好的印象，教师在教学前要做好与所从事的职业相符的仪容、仪表方面的准备。面容整洁，不浓妆艳抹。头发要保持清洁、整齐；着装要符合教师的身份，并要方便劳动服务工作，整体要求衣着要简洁、整齐、大方、自然。

5. 做好心理准备

教师需要具备良好的心理素质，时刻准备面临艰苦复杂的工作，向学生提供热情周到的服务，而且还要充分考虑如何对特殊学生提供服务，以及如何去面对、处理接待过程中可能发生的问题和事故。要冷静、沉着地面对，无怨无悔地继续做好劳动服务工作。

二、课堂导入，提出问题

“课堂导入，提出问题”是“三步五环教学法”的第二环节，这一环节的主要内容包括组织教学和检查任务两个方面。

（一）组织教学

1. 组织教学的含义

组织教学是指教师通过对学生情绪状态的调剂和劳动纪律的维护，使学生能跟随教师的劳动步骤，有效地实现预定的劳动教育课堂目标的过程。组织教学是保证劳动教育过程中师生活动正常进行的基本条件。组织教学的目的是引导学生对参与劳动教育教学过程做好心理上和物质上的准备，吸引学生的注意并创设一种良好的劳动情境或气氛。它不仅是授课前的特定阶段，也贯穿于整个劳动教育教学活动中。

劳动教育的组织教学是一项融科学和艺术于一体的富有创造性的工作。要做好这项工作，教师不仅要懂得劳动教育的教育教学规律，掌握一定的劳动教育学、心理学知识，还必须关注每一位学生，运用一定的组织艺术，调动学生的注意力，激发学生的情感，让学生在愉快、轻松的心境中全身心地投入到劳动教育活动中去。

2. 组织教学的方法

（1）口头语言变化法

口头语言法指教师通过口头语言的语调、音量、节奏和速度的变化，来引起和控制学生的注意。当指导教师从一种讲话速度变到另一种速度时，已分散的注意力会重新集中起来。在讲解中适当加大音量，也可以起到加强注意和突出重点的作用。我们常做的高低声游戏就是利用了这个原理。

（2）态势语言变化法

态势语言亦称体态语言或动作语言、肢体语言，它是通过人的表情、动作、姿态等来表达语义和传递信息的一种无声语言。同口头语言一样，它也是指导教师重要的语言艺术形式之一，常常在指导教师讲课时对口头语言起着辅助作用，有时甚至还能达到口头语言难以企及的效果。

指导教师的首语、表情语、目光语、手势语都可以表达对学生的暗示、警告和提示，也可以表达期待、鼓励、探询、疑惑等情感。指导教师面部表情、头部动作、手势及身体的移动也传递着丰富的信息，有助于沟通师生间的交流，调控学生的注意力。

譬如，指导教师在做剪纸技术示范时，发现有两个学生交头接耳在说悄悄话，他并没有直接去批评指责，而是面部转向这两个同学，眼睛温和地看着他俩说“请大家看着，我是怎样剪裁的”，然后继续示范讲解，这两个同学的注意力马上一下子转移到指导教师的讲解上来。

（3）姓名举例提醒法

在劳动教育过程中，指导教师常常运用人物名字说明事情或创设情境以加强学生对教学内容的理解。如果发现有的同学精力不集中，走神、玩手机、嬉闹、看其他景观等，指导教师可以抓住时机运用这位学生的名字或者他附近学生的名字说明事情或创设情境，这样既可以顺利完成劳动任务，增加劳动教育的真实性，又可以起到提醒学生的作用，真可谓妙趣横生、一箭双雕。

譬如，在开展线装书《孟子七篇》制作活动时，有位叫张三的同学，接打电话影响了其他同学，指导教师说：“请在最后封底最底端‘设计人’处，填写自己的名字，譬如张三。”说到“张三”一词，声音拉长且缓慢，这样张三立即听出指导教师在借机提醒自己，立即停止打电话，转移到劳动中来。

（4）教学方式变换法

变换劳动教育活动方式可以有效调动和集中学生的注意力，提高劳动教学效率。劳动教育活动方式包括师生交流的方式、学生探究的方式、体验的方式和教学评价的方式等。在劳动教育过程中，教师应根据教学的需要适时变换一下劳动活动方式。例如，由教师讲解变为学生讲解，由多媒体演练变为学生实际演练，由集体听报告变为小组讨论等。这些变化都会给学生以新鲜的刺激，强化学生的注意，激发其参与的兴趣，进而达到提高教学质量的目的。

（5）教学方法变换法

在劳动教育教学中，单一的教学方法容易引起学生疲劳和注意力分散，尤其是听报告、看专题片活动，更容易让学生感觉疲劳乏味。因此，教师根据需要适当变换教学方法，通过多种教学方法的交互使用，充分调动学生的各种感官去获取信息，不仅可以有效调控学生的注意力，加强学生对知识的认知度，而且有利于学生对知识的记忆、理解和应用，调动学生参与活动的积极性，促进由知识向能力的转化。

（6）小组积分激励法

在劳动教育过程中，为了圆满完成劳动任务，达到预定目标，教师往往准备积分的办法，即以小组为单位，根据每位组员的表现，为学生所在的小组积分。积分与学生的劳动教育纪律、学习成果的展示、学生的自我展示、体验探究参与的质量等直接挂钩，由劳动团队的同学给予点评、评分，所得分值记入相应组的总积分，积分前三名的给予相应的物质奖励，如：笔、本子、小红旗、奖状等，来激励学生树立团队合作意识，积极参与劳动教育活动。这种方法充分调动了学生合作学习的积极性，以及自我展示的主动性。

（7）设置问题法

设置问题法是劳动教育组织教学中的一种艺术方法。当学生注意力不集中时，教师设置一些疑问，让学生回答，以促进学生注意力的转移。在学生学习情绪低落时，利用疑问引起学生学习的兴趣，激发学生学习的积极性。它在劳动教育教学中起着承上启下、充实教学内容的作用。

（8）竞赛刺激法

在学生情绪不佳、疲劳或学习积极性不高时，教师可根据教学内容，开展一些小型劳动竞赛活动，如采取集体竞赛、小组竞赛、个人竞赛等，以调动学生的积极性，使学生的注意力高度集中，从而使学生跳出不良的学生状态，达到提高劳动教育教学效果的目的。

（9）中途休息法

连续的劳动教育活动之后，部分学生可能出现精神疲劳、注意力分散的现象。面对这种情况，指导教师的提醒或警示对学生注意力的长久保持已无济于事。这时，指导教师可以唱一首歌曲，也可以让学生唱，或者原地休息几分钟，让学生放松片刻。这样，不但可以消除学生的疲劳、活跃劳动气氛，而且可以增进师生间的感情。

（二）检查任务

1. 检查任务的含义

指导教师在开展劳动教育活动前一般都要提前给学生布置劳动教育的准备任务，在劳动教育活动开始时要对准备的任务落实情况进行检查，这个过程就是检查任务。检查任务是落实劳动教育的重要举措。学生只有圆满完成劳动教育前布置的任务，才能保证整个劳动教育顺利进行。

2. 检查任务的方法

检查任务的方法主要有：学校领导检查法、项目组长检查法、问答检查法、报表检查法、自我检查法、抽样检查法、交叉检查法、重点检查法。

案例分享

《探究农耕博物馆》课程设计（片段）

【课前检查分组讨论】

第一步：学生登上大巴后，劳动教育指导教师引导班委成员组成农耕博物馆学习小组。

第二步；由各小组组长组织本组学生检查、汇报、讨论劳动前布置的任务。

第三步：各位组员在本组内展开劳动前准备成果汇报。汇报的内容主要有：课堂目标掌握情况、劳动工具准备情况、布置问题准备情况、劳动资料查找情况，以及每一项内容是否正确、符合要求，如果不符合要求怎样补充解决？

第四步：各组选出代表在全班交流分享。每组两人，组长必须参加交流讲话，再委派一名口才好、表达能力强的同学补充发言。

第五步：其他小组结合自己小组情况对刚刚分享的小组发言进行点评。

第六步：指导教师对各小组汇报进行点评、鼓励、启发。

三、开展新课，解决问题

“开展新课，解决问题”通俗地讲，就是开展新的劳动教育教学课，解决劳动教育教学目标所涉及的教学内容和问题。这是“三步五环劳动法”的第三环节，劳动教育教学的主要部分，也是整个劳动教育课程教学的中心环节。这一环节的主要内容有：传授知识和技能、演练知识和技能、提高学生劳动教育核心素养。

在“开展新课，解决问题”这个环节，劳动教育教学内容博大精深，劳动模式百花齐放，教学方法多姿多彩。教师向学生呈现的劳动教育内容并引导学生学习的方法和手段是多种多样的。如何选择和运用何种方式方法，主要应视新课程的内容、任务和学生的特点而定。在引导学生学习新内容时，教师的关键作用在于组织合理的劳动教育活动，调动学生的劳动教育积极性，引导学生的思路并启发他们的思维，使学生处于积极的智力活动状态之中。无论哪种劳动方式，无论哪种主题活动，都要掌握以下要求。

（一）突出科学性，确保劳动过程的规范化

劳动教育课堂教学的科学性，这是正确实施劳动教育课程的基本质量要求。在科学性上，教师或者项目专家要准确无误地向学生传授知识，引导他们进行正确操作，及时纠正学生在劳动中的种种偏差，理论联系实际地引导学生掌握重点和难点，抓好劳动教育的基础知识和基本技能教学。在思想性上，要深入发掘劳动教育资源教材的内在的思想性，师生共同切磋，认真探求真知，让学生深受启迪、震撼或认同，激起学生的思想共鸣，使他们深受教育。这些内容和环节务必规范化，确保劳动教育课程整体教学的科学性。

（二）突出社会性，始终分组开展活动

全程始终分组开展活动，引导学生在各自的小组内，尽职尽责，分工合作，培养团结合作意识和责任担当意识。在劳动教育中分组开展活动，利于激发学生的活动兴趣，培养学生的自学能力，提高学生解决问题的能力，锻炼学生的发散思维能力，培养团队合作能力，营造互助合作的氛围。发挥劳

动在个人与社会之间的纽带作用，引导学生认识社会，增强社会责任感；同时注重让学生学会分工合作，体会社会主义社会平等、和谐的新型劳动关系。

（三）方法灵活，多法并举，统筹使用

劳动教育方式方法灵活多样，无论考察探究式、实验操作式、职业体验式、设计制作式、博物馆参观式，还是团队活动式，劳动教育课程都有劳动前、劳动中、劳动后三个基本步骤，都有五个基本环节。无论教师用哪个方式开展教学活动都要结合五个基本环节来设计课程方案，多法并举，统筹使用，完成劳动教育全部目标，提高劳动教育课堂教学效果。

（四）评价全面，贯穿整个教学过程

劳动教育评价不是单纯意义上的为学生打分评定，而是评价主体、评价对象、评价内容呈现多元化。广义上的劳动教育评价对象多种多样，既包括对劳动教育实践基地的评价、劳动过程的评价、教师的评价、教学方法的评价、劳动资源的评价，也包括对学生的劳动态度、劳动能力和方法、劳动结果等方面进行综合性评价。因此，劳动教育评价要贯穿整个劳动教育过程。

（五）突出先进性，发挥先锋模范人物的作用

在整个劳动教育过程中，始终要发挥班干部、共青团员、少先队员等先锋模范人物的模范带头作用，依靠先模学生，引领全体学生全身心投入到劳动教育中来。

案例分享

《论语》线装书的制作课程方案（片段）

【开展新课，解决问题】

（1）展示教学任务：制作《论语》线装书。

（2）指导教师向全体同学讲解并示范线装书的六步制作方法。

第一步，将空白宣纸裁切成我们想要的大小，再将用作封面的云彩纸裁成和宣纸一样大小。

第二步，在当封面的云彩纸上，在右侧的上面和下面各画一个正方形或者长方形，中段部分则平分成三段。

第三步，将文件与封面封底对齐，并用长尾夹子固定，紧接着用钻子将四个点钻孔全部钻透。

第四步，将线穿在针上，线的长度大约是书的长度的两倍半。开始时，先由第二孔开始，利用长尾夹子将线头固定；切记每一线段的线不可重复，每一线段必须穿到线。线头和线尾会在第二孔交会在一起，再打一个平结，书本完成。

第五步，摘抄《论语》中的句子，将其中的句子用小毛笔摘抄书写到制作的线装书里。

第六步，在封皮右侧的方框里用小毛笔竖着写上“论语”二字，在适当的位置写上自己的名字。

（3）引导学生记录、观察、讨论，确定制作方法。

指导教师示范讲解时，各小组进行观察记录，并记录劳动过程中所产生的疑问。由学习委员组织全班展开研讨，由小组长组织本组内成员对“《论语》线装书的制作”提出疑问，提出自己的制作设想和办法，并在班里汇报。

（4）学生制作线装书。

学生经讨论并确定好制作方法之后，由劳动教育指导教师引导全班学生开展线装书制作。小组长组织组员进行组内分工，班委成员进行各组游走辅助。

（5）学生展示作品。

线装书制作完成后，各小组向全班展示本组作品，并选出代表向全班分享自己小组的制作流程和制作过程中遇到的困难及解决办法，感悟孔子的伟大思想和中国古代劳动人民的勤劳智慧。其他组学生开展劳动教育点评。

要求：整个制作过程要求班干部带头示范，共青团员、少先队员起先锋模范作用，劳动组长调动一切因素，团结合作，积极负责，确保人人参与，个个都能制作出一本《论语》线装书。

四、教学评价，激励提升

“教学评价，激励提升”是“三步五环劳动法”的第四环节，这一环节的内容有教育评价、教育激励，在课程设计时都要一一做出详细预案。

（一）教育评价

评价最重要的目的和意义就是促进学生发展，让每个学生更好地了解自己的学习状况，反思自己的优势与不足，明确努力的方向，不断地获得新的发展。

1. 评价的内容

学生评价的内容主要包括：思想觉悟、学习态度、合作精神、探究能力、劳动实践能力、人际交往能力、收集信息能力、创新创造能力、劳动操作能力、反思能力等方面。

2. 评价的方法

评价的方法主要有：自我评价法、同学互评法、教师评价法、家长评价法、劳动基地评价法等。

3. 评价结果呈现方式

不同的教师有着不同的评价结果呈现方式，但是无论哪种呈现方式，都要注意以下原则：

（1）评价结果不能简单地以等级和分数来呈现。

（2）评价结果的呈现需要更多地采用语言描述的方式，或者将分数、等级与语言描述相结合。

（3）评价结果要客观、全面地记录、描述学生在每个活动环节中各项发展指标的表现情况。

（4）劳动教育过程中要及时评价说明学生做得比较好的地方和做得不完善之处，以便于学生明确自己的不足和今后努力的方向。

（5）呈现方式要以鼓励和调动学生的积极性为前提，不能伤害和打击学生的创造性和自尊心。

（二）教育激励

劳动教学评价后，还要有相应的激励措施，以及劳动能力和思想品德的提升方法。激励提升的措施有榜样激励、表彰激励等。

1. 榜样激励

所谓榜样激励法，就是指导教师选择在实现劳动教育目标中做法先进、成绩突出的学生或班级集体，加以肯定和表扬，要求大家学习，从而激发全体学生积极性的方法。榜样的力量是无穷的，榜样是一面旗帜，使人学有方向、赶有目标，起到巨大的激励作用。指导教师在学生中选择榜样，应该是成绩突出、品德高尚、表现优秀的学生。

运用榜样激励法的步骤：首先，树立榜样；其次，对榜样的事迹宣传介绍；再次，给榜样以明显的使人羡慕的机会和荣誉，提高榜样的效果和价值，增强同学们学习榜样的动力。

2. 表彰激励

把优秀学生作为重点表彰对象，表彰的目的在于引导大家学习优秀学生的先进事迹和崇高精神，通过鼓励先进、鞭策后进，促进学生参加劳动的积极性和主动性，激励其发挥出应有的示范先进作用。

不仅要让大家知道谁受了表彰，而且应清楚为什么受表彰、受表彰的同学身上有什么可学可取之处。对那些立得住、叫得响的劳动教育先进典型，在学校新闻宣传的基础上，可考虑将其事迹编排成小品、快板、诗歌等群众喜闻乐见的文艺节目，结合表彰、总结、纪念等活动组织演出，多角度解读先进典型的故事，使先进学生的典型事迹和精神广为传播，不断凝聚劳动教育思想共识和劳动合力，能够让同学们从中受到感染、受到教育、受到启发，把优秀学生的领奖活动变成全体同学的精神大餐。

案例分享

劳动教育教学服务欢送辞编写要点

在大巴离开基地时，教师要致欢送辞，以加深与学生的感情。致欢送辞的语气应真挚，富有感染力。欢送辞的内容主要包括：

①感谢语：对学生及学校、基地、老师的合作表示感谢，有司机的，也要一一表示感谢。

②惜别语：表达友谊和惜别之情。

③征求意见语：诚恳地征询意见和建议。

④致歉语：若劳动教育活动中有不尽如人意之处，可借此机会表示真诚的歉意。

⑤祝愿语：表达美好的祝愿，期待再次相逢。

本案例由山东弘道研学教育服务有限公司李子尚编写。

五、教学总结，反思问题

“教学总结，反思问题”是“三步五环教学法”的第五环，这一环节的主要内容有教学总结和反思问题两个方面。

（一）教学总结

1. 教学总结的含义

教学总结也叫回顾总结。所谓回顾总结，就是在完成劳动教育教学任务的终了阶段，教师富有艺术性地对劳动教育课程所学知识和技能、所用方式和方法，以及探究、体验、制作、参观的过程和价值情感的提升进行归纳总结和转化升华的行为方式。通过回顾总结，使之与教学内容融为一体，使整个劳动教育教学过程完整无缺，最终让学生对知识、技能和价值观融会贯通。

2. 教学总结的要求

回顾总结一般放在教学过程最后，用 3~5 分钟的时间对本次劳动教育课做一个简短的，具有系统性、概括性、扩展性的总结。

3. 教学总结的方法

教学过程的回顾总结方法多种多样，实践中常用的有抢答式、卡片式、考察式、日记式、点睛式、悬念式、激励式、呼应式、游戏式、故事式等，其中实践中常用的有趣的方式有抢答式、卡片式、考察式、日记式。

（二）反思问题

反思问题就是劳动教育课后反思问题，简称课后反思。

1. 课后反思的含义

课后反思是指教师通过对劳动活动进行的理性观察与纠正，从而提高自身劳动能力的活动。它是促使教师的劳动参与更为主动、专业发展更为积极的一种手段和工具。课后反思是教师专业发展和自我成长的核心因素，是提高教师劳动能力和水平的基础，也是提高劳动有效性的有力保障。教师深入分析、探讨劳动后教学反思问题，对转变教师的劳动观念，促进教师劳动教育专业发展无疑是很有必要的。

2. 课后反思的形式

课后反思的撰写没有固定的格式和内容，每个教师可以按照自己喜欢的形式和感兴趣的内容进行撰写，自由展示自己的撰写风格和特点。主要包括点评式反思、提纲式反思、随笔式反思、专项式反思等。

3. 课后反思的内容

课后反思的内容主要有：对课堂目标的反思、对教学内容的反思、对学生情况的反思、对教学方法的反思、对劳动资源的反思、对劳动过程的反思、对方案执行的反思、对综合服务的反思。

特别说明的是，教师在写课后反思时，一方面，要及时总结劳动活动中的有益经验，尽量使其系统化、理论化，以便更好地指导以后的劳动工作；另一方面，针对劳动活动中存在的问题，应进行深入地分析，找到恰当的方法，以不断改进自身的劳动活动，形成自己独特的劳动教育风格。

案例分享

《拓片的制作》课后反思

——李老师劳动教育教学日记

通过这次拓片的制作实践活动，使我渐渐明确了教师在活动中应扮演的角色。与课堂教学不同的是，劳动教育的开发与实施要以学生的直接经验或体验为基础，将学生的需要、动机和兴趣置于核心地位，充分发挥学生的主动性和积极性。鼓励学生自主选择活动主题，积极开展活动，在活动中发展创新精神和实践能力。劳动教育活动是由师生双方在活动开展过程中逐步建构生成的课程，而非根据预定目标预先设计的课程。教师在活动中切忌大包大揽，应放手给学生让他们在开放的情境中发现自我，开发多方面潜能，形成积极的劳动态度。

教师要亲自参与劳动的全过程，在参与中指导。只有参与了，才能了解学生各方面的动态和他们的研究情况，才能起到良好的指导作用。但千万不要让学生感觉你高高在上，富有权威而不可否定。我们应当坐下来和他们一起研究内容，听他们的计划、他们的意见，再和他们探讨合理性。让学生感觉他们与教师具有同等的权利。

教师不要过多地干预学生的选择，要允许失败，让他们真正地在生活中磨炼。失败后要及时给予引导，引导学生反思失败的原因，找寻弥补的方法；在具体方法上不做过细的指导，让学生自己设计、创新。

总之，教师既不能“教”劳动教育课，也不能推卸指导的责任、放任学生，而应把自己的有效指导与鼓励学生自主选择、主动实践有机结合起来。

第二节　上课的基本要求

上课是提高劳动教育教学质量的关键。怎样才能上好劳动教育课程？要坚持以劳动教育教学理念为指导，遵循劳动教育教学规律，结合劳动教育行业特点，创造性地运用劳动教育教学方法，并注意以下几个基本问题。

一、把握育人导向，突出思想性

劳动教育教学要把握育人导向。坚持党的领导，围绕培养担当民族复兴大任的时代新人，着力提升学生综合素质，促进学生全面发展、健康成长。把准劳动教育价值取向，引导学生树立正确的劳动观，崇尚劳动、尊重劳动，增强对劳动人民的感情，以及培养报效国家、奉献社会的精神。

劳动教育具有鲜明的思想性。必须将马克思主义劳动观贯彻始终，强调劳动是一切财富、价值的源泉，劳动者是国家的主人，一切劳动和劳动者都应该得到鼓励和尊重；倡导通过诚实劳动创造美好生活、实现人生梦想，反对一切不劳而获、崇尚暴富、贪图享乐的错误思想。

譬如，指导教师在开展《我来加工龙井茶》劳动教育课堂教学时，在学生掌握了茶叶的加工技能后，教师又引导学生用亲手制作的茶叶为最亲的人泡一杯浓茶，以表达对最亲的人的敬意；引导学生不定期举行义务送茶活动，让在田间干活的农民、路边开车口渴的人们能及时喝一口芳香四溢的凉茶，在为劳动人民服务的实践中体会做人的意义。这个过程就突出了劳动教育正确的育人导向，突出了学生思想品德的提升。

二、始终围绕总体目标教学

劳动教育教学活动要准确把握社会主义建设者和接班人的劳动精神面貌、劳动价值取向和劳动技能水平的培养要求，全面提高学生劳动素养，使学生树立正确的劳动观念、增强必备的劳动能力、培育积极的劳动精神并养成良好的劳动习惯和品质。

三、突出实践性，确保学生动手参与

劳动教育具有显著的实践性，必须面向真实的生活世界和职业世界，引导学生以动手实践为主要方式，在认识世界的基础上，获得有积极意义的价值体验，学会建设世界，塑造自己，达到树德、增智、强体、育美的目的。无论哪种方式的课程，务必做到学生人人动手，个个参加，亲自体验、亲自动手，手脑并举；实现由被动地接受学习到主动自主学习转变，由机械的记忆性学习向探究的研究性学习转变；让学生成为劳动的主体，真正实现“在劳动中学习”“在学习中劳动”，将劳动教育的最大作用发挥出来，促进中小学生的全面发展。如果脱离了实践性和学生参与互动的环节，就不是真正意义上的劳动教育课程。确保每个学生都能成功，享受成功的喜悦，享受劳动教育带来的快乐，感受劳动的美丽和光荣。

山东邹城凰翥小学劳动课程确保学生动手参与

摄影：蒋建华

案例分享

《黄河口水稻插秧种植技术》教案（片段）

（二）劳动教育过程突出学生亲自参与的实践环节

突出学生亲自参与的实践环节，就是力求在水稻插秧种植过程中，每个环节都要精心设置一些促使学生亲自参与水稻插秧种植的劳动教育活动。

1. 技能培养方面

①小组合作让学生自主提出水稻插秧种植问题，自己解决问题。

②小组合作讨论提出问题，师生共同解决水稻插秧种植问题。

③学生讨论水稻插秧种植的流程，讨论水稻插秧种植的工具。

④师生分析水稻插秧种植的技术，展示种植方法。

⑤指导教师指导学生水稻插秧种植，学生互助合作种植水稻。

2. 习惯培养方面

①学会发言。能清楚表达自己的观点，接受他人的意见并改正、补充。

②学会倾听。乐于倾听别人的意见，努力掌握别人发言的要点，对别人的发言勇于做出评价。

③学会质疑。敢于提出不同的看法，表达个人观点，听不懂时请求对方再讲一次。

④学会组织。主持小组学习，能根据他人的观点，做总结性发言。

⑤学会担当。小组成员之间的职责要定期轮换，培养责任意识，学会换位思考，有利于小组合作。

⑥学会参与。机会均等，要求人人参与水稻插秧种植体验，对参与多、效果好的同学进行次数限制，以便他人也有种植的机会，实现全员参与水稻插秧种植。

⑦学会点评。设计多方位的激励评价机制，采用学生自评、小组互评、生生互评、师生互评等方式，发挥先进、典型学生的示范效应，引导全体学生全方位地参与水稻插秧种植劳动教育评价过程。

四、调动学生积极性和主动性

充分调动学生的劳动积极性和主动性，是实施劳动教育课程的内在动力，是确保劳动质量的核心环节。指导教师有饱满的劳动热情，学生就能够处于积极主动的状态之中。指导教师要千方百计地引导学生的思路，启发学生的思维，激活学生的智力活动，确保学生在整个劳动教育活动中都能表现出劳动热情和活力。

在整个劳动教育过程中，指导教师要注重尊重、爱护学生，民主平等地对待学生，无论学生的答问或状态表现得多么地令人不满意，也要耐心、宽容，也要适当地给予肯定和真诚的鼓励，以调动和保护其积极性。

在劳动过程中，要随时关注劳动的内容、探讨的方式与深度、运用的方法等是否能激发学生的求知欲、主动性，使劳动真正成为师生双向互动的活动；一发现问题就要立即改进，以推动劳动活动生机勃勃地向前发展。

指导教师要想方设法让全体同学都参与到既竞争又协作的劳动探索中来，让学生真切感到自己才是学习的积极参与者和主人，并为自己的积极参与及其多方面收获感到兴奋、幸福，富有成就感。

五、根据实际情况调整课程方案

劳动教育教学情况千变万化，有时原先制定的课程方案即使很完善，也难免与实际情况不符，为此，教师必须具有劳动教育教学的灵活应变能力；遇到问题，向有关领导请示汇报后，根据实际情况及时调整和修改提前编制好的课程预案，努力完成主要的劳动教育教学任务。

六、及时纠正并解决学生错误和困惑

纠正并解决劳动教育过程中学生的错误和困惑，是正确实施劳动教育课程的关键。在劳动教育过程中，学生的知识、技能和思想品德是在解决疑难、纠正差错的过程中一步一步前进的。学生的疑问、偏差与错误只有在教学中暴露出来，并切实加以解决，学生才能获得正确的新知识、新技能。

在劳动教育过程中，指导教师可以纠正并解决学生的错误和困惑：指导教师通过向学生提问，或让学生模拟讲解、操作、演练、示范、参观等方式，来暴露学生在理解和运用知识中存在的问题，并有意引发不同的看法和争论，然后加以解决。这样不仅使全体学生的知识技能和思想方法普遍得到提升，而且劳动氛围紧张热烈，学生的劳动热情高涨，活动结束后还会对劳动教育教学过程不断回味与留恋。

七、处理好跨学科之间的关系

劳动教育的跨学科性，要求教师要更新设计观念，加强跨学科知识研究学习，加深不同学科教师之间的合作，提升跨学科课程设计能力和教学能力，打造跨学科教师专业团队。积极吸收国内外成熟的跨学科课程设计成果，并进行新的创造、升级。整合不同学科的劳动教育教学内容，进行跨学科教学设计，将不同学科的教学内容有机渗透在劳动教育教学设计中，从而促进劳动教育顺利开展。

思考题

1. 上好劳动教育课应注意哪些问题？
2. 简述上课的基本要求。

参考答案

第八章
劳动教育课程资源

本章导读

本章介绍了劳动教育课程资源的类型，并以理论结合案例的形式，简述了学校、家庭、社会等各种劳动教育课程资源的开发原则和相关知识，通过精心选择的若干有实际应用背景的开发实例，指导学生掌握开发和有效利用劳动教育课程资源的方法。

晋江市中小学劳动技术教育基地　　供图：李金锥

学习要求

熟悉劳动教育课程资源的类型，掌握劳动教育课程资源开发和利用的原则，掌握劳动教育课程资源开发和利用的方法。

思维导图

- 劳动教育课程资源
  - 劳动教育课程资源的主要类型
    - 学校劳动教育课程资源
    - 家庭劳动教育课程资源
    - 社会劳动教育课程资源
  - 劳动教育课程资源开发和利用的原则
    - 劳动教育课程资源开发的原则
    - 劳动教育课程资源利用的原则
  - 劳动教育课程资源开发和利用的方法
    - 劳动教育课程资源的多维开发
    - 劳动教育课程资源的多元利用

第一节　劳动教育课程资源的主要类型

劳动教育资源有狭义和广义之分：广义的劳动教育资源是指所有有利于开展劳动教育，有助于新时代学生劳动素养培养的资源；狭义的劳动教育资源是指劳动教育的课程资源。劳动教育课程资源分类多种多样，本书主要根据劳动教育课程资源的来源不同，对学校劳动教育课程资源、家庭劳动教育课程资源和社会劳动教育课程资源加以阐述。

一、学校劳动教育课程资源

学校是劳动教育的主要场所，挖掘学校的劳动教育资源，是进行劳动教育的一项重要工作。学校劳动教育不是单独存在于学校的孤立的教学体系中，而是融合于德智体美之中。此外，相关课程的教材中也都蕴含着丰富的劳动教育情景和素材，挖掘、活用这些劳动素材，可以让学生全方位地感知劳动、尊重劳动、热爱劳动。因此，劳动教育应融合于学校的综合教学之中。

（一）劳动教育课程

劳动教育课程应以马克思主义劳动思想为指导，尤其是坚持以马克思主义劳动思想中国化的最新成果——习近平总书记关于劳动问题重要论述为指导思想，以普及劳动科学理论、基本知识作为教育内容，讲清劳动道理，让学生通过劳动教育课程的学习，丰富关于劳动的科学知识，深刻认识人类劳动实践的创造本质，深入理解劳动实践对于立德树人的重大意义，真正认识和领会习近平总书记反复强调的“劳动最光荣、劳动最崇高、劳动最伟大，劳动最美丽”的深刻道理及其重大意义，从而真正树立起尊重劳动、尊重知识、尊重人才、尊重创造的意识。

（二）常规学科资源

学校劳动教育课程资源除了专门的劳动教育课程以外，还有思想政治教育、学科专业教育以及职业生涯教育、实习实训等其他专业教学，这些专业教学也都蕴含着丰富的劳动教育资源。因此，劳动教育课程要与其他常规学科的劳动教育课程相融合，共同发力，形成全面的劳动教育资源。

（1）思想政治教育课程中的劳动教育课程资源。思想政治教育是学生行为习惯养成、成长成才教育的主渠道，它是促使学生树立劳动光荣的价值观，形成劳动意识、劳动精神、劳动价值的重要路径。例如，充分利用学校的入学教育，设置实际的劳动内容，通过学生的体验分享进行劳动教育和思想政治教育的双重教育。在思想教育课程中创新劳动教育的方式，如宣讲劳动者的故事，欣赏劳动文艺作品，邀请劳模进课堂等，做到“以理服人，以情感人，以行带人”，在思想政治教育课堂中渗透马克思主义价值观，使学生树立积极的劳动观念。

（2）学科专业教育中的劳动教育课程资源。高等院校的各类专业设置中，有不少具有劳动属性和劳动指向。例如，在自然科学领域中真实的科学研究，理科的物理实验、化学实验、数量统计等属于劳动，天文观测、地质勘探等也具有鲜明的劳动特点。工科中机械、电气、建筑、水利等研究应用技术和工艺；社会科学领域的社会调查，艺术领域的美术创作、音乐创作、设计，新闻采访和文稿写作，社会工作等，都是劳动教育与专业发展相结合的鲜活实践。例如，江苏省无锡市藕塘中心小学建立“少年农学院”，把科学探究和农事劳动通过农学院有机结合起来，农学院的农展馆、美食工坊、微农场、农具小木屋、无公害检测屋等用来供学生进行农业科学研究，红领巾小桃园、养鱼塘、方桌田、爱心林等是学生参与劳动体验的实践基地。“少年农学院”成为无锡市藕塘中心小学三大特色校本课程之一。

（3）实习实训中的劳动教育课程资源。实习实训是高等院校教育实践教学环节中的重要组成部分，包括专业实验、专业实训、专业实习等内容。实习实训是学习劳动知识技能的主要方式，帮助学生将理论专业知识和专业技能从“知道”转化为“运用”，促进学校教育与社会需求的“无缝衔接”，培养学生劳动价值观，帮助学生了解劳动价值，激励学生练就敬业和精益求精的劳动品质。例如，无锡市长安中学的“劳技课程质量提升工程”。学校根据学生年龄特点，在初一年级家政综合课中设置布制品设计与制作，在初二年级的技术初步课中设置木制品设计制作和园艺，在初三年级的技术初步课中设置电子电工等，让学生根据兴趣爱好选修。这些项目既是劳动教育，也为学生们将来踏入社会、参加工作奠定基础。

（三）社会实践活动

高等院校丰富多彩的社会实践活动是渗透劳动教育的载体。高等院校可以组织以弘扬劳模精神和工匠精神为主题的讲座、沙龙，开展以“劳动”为主题的演讲比赛、摄影比赛等活动，传播劳动精神、劳模精神和工匠精神；定期举办劳动技能比赛，让学生参与其中，感受劳动的快乐；还可以聘请全国劳模、大国工匠担任兼职教师，举办“劳模进校园”“大国工匠进校园”的活动，让学生学习劳模精神、工匠精神；利用寒暑假开展社会实践活动，开展社会调查活动，倡导学生走进企业，关注一线劳动者，倡导学生走进基层，提倡“做中学”和“学中做”，手脑并用，理论与实践结合，知行合一。

（四）志愿服务活动

大学生的志愿服务活动是开展劳动教育的“服务性劳动”的途径之一。学生参与校内教室、食堂、校园场所的卫生保洁、绿化美化和管理服务等，感受为他人服务的幸福。大学生“文化、科技、卫生”三下乡活动，让学生走进社会，走进基层，走进农村，结合自己所学专业技术，在农村开展各种先进科技文化知识和生活观念的宣讲活动，这样不仅让学生参与新农村建设，还让学生更了解国情，更重要的是鼓励大学生毕业参与“支农、支教、支医和扶贫”的三支一扶活动，强化学生的公共服务意识和主动作为的风险精神。

（五）创新创业实践

《大中小学劳动教育指导纲要（试行）》关于高等院校的劳动教育的内容和要求中提出，“重视生产劳动实践锻炼，积极参加实习实训、专业服务和创新创业劳动，重视新知识、新技术、新工艺、新方法的运用，提高在生产实践中发现问题和创造性解决问题的能力，在动手实践的过程中创造有价值的物化劳动成果”，这一表述既明确对大学生的劳动教育提出更高层次的要求——“创新创业劳动”“创造性解决问题”“创造有价值的物化劳动成果”，也指出高等院校的劳动教育要与创新创业教育相融合。在创新创业实践过程中，通过课内教学实践、课外活动实践、校外实习实践三种形式，引导大学生努力学习科学文化知识，培养学生创新精神、创业意识和创新创业能力，增强学生劳动意识，提升劳动能力。此外，还要教育学生坚定理想信念，培育劳动情怀，自觉将人生理想、家庭幸福融入国家富强、民族复兴的伟业之中。

二、家庭劳动教育课程资源

（一）显性劳动教育资源

家庭生活中蕴含着丰富的劳动教育课程资源，如衣食起居的方方面面，从穿衣戴帽、铺床叠被，再到洗衣做饭，家电维修甚至房屋维护、家庭理财等，都是可以开发的显性的劳动教育资源。家庭显性劳动教育资源可以分为自我服务型劳动教育资源和为他人服务型劳动教育资源。自我服务型劳动教育资源，主要是以服务自我为目的的劳动资源，如料理自己的生活和学习，学会整理床铺、整理书桌、洗衣做饭洗碗与做好学习规划等。为他人服务型劳动教育资源，主要是以服务家庭其他成员为目的的劳动资源，如打扫家庭卫生、洗衣晾衣、清洗家电、家庭装饰、修剪花草、迎送客人、为客人端茶摆座、照顾长辈和患病家人等。

（二）隐性劳动教育资源

在家庭的劳动教育资源中，除了显性的家务劳动资源外，还有隐性的劳动教育资源。例如，家长的言传身教、家族的奋斗史、祖辈的劳动创业故事、家庭成员的劳动故事和劳动价值观等，这些都是劳动教育的宝贵资源。通过劳动加强彼此的交流与沟通，增进家庭成员之间的情感，构建和谐家庭关系。

三、社会劳动教育课程资源

社会劳动教育资源主要可分为企业生产劳动教育资源和公益服务劳动教

育资源两大类。

（一）企业生产劳动教育资源

列宁指出：“如果学习、教育和训练只限于学校以内，而与沸腾的实际生活脱离，这样的教育方式我们是不会相信的。”① 劳动教育也不例外，对高等院校学生进行劳动教育，最有效的方式是将学生引向真实的劳动场域。企业就是真实劳动的集中场域。

实习实训岗位是企业独有的劳动教育资源，是其他社会组织或机构所不具有的。② 学生可以在企业提供的实习实训岗位上全面了解企业的生产组织方式、工艺流程、行业产业技术发展现状与趋势等，了解企业生产、管理过程，熟悉岗位职责、操作规范、管理制度等，体验实际生产实践过程中的新知识、新技术、新工艺、新方法，真正做到理论学习与生产实践相结合。

（二）公益服务劳动教育资源

公益服务劳动教育资源，是指可开发用于劳动教育的社会公益资源，如公益节日、公益劳动、公益场馆、公益广告等。图书馆、博物馆、科技馆、青少年文化宫、敬老院、孤儿院等可以给学生提供公益劳动岗位，街道社区的志愿宣传活动等都可以让学生通过公益劳动体验，深切感受到帮助他人的快乐，深切体会义务劳动的社会意义。

案例分享

因地制宜，探索劳动教育“江苏模式”

江苏省本科、高职院校积极因地制宜，探索劳动教育的“江苏模式”。

1.“劳动教育实践＋思政教育＋专业教育”有机融合

常州工学院将劳动教育实践与思政教育、专业教育有机融合，通过“万人进千企”活动构建劳动实践教学新体系，通过“百‘练’成钢”教育打造劳动教育新课堂，要求学生大学四年全程进实验室、企业、社区等从事智力

① 列宁．列宁全集：第 31 卷［M］．北京：人民出版社，1958：262.

② 曾天山，顾建军．劳动教育论［M］．北京：教育科学出版社，2020：257.

劳动和体力劳动，在劳动中促成长，在实践中育新人。通过嵌入式人才培养，在企业必须有一年的经历，才能拿到相关的课程学分。目前学校大概与300家企业建立了深度的联系，并建立了产业融合基地。

2. 开发劳动实践特色课程

中国矿业大学将劳动教育分为劳动实践特色课程、校园劳动与防护技能、专业劳动实践三种类型。其中，特色课程设置了一系列具有特色的劳动实践内容。特色劳动实践内容包括木工技艺、非遗手工艺与劳动创新、劳动与绿化、劳动与厨艺等。校园劳动与防护技能，通过日常生活劳动锻炼，使学生做到生活独立、劳动自立。

3. 实训课程融入劳动素养培养内容

南京工业职业技术大学从学生入校的第二学期开始，每学期会有2~3周的实训课程。在实训课程的设计中，要求专业教师必须融入学生劳动素养、职业素养的培养。比如，遵守劳动技能规范，实训场所环境的整理与维护等。在顶岗实习期间，采用校内指导教师与岗位指导教师的“双导师”制，结合岗位要求，进一步对接职业需要。

资料来源：江苏高校加强劳动教育课程建设积极探索劳动教育“江苏模式”［EB/OL］.https：//www.sohu.com/a/462694043_120207615.（有修改）

第二节　劳动教育课程资源开发和利用的原则

当前，包括德育、智育、体育、美育在内，几乎所有教育活动都已经形成新形态。学校教育再也不是只有黑板、讲台、课程加校园围墙的传统样貌，正日益走向开放和多元化。除了学校以外，家庭、社会等都已经纳入学校教育的视野。哪里有可开发的劳动教育资源，哪里就可以进行劳动教育。由此，劳动教育课程资源的有效开发成为利用好劳动教育资源、实现劳动育人目标的重要前提。

一、劳动教育课程资源开发的原则

（一）教育性原则

劳动教育是以学生劳动素养的培养为活动目标，本质上是一种教育实践，因此，劳动教育资源开发，教育性原则是其首要原则。

教育性原则是指劳动教育资源需具有培养学生社会主义劳动价值观的潜在育人价值。劳动教育归根到底是一种教育实践，而不是一种生产实践。劳动教育的评价不能只看学生劳动作品和劳动成果，而忽略学生经历的劳动过程，忽略学生在劳动过程中对劳动的价值和劳动意义的认识。这就需要教师在进行劳动资源开发时，注意劳动情感、态度与价值观的引领，注重学生内心的主动内化认同。

（二）实践性原则

实践性原则是指劳动教育资源的开发与利用过程中重视理论学习与实践相结合，重视学生的实践锻炼。劳动教育要与专业教育的实习实训相结合，要创造机会让学生走进实验室，动手实验；走进社会，进行社会调查活动；走进工厂企业，进行实习实训。劳动教育要与创新创业教育相结合，让学生在大学期间进行创业活动。劳动教育与志愿服务相结合，让学生参与公益志愿劳动。通过社会实践，让学生将所学的理论知识与实践相结合，在实践过程中体验劳动的艰辛、劳动的价值和意义。

（三）开放性原则

开放性原则是指劳动教育资源的来源不能局限于学校资源，还应该向社会和家庭开放。学校教育是劳动教育的主阵地，家庭教育和社会教育也是劳动教育的重要阵地。一方面，要积极发挥家庭教育资源在个体劳动素养培育中的基础性作用，家校合力共同培养学生良好的自我服务劳动和家务劳动习惯，家校合力共同培养学生的正确的劳动价值观。另一方面，要积极发挥社会劳动教育的支撑作用。多组织学生走进社区、走进工厂、走进农村、走进企业，感知中国大地，体察中国民情；积极推进校企合作，促进学校的人才培养能够满足企业的用人需求；积极与企业建立产学研用、互惠互利的合作共赢关系，发挥好校外劳动实践基地的作用；积极引进劳动模范、大国工匠、传统技艺师傅、非物质遗产传承人走进校园，担任学生的实践导师，为学生的劳动创造提供实践辅导。

（四）多样性原则

多样性原则是指资源开发利用的途径多样化。《大中小学劳动教育指导纲要（试行）》指出："将劳动教育纳入人才培养全过程，丰富、拓展劳动教育实施途径：独立开设劳动教育必修；在学科专业中有机渗透劳动教育；在课外校外活动中安排劳动实践；在校园文化建设中强化劳动文化。"这一表述明确提出劳动教育实施的四条主要途径，它们相辅相成，共同承担劳动教育的任务，共同促进劳动教育目标的达成。对于高等院校劳动教育而言，更需要强调的是劳动教育的有机融合。高等教育是直接面向职业的教育，是培养"准劳动者"的教育，每个专业的教育都带有劳动教育的性质。因此，高等院校推进劳动教育要与专业教育相结合，与实习实训相结合，与思想政治教育相结合，与创新创业教育相结合，与社会实践相结合，与志愿服务相结合，把劳动教育融入高等院校立德树人教育的方方面面。

二、劳动教育课程资源利用的原则

（一）目的性原则

教师在利用劳动教育课程资源开展教学时，应紧扣教学主题，结合教学重难点以及学生的实际情况，在全方位考虑授课内容、突出教学核心的前提下合理选用资源，不能单纯地为了吸引学生眼球而使用各种劳动资源。例如，教师在引导学生学习四年级人教版小学语文教材"我们与环境"主题时，即可引入"垃圾正确分类投放"这一劳动项目，带领学生到校外捡拾垃圾，并正确分类投放。

（二）整体性原则

劳动教育课程资源涉及学校、家庭、社会等，不同载体承载的培养目标各有侧重点和不同。因此，劳动教育资源利用必须综合考量多方的优势和不足，在此基础上，构建协同机制，只有目标、资源以及行动整体运作，才能使劳动教育资源的有效利用最大化。

第三节　劳动教育课程资源开发和利用的方法

一、劳动教育课程资源的多维开发

（一）聚合力量，创建多元开放的劳动教育环境

（1）强化教育主管部门的统筹协调智能，整合资源，促进社会场馆、实践基地和演艺文创等企事业单位、科研机构等向学生劳动教育开放，并通过法律法规规范各行各业及各单位的职责和义务。例如，北京市教委建设劳动教育实践基地，让全市学生走出学校进行一周的学农，并纳入学生综合素质评价。

（2）发挥学校主阵地作用，因地制宜打造特色劳动教育资源。例如，学校利用有限场地，打造学生种植活动的体验场，并以劳动教育为切入点丰富学校的校园文化。持续开展日常生活劳动，自我管理生活，提高学生劳动自立自强的意识和能力。

（3）发挥企事业资源优势，凸显劳动教育实践多元化。发挥企事业现有劳动教育实践资源优势，深化校企合作，丰富和拓展劳动教育的实践场所，如与博物馆、农业基地等合作。

（二）整体规划，开发融入劳动教育理念课程

劳动教育的基本理念包括弘扬劳动精神、强调身心参与、激发创新创造

等。利用好地理位置与独特资源，整体规划，顶层架构，将现代劳动教育的新理念潜移默化地融入学科课程。吃透劳动教育的最终目标，根据不同学段学生的年龄特点，将德智体美四育融入其中，让学生在劳动课程中与自然、社会相联结，进而激发主动性、创造性。劳动不仅仅是农耕农作，工业劳动、第三产业劳动等也是劳动；劳动教育也不只是体力付出，脑力劳动也是劳动教育。理解和认同劳动教育是人成长的必要途径，培养学生正确的劳动价值观和良好劳动品质。

挖掘课程育人、科研育人、实践育人等维度的劳动教育资源。积极挖掘学科教学中的劳动教育元素，建构劳动教育课程体系，带领学生主动参与社会调研、田野调查、实操实训、教育实习、采风创作等实践课程；加强专业教育中劳动技能训练，增强学生参与劳动的自觉性与主动性，实现专业教育与劳动教育的有机融合。

劳动实践作为跨学科的实践性课程，是落实劳动教育的重要载体，可整合社会服务、设计制作、职业体验等相关内容，开设劳动教育主题活动。学生主题活动主要有：考察探究（如野外考察、社会调查、研学实践等）、社会服务（如公益活动、志愿服务、勤工俭学等）、设计制作（如动漫制作、编程、陶艺创作等）、职业体验（如军训、学工、学农等）、科技创新体验与实践（如科技发明与制作活动、科技创新主题探究与试验、科技创新应用实践与学习体验等）、党团队教育活动、博物馆参观等。

（三）开辟劳动教育实践基地，丰富劳动教育资源

强化教育实习、专业实习基地规范化建设，充分发挥各院校自身专业优势和服务社会功能，通过建立相对稳定的实习和劳动实践基地，拓宽实践渠道、增加实习岗位，让学生学以致用，在劳动中积累实践经验，提升职业认知能力和就业能力。

（1）建立校内劳动教育实践基地。进一步完善学校建设标准，充分发挥自身专业优势和服务社会功能，积极开发和建设校内实验、实训场地，依照劳动教育的要求设置科技创新、创业孵化等劳动实践项目；将劳动教育场所搬到田间地头、工厂车间，到城镇、乡村创建劳动教育实验区，培养学生对产业新业态、劳动新形态的适应能力，丰富劳动教育资源。

（2）拓展校外劳动教育实践场所。梳理省、市、区各类社会实践资源，充分利用现有综合实践基地、青少年校外活动场所、职业院校和普通高等学校劳动实践场所，建立校外劳动教育实践场所。主动与各行业劳动基地和实训基地协同，实现资源共享。

（3）开发劳动教育基地特色课程。劳动教育基地课程开发是在对学校、基地、社区等课程资源进行合理的分析与科学评估的基础上，将课程开发活动置于基地所能凭借的课程资源上，从而突破单一狭隘的传统教学模式。进行劳动教育基地的课程资源开发与设计，既能够提高基地现有资源的使用效率，又能够充分挖掘和利用蕴藏在基地、社会和自然中的课程资源，以基地特色产品、产业、文化等为依托，多维度进行课程的开发和实施，把基地内外各种环境资源整合起来，发挥各院校学生的动手实践能力和解决问题的能力。

（四）构建学校联盟，实现劳动资源共享

建立一批城乡结对学生劳动体验试点学校，促进城镇和农村学校在劳动教育方面资源互补、优势互补。鼓励有着共同目标追求的学校，围绕劳动教育的共同战略目标建立学校联盟，开展全方位交流与合作，共享劳动教育资源，促进劳动教育协调发展。创新劳动教育模式，激发区域内劳动教育活力，打造劳动教育特色。

通过开展城乡结对、构建学校联盟，更好地促进城乡学校学生的交流与合作。让城镇的学生走向农村，亲身体验农村的田园生活，引导学生关心爱护他人，培养学生吃苦耐劳、团结协作的精神。

（五）构建学校、社会、企事业单位协同的师资团队

高等院校可以充分利用思想政治教育的教师团队、各学科专业教育教师团队，在思想政治教育课程、学科实践活动、实习实训中，潜移默化地渗透劳动教育，促进理论学习与生产实践紧密结合。充分发挥“双师型”教师的作用，在传授大学专业技能的同时，强化对具体劳动实践的指导，通过理论与实践相结合，增强学生对劳动的责任感、使命感和荣誉感，切身感悟劳动带来的崇高感和幸福感，为学生树立正确的劳动价值观奠定基础。

针对劳动教育师资队伍数量和专业性不足的问题，学校可将在劳动、科技、艺术等方面有一技之长的教师，按照专业背景、技术专长和项目需要，随时随地匹配到劳动教育课程项目之中。组建社会志愿者辅导团队，把社会能人、工匠、传统技艺师傅、非遗传承人、老教授、老专家、老艺人、老科技工作者等组织动员起来，为学生的劳动实践提供辅导。

（六）变革学习方式，提供劳动技术支持

新劳动教育不是原有单一的劳作，不是某个学校、社区开垦一块地让学生学习种植，而是结合学校所在地的自然、经济、文化等因素，充分挖掘行业企业、科研院校等可利用资源，采取多种方式开展劳动教育。比如，可以发挥当地企业内的一些劳动能手的作用，开设专门的工作室、培训场、建构所，开出劳动学习菜单，编制“学习实践评价单”，探索主体多元、项目多种、方法多样、综合互补、激励为主的“个性化劳动实践与评价”，开展“教学做合一”“学玩享共存”的真正劳动，从而让经济社会发展变化和人们生活实际紧密结合，积极探索校外教育推动劳动教育实践新模式。

在安排生产劳动和服务性劳动项目时，以使用传统工具、传统工艺的劳动为主，引导学生体会劳动人民的艰辛与智慧，传承中华优秀传统文化，兼顾使用新知识、新技术、新工艺、新方法的劳动。职业院校、普通高等学校要注重结合产业新业态、劳动新形态，选择现代农业、工业、服务业项目，提升创造性劳动能力。

二、劳动教育课程资源的多元利用

（一）利用课程劳动教育资源，普及劳动知识

利用劳动教育课的教学资源，通过启发引导普及劳动知识。具体来说，做到“三让”：一是做到让学生自己动手，培养学生的动手习惯。教师不急于讲解教学内容，而是多让学生动手操作，在尝试性的实践中进行初步创造，然后经过老师的点拨，进行更高级的创造。二是做到让学生自己提问题，培养学生发现问题的能力。教师从学生好奇、好问、好动、求知欲望旺盛等特

点出发，引导学生勤于思考，大胆质疑，逐步养成“敢问”“会问”“善问”的良好习惯。三是做到让学生自己找规律，帮助学生掌握基本方法。教师不能把现成的技能一教了之，而应调动学生积极参与，在反复的实践中理解和掌握综合素质课的一般规律，掌握实践操作的基本方法。

（二）利用校园劳动教育资源，培育劳动理念

劳动素养的形成离不开一定的环境。环境因素能够唤起学生的劳动意识，影响学生的世界观和人生观。

把热爱劳动、热爱科学的劳动理念体现在校园的硬件建设中。学校把劳动教育纳入校园建设范畴，建立专门的劳动教育基地，配置各种劳动工具；在操场围墙上描绘彩画，在教学楼廊道两侧悬挂名人名言；在校园内种植花草，设置广播站、宣传板、宣传栏，及时反馈校园活动信息，使学生受到潜移默化的教育。

把尊重劳动、尊重科学的劳动理念融汇到校园的软件建设中。围绕学生成长应注意的问题，确定每周工作主题，通过德育与劳动教育的有机结合，培养学生养成心态积极、充满自信，持之以恒、每日进取，文明礼貌、诚实守信，关心他人、善待他人，团结友善、和睦相处，勤俭节约、爱护公物的良好习惯，与学生素质教育相得益彰。

设置校园服务岗位。在充分利用高等院校自身现有劳动岗位的基础上，根据学生特点和需求，设置一定数量的服务性岗位或勤工俭学岗位，因地制宜开展日常生活劳动或服务性劳动。例如，开展“文明宿舍”“文明校园”创建和评比活动，组织学生打扫宿舍、教室卫生；组织学生开展爱国卫生运动，打扫校园内外或附近社区卫生。

依托实习实训，参与真实的生产劳动和服务性劳动，增强学生职业认同感和劳动自豪感，提升创意物化能力，培育不断探索、精益求精、追求卓越的工匠精神和爱岗敬业的劳动态度，坚信“三百六十行，行行出状元”，真正认识到劳动不分贵贱，任何职业都很光荣，都能出彩。

（三）利用家庭劳动教育资源，提高劳动能力

家庭教育是全部教育的基础，学生劳动观点的培养、劳动教育的传授、

劳动知识的丰富，如果没有家庭的配合，很难取得实效。利用家庭这一阵地，培育学生洗衣、洗碗、烹饪、购物、卫生清扫等技能，强化学生的劳动教育，使学生自觉地把劳动变成生活所需，变成享受生活的乐趣，变成快乐幸福的源泉。

（四）利用社会劳动教育资源，增强劳动信心

注重吸纳一切教育要素，向丰富的社会教育资源要本领、要技能，积极组织学生参加社会实践、社区公益活动和生产劳动实践，以此锻炼学生，全面增强他们投身社会的信心和能力。通过参加社会实践活动，学生视野得到扩展，对社会生活有了切实了解，生活技能得到了检验和提高，特别是面对生活的信心和勇气得到了明显增强。

充分利用劳动教育实践基地、综合实践基地和其他社会资源，结合研学实践、团队活动和社会实践活动，加强城乡学生交流，组织学生学工学农。

组织社会公益活动。组织或支持学生深入城乡社区、福利院、公共场所等参与志愿服务、公益劳动、社区治理等是高等院校开展劳动教育的重要途径和方式。高等院校要利用寒暑假或其他节假日组织和引导学生深入基层、深入社区、深入群众开展社会公益实践活动。这样，既有利于增长学生的社会阅历，又有利于培养学生的劳动精神和劳动品质，还有利于增进与劳动人民的真挚情感。

思考题

1. 校园文化是否属于劳动教育课程资源？请举例加以说明。
2. 劳动教育课程资源开发的教育性原则体现在哪些方面？
3. 简要回答劳动教育课程资源利用的方法。

参考答案

第九章
劳动教育课程评价

本章导读

劳动教育课程评价是劳动教育实施的重要环节。为了确保劳动教育的落地实施，切实保证劳动教育提质增效，构建科学合理的劳动教育课程评价体系至关重要。本章聚焦劳动教育课程的开展，以为什么评、评什么、怎么评为思路，阐述了开展劳动教育课程评价的作用，探索了劳动教育课程评价的内容以及要求和措施。

劳动教育基地：河南省许昌市乐佳生活美学农场　　供图：梁媛媛

学习要求

了解劳动教育课程评价的含义；了解开展劳动教育课程评价的作用；掌握劳动教育课程评价的内容，能结合实例说出对劳动教育教学目标、教学过程、学生学习状态与课程资源四个内容的评价实施；掌握劳动教育课程评价的要求，明晰评价的四项措施。

思维导图

- 劳动教育课程评价
  - 劳动教育课程评价的作用
    - 有利于促进学生劳动素养的提升
    - 有利于提高劳动教育教学的质量
    - 有利于激发劳动开展的持久动力
  - 劳动教育课程评价的内容
    - 对劳动教育教学目标的评价
    - 对劳动教育教学过程的评价
    - 对劳动教育学生学习状态的评价
    - 对劳动教育课程资源的评价
  - 劳动教育课程评价的要求和措施
    - 劳动教育课程评价的要求
    - 劳动教育课程评价的措施

第一节　劳动教育课程评价的作用

劳动教育课程评价是根据劳动教育价值观或教育目标，运用可行的科学手段，通过系统收集信息、分析解释，对教育现象进行价值判断，从而为不断优化劳动教育实践和教育决策提供依据的过程。劳动教育课程评价具有检测、诊断、导向等功能。劳动教育课程评价影响着新时代的劳动教育改革和劳动教育质量提升，具有重要的作用。

一、有利于促进学生劳动素养的提升

劳动教育是促进学生劳动素养提升的教育。劳动素养是劳动观念、劳动能力、劳动习惯和劳动精神的集合，是衡量劳动教育成效的重要指标。劳动素养通过劳动教育评价来诊断、导向和激励。心理学家维克多·弗鲁姆期望理论认为：人们之所以采取某种行为，是因为他觉得这种行为可以有把握地达到某种结果，并且这种结果对他有足够的价值。可以说，科学的评价正是让学生看到点点滴滴的劳动所产生的价值，并不断获得愉悦和动力，进一步促进劳动素养的提升。

案例分享

南京科技职业学院将劳动状况与劳动态度纳入人才培养考核体系，将劳动教育纳入课程体系，编写了劳动教育教材，并分配专门的学时学分。同时，学校制定劳动流程、劳动标准、劳动检查等多项制度，将劳动教育和10小时义务劳动纳入评先评优评价体系。系统化的劳动教育，使全校上下形成了崇尚劳动、尊重劳动的良好氛围。

二、有利于提高劳动教育教学的质量

劳动教育评价有利于促进劳动课教学质量的提升。首先，在劳动教育评价过程中，学生既是劳动教育评价的主体，也是提升劳动教育教学质量的关键。劳动教育评价可以诊断教学过程中学生存在的问题，从而提出具体解决方案，直接提升劳动教育教学质量。其次，劳动教育评价能够测评教师开展劳动教育教学的实际效果和诊断教师在教学中遇到的困难，通过引导教师调整开展劳动教育教学的方法、方式，从而提升劳动教育教学质量。最后，劳动教育评价按照一定的标准和程序进行，能够为非专业教师进行劳动教育评价指明方向，使一名非专业教师逐渐成为专业型教师，实现自身专业发展，从而间接提高劳动教育教学质量。

三、有利于激发劳动开展的持久动力

劳动是需要个体持续不断努力的实践过程，评价能对劳动过程中的知、情、意、行进行即时反馈，将劳动教育作为一种正面价值召唤，促进劳动成为学生的一种积极生活方式。基于劳动教育的特点，静态的、量化的、结果性的评价往往不能反映劳动过程的全貌，而且也无法起到完整有效的激励作用。《深化新时代教育评价改革总体方案》提出，要加强过程性评价，将参与劳动教育课程学习和实践情况纳入学生综合素质档案。过程性评价拓宽了劳动教育评价的领域，但它并非只注重过程而不注重结果，它是对劳动过程中的劳动动机、劳动实施和劳动产品三位一体的评价。过程性评价不仅有利于发挥激励功能，还有利于引导学生对劳动过程开展积极的反思，从而更好地把握劳动技能，增进劳动情感，激发劳动开展的持久动力。

案例分享

胡双钱，中国商飞上海飞机制造有限公司高级技师，数控机车间钳工组组长，被称为“航空手艺人”。胡双钱在36个春夏岁月里，他加工过数十万个飞机零件，从没有出现过一个次品。胡双钱说：“工匠精神是努力将99%提高到99.99%的极致！”

第二节 劳动教育课程评价的内容

劳动教育课程评价是对劳动教育活动进行价值判断的过程，旨在保障并引导劳动教育有质量地开展。劳动教育课程评价应着重关注劳动教育课程实施的教学目标、教学过程、学生学习状态及课程资源情况。

一、对劳动教育教学目标的评价

劳动教育教学目标既是劳动教育教学的出发点，也是归宿。或者说，它是劳动教育教学的灵魂，支配着劳动教育教学的全过程，并规定着劳动教育教与学的方向。

（一）劳动教育的总体目标

《大中小学劳动教育指导纲要（试行）》明确指出的总体目标是，准确把握社会主义建设者和接班人的劳动精神面貌、劳动价值取向和劳动技能水平的培养要求，全面提高学生的劳动素养，使学生树立正确的劳动观念，具备必备的劳动能力，培育积极的劳动精神，养成良好的劳动习惯和品质。

（二）对劳动教育教学目标评价的具体要求

1. 教学目标要体现劳动教育以提升学生劳动素养为核心的理念

劳动课程绝非单纯传授劳动知识和技能的课程，而是具有树德、增智、强体、育美、创新的综合育人价值。劳动教育教学目标的确定，要在深入理解劳动教育的国家顶层设计和全面部署，明确劳动教育的育人价值与育人功能，确立劳动教育目标的基础上，围绕提升学生劳动素养的核心，根据不同区域和不同学校的地域资源、文化传承、经验基础、队伍建设等条件，结合具体课程设置和学生情况，将劳动教育目标细化到每个教学中。

2. 教学目标的设置要以学生为主体

制定目标的目的是，使学生明确通过学习最终实现的结果，教学目标是学习的出发点，也是学习的归宿。因此，制定教学目标时，一定要从学生实际出发，考虑学生的生活经验、知识水平和认知能力。在教学目标阐述时，行为主体是学生而不是教师。若写成“教给学生……”或“培养学生……”，行为的主体就变成了教师，而教师的行为不是教学目标加以描述的对象。教师的行为应放在具体的教学流程中。

3. 教学目标要具备层次性

学生间存在发展的差异、学力的差异和知识技能的差异，因此，课堂教学目标的设计，应该而且必须体现层次性。在学生发展的平均水平区域内兼顾优秀学生和后进学生，不能搞“一刀切”。教学目标设计的依据在于，使所有的学生学有所获，学有提高。在注重知识技能目标的基础上，要注重考虑学生的情感发展，即学生在课堂中表现出的情绪、感情、态度以及关心、合作、交往等，即要重视学生的课堂感受，关注学生个体情感纵向发展比较，把它作为和认知同样重要的要素在教学目标中加以确立。

4. 教学目标表达要具有可测性

教学目标表达要具体、准确、科学，能明确度量学生学习行为的改变。让学生一看就明白学什么，怎样学，学到什么程度。教学目标的表述一般包含四个要素：行为主体、行为动词、行为条件和行为结果。例如，表中“能分析技术对象的图样特征，会用手工或计算机软件绘制简单的技术图样”，目标清晰、具体、可测，既是学习的目标，也是评价的依据。

二、对劳动教育教学过程的评价

教学过程是指师生在共同实现教学任务中的活动状态变换及其时间流程。由相互依存的教和学两方面构成。对教学过程的评价可重点关注以下方面。

（一）教学内容的切合性

苏联著名教育家苏霍姆林斯基认为，不是所有的劳动都有教育价值。我们寻找的是有教育价值的劳动，将其界定为劳动教育的内容。劳动教育课程教什么，怎样才能为学生提供最适合的劳动教育，是课程开发的核心问题。劳动教育课程内容开发要以学生的成长与发展为核心，应体现时代特征和学生身心发展特点，特别是科技、经济、社会、政治和文化迅猛发展及其带来的挑战。要结合产业新业态、劳动新形态，注重选择新型服务性劳动的内容。

（二）教学方法的创新性

劳动教育课程因本身的实践性、综合性等特征，需要更加丰富且有创新性的教学方法，克服传统教学方法重授业轻解惑和重知识轻能力的问题。学校应依据不同的课堂类型和不同的学生群体来选择合适的教学方法，这样学生会更加乐于参与课堂之中，具有持续学习的内在动力。另外，还应在基本教学方法的基础上再配置以创新性的教学方法，无论是课堂内还是课堂外的教学活动，这种创新性的教学方法都应以培养学生全面发展为目的。

案例分享

山东省济南市南上山街小学开设沙包设计主题课程，让学生在了解沙包运动、缝制沙包、学习和创新沙包游戏、组织沙包比赛等活动中，提高对民族传统体育的兴趣，感受文化传承、培养审美鉴赏素养的同时，发展学生的体育爱好，增强学生体质，让学生体会劳动伟大、劳动光荣、劳动美丽等劳动观念。

沙包设计主题课程的主要内容包括沙包的选材、设计、制作以及创意民族、民间传统体育游戏等内容。沙包设计主题课程的实施，充分发挥学生的聪明才智，调动学生自主学习、自觉参与劳动和创新创意的积极性。例如，在选材环节，在重视色彩鲜艳、材质耐用、搭配和谐等基础上，要发展学生厉行节俭的优良传统，让学生收集家里或亲戚家的碎布料、旧衣物等；在制作环节，教师要让学生先上网查阅多样化的沙包图片，然后采访家人或民间艺人，了解当地沙包特点及其制作方法等。

学生在教师的指导下完成一个独立的主题，全程由学生进行决策，注重通过活动调动学生的积极性，充分挖掘学生的潜能。学生不仅学习到劳动知识，也可以获得多方面的能力，且极大地促进创新能力的培养。

案例来源：李红婷．劳动教育目标定位及课例分析［J］．中小学课堂教学研究，2021（3）．

（三）师生的交互性

劳动教育需要学生的广泛参与和亲身实践探究，教学方式应重视发挥学生的主体作用，无论是常识型课程还是技能型课程都应注重教师与学生的交互性。教学中师生地位平等，师生关系融洽、合作、互敬，教师由原来的单向传授变为引导并参与学生有效地探究。在评价环节，更多地把评价的权利还给学生，提高学生自我分析、自我反思、自我调整的思维批判能力，再次经历、体验知识创造的过程，激活学生内在探究学习的推动力量。

案例分享

《别致的小鞋》一课，在导入环节，老师没有出示实物作品，而是出示一个从店里买的布鞋的鞋底，引导学生观察。学生很有兴趣，纷纷发言。当一位学生谈到他知道这个鞋底也叫千层底，是一层一层缝制上去的，还特别指出了鞋底上那一圈圈的线脚时，老师及时进行了评价，表扬他看到了关键的技术部位。学生的注意力一下就被引导到了技术层面。在示范环节，老师进行示范制作。教师故意从中心点开始盘纸绳，学生看着看着，看出问题来了。这样盘不正确，不美观，有学生就提出来了。老师又进行了评价，肯定学生会思考，而且想到了制作的技术问题，其他学生一下子也就明白过来了。在制作环节，学生虽然已明白制作的重难点，但在实际制作时，老师发现不少学生还是盘得不够紧密，就引导学生互相评价，对几样作品进行比较，发现技术点是“盘得紧密”，学生就修正了自己的做法，他们的技术意识也有了突破。在展示环节，老师拿出两个作品，拎住小鞋的扣带，发现有一双扣带的一头马上脱开了，老师就引导学生评价，大家共同发现了更好的粘贴扣带的方法，把作品的层次又进行了提升。

案例来源：杨建伟．综合略谈小学《劳动与技术》的教学评价［J］．教学月刊：小学版，2011（1–2）．

三、对劳动教育学生学习状态的评价

“以学评教”是课程改革课堂教学评价的指导思想之一，同样适用于劳动教育。这里的“学”，指向学生学习的三方面目标：一是“爱学”，即学习的能动性；二是“会学”，即学习的自主性；三是“善学”，即学习的创造性。目标是否达成，可通过观测学生的学习状态来获得。学生的学习状态包括在课堂中的参与状态、交往状态、思维状态、生成状态等。这里的“评教”，主要是通过课堂教学的参与状态、交往状态、思维状态、生成状态来评价教学效果。

（一）学生的参与状态

学生参与状态是学生在教师指导下全身心积极参与教学活动，实现主体建构与发展的过程。学生参与状态、参与程度直接影响着教学效果。劳动教育思技并重，强调学生的动手实践探索，更需要学生充分参与到课堂的教学活动中来。这就要求教师尽可能创设各种动手操作和探究的情境，优化教学手段，在教学中尽可能让学生的手、眼、脑、口、耳等多种感官共同参与学习活动，使学生的心理活动处于主动、活跃的状态，这样既有助于学生掌握知识，又能培养学生的动手能力和探索精神。

案例分享

结合“我们的节日”主题活动，让学生做香囊迎端午、包汤圆过元宵等，边劳动边体验民俗，感受中国劳动人民的智慧，传承传统文化。劳动教育实施途径的情境化激发了学生参与的热情和主观能动性。又如，为体现劳动教育的现代性、创新性、启发性，开设通用技术、信息技术等技能课程，指导学生制作花灯、蛋糕、水火箭，学习3D打印，教给学生摄像、录制、编辑等信息加工方法，以课程为载体，开展设计、制作、试验等一系列实践活动，学生的兴趣被充分激发，参与热情高涨，学生的创新意识和动手能力得到培养和提升。

（二）学生的交往状态

劳动教育学习中的交往和互动有助于激发灵感，产生新颖的观点、奇特的思路，从而增强思维的灵活性和广阔性。根据劳动教育的特点，劳动教育教学的开展可通过设计一个项目、完成一件制作。在单位时间内，学生独立完成一个项目会遇到时间和技术上的难度，由此合作学习显得尤为重要，需要发挥团队精神，集众人智慧于一体，才能共同完成目标。基于交往和合作的学习，在知识增长的同时也成就了人格的健全与发展。

案例分享

在“影像工艺”的教学中，学生进行杯子图案的设计，把有交往和管理能力的学生任命为组长，并根据小组成员的兴趣、爱好和特长，对小组成员进行明确分工。有的擅长收集资料，有的擅长画画，有的对色彩有较好的鉴别和欣赏能力，有的擅长电脑操作等。根据学生特点，进行学习任务的安排。这样既充分发挥学生的个体特长，又使他们有充分展示自我的机会和空间。让学生确确实实在合作中做出一份贡献，获得成就感。合作的过程是科学研究的体验过程，是学生之间能力、情感、心理不断调整、补充、统一的过程。合作不仅通过相互启发、激励发展了认知能力，更培养了合作能力和团队精神，并学会怎样以理解、尊重、赏识的方式与人合作和交往。

案例来源：龚林娣．发挥合作学习在劳技教育中的功能［J］．现代教学，2006（11）．

（三）学生的思维状态

劳动教育不是简单的技能教育，思维的形成及提升也是劳动教育的目标。“教育最重要的目标就是引导学生的思维，这也是教育最令人欢欣的目标。”问题是思维的导火索，学生的自主学习，也应是由问题开始。学生的思维火花被点燃了，就会积极主动投入到自主学习、积极思维中去。

案例分享

与高中生中探讨“劳动实现人生价值”这一内容，目标是引导学生通过对社会现象的辨析，强化对已有劳动的认知，建立新的认知，并在此基础上形成正确的劳动价值观。根据这一设计思路，第一环节中教师提出问题：即如何评价诸如“富二代”炫富、啃老、一夜爆红、中彩票等社会现象。学生的回答主要聚焦在：劳动和人生意义的关系、劳动和生命尊严的关系、劳动和社会财富增加之间的关系等。在学生辨析的基础上，教师引出武汉的快递大叔柯师傅的故事，引导学生进一步辨析案例：柯师傅是一位坐拥数套房产、数辆豪车的隐形富豪，却送了7年快递，而且工作特别努力，并获得了“五星快递员”的称号。事情被报道后，他对工友们说：“不因富有而不工作。”他对记者说：“工作没有高低贵贱之分，做一行爱一行，做一行就要尽最大能力把它做好。”这一环节设计依据的认知逻辑为：运用已有认知辨析社会现象；通过辨析社会现象强化已有认知，并在此过程中实现价值观层面的提升；再次通过构建更为复杂的情境将认知与价值观教育相结合，并进一步夯实价值认同。

案例来源：张尚达.思政课教学一体化设计的原则与路径——以高中“劳动创造美好生活”一课教学设计为例［J］.现代教学，2019（15）：20–22.

在课堂上，学生思维的敏捷性可通过看学生的语言是否流畅，是否有条理，是否善于用自己的语言解释说明；学生的批判性，可通过看学生是否善于质疑，提出来有价值问题，并展开激烈讨论；学生思维的独特性、创造性，可通过看学生的回答是否具有自己的思想或创意等。把握洞悉学生思维的量与质，在学生思维临界状态下适时点拨，相机诱导，是提高教学效率的重要途径。

（四）学生的生成状态

生成状态是学生在教学中一切学习成效和情感体验的总和。它是课堂考查设计中无法预料到的，因为它来自学生的突发奇想，灵感闪现的一瞬，思维火花迸溅的刹那，抑或是水到渠成、心领神会的结果。在劳动教育教学中，学生的参与状态、交往状态、思维状态等均有可能促进学生生成状态的形成。在课堂学习过程中，学生伴有满足感和成就感；在实践运用或学习小结时表现为掌握了某些知识技能，丰富了情感世界，陶冶了思想情操，提高了学习能力，增强了主体参与意识，感到收获匪浅，那便是学生在课堂学习中良好生成状态的体现。所以在看待生成状态时，我们可以看学生是否全力投入学习，并从中伴有成功、喜悦等体验，并对后续学习更有信心，也可以看学生是否能总结当堂学习所得，或提出深层次的问题。

四、对劳动教育课程资源的评价

劳动教育课程资源是劳动课程实施的基础。劳动教育课程资源包括学校课程资源、家庭课程资源和社会课程资源。对劳动教育课程资源开展评价，有助于立足校情区情，统筹规划和配置劳动教育实践资源，满足多样化劳动实践需求。

（一）学校课程资源的开发情况

学校是学生学习和生活最基本、最主要的场所。学校教育也是对人影响最深刻、最持久的教育。立足学校即是指劳动教育课程资源的开发要遵循以校为本的原则，充分挖掘和利用学校现有的课程资源，把主要精力和时间放在学校课程资源的开发和建设上。与社区课程资源和家庭课程资源相比，学校课程资源因其教育性和安全性，具有自身的优势。对学校课程资源开发情况的评价，主要关注以下几个方面：

1. 劳动教师的素养

教师本身既是重要的课程资源，也是课程资源的开发主体。劳动教育教师由专任教师和校外聘请的专业技术人员、行业能手、技术工人等兼职教师组成，他们是指导学生开展劳动教育的主体力量，是学生劳动教育的组织者、实施者、指导者和促进者。他们的专业水平直接影响劳动教育实施的质量、效果以及学生劳动素养的提升。劳动教育教师应该努力学习劳动和劳动教育的基本理论知识，掌握必备的劳动教学知识与技能，具备劳动课程资源的设计与开发能力，具有劳动教育实践与评价能力以及指导学生规划、设计和实施劳动活动的能力等。

2. 学生生活资源的开发情况

学生是教育的主体，学生的经验、兴趣、个性差异就是重要的课程资源。劳动教育课程资源的开发和利用就是要从学生的日常生活中、生活经验里挖掘广泛存在的各种课程资源，遵循学生的生活逻辑，而非学科逻辑。例如，连云港市宿城小学坐落于海上云台山脚下，学校开发了“山里人家”校本课程，根据季节变换定期进行“山里野菜果实采摘种植研究”。只有着眼于生活，学生才能有更多的机会自己去活动、体验乃至创造，才能享受探究的乐趣、活动的愉悦，才能获得并增强社会责任感。

3. 学校资源的开发使用情况

学校劳动教育课程资源开发的形式是多种多样的，新建、整合和改造是较为常见的途径。新建是指根据劳动教育课程需求，建设劳动教育场所和实践基地，增设相关设施和器材，开发影像资料、数字资源等课程资源包，补齐资源短板等。整合和改造，一是梳理校本课程、地方课程、综合实践活动课程等既有课程储备的资源，转化成能为劳动教育所用的形态；二是发挥学校原有的丰富的教育资源，与校园文化、场地设施等有机融合和发展。譬如，利用校史这一文化资源，让学生了解学校的发展历史，展示学校在全体师生努力下逐渐发展壮大的过程，是培育学生劳动价值观念，培养学生爱校、荣校情怀，增强学生的责任感和使命感的有效手段之一。又如，把校园内的场地、树木花草、建筑、橱窗以及教室的墙面、绿地等划分成包干区，让学生清理、布置与维护，使学生获得劳动技术的实践与体验等。此外，各种学具的收拾和整理、试验仪器设备的维护、课桌椅的修理、各种活动的布置等都是实施劳动教育的有益资源。

（二）家庭课程资源的开发情况

劳动教育的开放性决定了家长参与课程资源开发的必要性和重要性。家长身上所具有的生活价值观、吃苦耐劳的精神、艰苦朴素的传统等，对孩子起着潜移默化的影响，可以成为劳动教育课程资源的一部分。学生劳动习惯的养成、劳动态度和价值观的形成等，离不了家长的正确引导和及时督导，因此要积极开发家长身上或家庭中的劳动课程资源，使家长成为劳动教育课程资源的开发者和合作者，支持和帮助师生开发更好的课程资源，促进学生主动学习、快乐求知。

（三）社会课程资源的开发情况

学校所在地区的自然生态和文化生态方面的资源，包括田地、山川、河流、湖泊等自然资源，各具特色的自然村落、人文景观、革命光荣传统、独特的文化艺术、地方民俗风情文化资源，还有农业生产、农业科技、农业生活经验等人文资源，都是宝贵的劳动教育课程资源。校内外结合是改善学校自身劳动教育资源不足的有效渠道。充分利用现有的综合实践基地、青少年校外活动场所、福利院、医院、博物馆、科技馆、图书馆、职业院校和普通高校劳动实践场所等资源，扩容劳动教育课程资源。

提升劳动教育课程资源供给能力不只是教师个人的行为，也不只是学校自身的任务，而是需要学校教育、家庭教育、社会教育三方面共同努力的系统工程。只有形成共建、共治、共享的课程资源供给新机制，才能推动劳动教育走向深处、走到实处。

第三节　劳动教育课程评价的要求和措施

开展劳动教育课程评价，要明确劳动教育课程评价的要求，制定合理的评价标准和准确的评价指标，通过培训、教研活动、课题研究等提升劳动教育教师的评价能力，并研制精准化、智慧型评价系统，对劳动教育活动做出科学分析与评估。

一、劳动教育课程评价的要求

（一）树立新时期正确的劳动教育价值观

劳动教育是新时代党对教育的新要求，是中国特色社会主义教育制度的重要内容，是全面发展教育体系的重要组成部分，是大中小学必须开展的教育活动。新时期劳动教育价值观，应增强“劳动最光荣、劳动最崇高、劳动最伟大、劳动最美丽”的“四最”意识，把劳动当作幸福的创造载体与生活享受。明确劳动教育与其他各育并举的地位，以劳树德、以劳增智、以劳强体、以劳育美。劳动教育评价应促进劳动教育联通教育世界、生活世界和职业世界，健全劳动教育的经验性、先进性、前置性与教育全属性机制。新时期劳动教育评价，应引导学校把劳动教育作为一种价值召唤，强化激励性与基础性，让劳动成为一种积极的生存方式，突出主体性与责任性，形成劳动教育方面的制度建构，促进学校劳动教育实践体系的建立。

（二）坚持校内与校外相结合的多主体评价

评价主体主要是决定“谁来评价”，不同评价主体的视角差异，会直接影响评价结果是否真实、全面，影响到评价结果的客观性。而要想保证有相对客观准确的评价，应将相关的评价主体，包括学校、教师、学生、家长、单位、教育行政主管部门等都考虑在内。一是要坚持教育行政主管部门指导性评价。教育行政主管部门要统筹协调，居中指挥，发挥评价的指导作用，推动建立以学校为主体，相关行业企业、实践基地、群团组织、家庭等共同参与的多主体评价组织或提供体制机制、政策、经费等保障，对评价进行支持和引导。二是坚持学校的主体性评价。作为劳动教育的组织实施者，学校要制定出台评价管理的制度、文件、评价指标，规范实施劳动教育的评价。三是要引导相关行业企业、实践基地、群团组织、家庭等提供劳动实践平台或是接受劳动服务的单位积极参与评价，并引导学生与学生之间进行客观、真实、公正的评价。

（三）坚持定性与定量相结合的多类型评价

定性评价和定量评价都是进行劳动教育评价的主要方法，定性评价和定量评价各有特点，在劳动教育评价中承担着不同的任务。定量评价注重数据分析，定性评价注重事实认识和价值认识的结合。将定性评价作为基础，定量评价作为补充，二者结合起来进行劳动教育成效的评价，则能够使评价具有更高的参考价值。《关于全面加强新时代大中小学劳动教育的意见》中提到，学校要建立学生劳动评价制度，评价内容包括参加劳动次数、劳动态度、实际操作、劳动成果等方面，具体劳动情况和相关事实材料记入学生综合素质档案，并作为升学、评优的重要参考。也就是说，学校开展的劳动实践活动，可以采用“劳动记录”的方式，并通过这种方式让教师、家长和学生自身都能够清楚地看到学生不断进步的过程。这种记录有助于学生对自身劳动教育情况的把握，同时也有助于开展劳动评价。至于劳动记录的内容和具体操作方式，可以根据青少年不同阶段的发展特点，有所侧重。

（四）坚持连续性与阶段性相结合的多节点评价

学生劳动素养评价归根结底还是一种以学校劳动教育课程为载体的教育质量评价。坚持连续性与阶段性相结合，目的是通过不同节点、不同阶段的评价能够及时发现学校劳动教育开展过程中可能出现的问题或偏差，及时地予以纠正和应对。开展连续性评价，主要是对学校劳动教育课程开展、教学计划执行和课程标准制定等情况进行实时评价和不间断评价。例如，哪类劳动教育专兼职教师更能胜任教学任务，是劳动课专任教师，还是班主任和能工巧匠等兼职教师；何种劳动教育实践活动最能贴近学校劳动教育形态要求，从而获得学生的广泛欢迎并取得好的教学效果等。开展阶段性评价，主要是对学校劳动教育劳动素养的预设目标进行阶段性评价和总结性评价，重点围绕两个方面进行：一是能够紧密结合学校劳动素养教育的阶段性课程所要达到的目标任务的差异化要求，二是能够紧密围绕学校劳动素养评价指标要点的统一性要求来开展。

二、劳动教育课程评价的措施

（一）确立劳动教育评价指标

评价指标是根据一定的评价目标确定的、能反映评价对象某方面本质特征的具体评价条目，是教育评价的关键环节。确立劳动教育评价指标能够为科学衡量和诊断劳动教育落实情况、问题提供明确的考查点，为完善和改进劳动教育实践提供指导，为劳动教育评价与督导提供参考。

案例分享

2020 年 4 月，长沙市教育局发布“长沙市中小学校劳动教育评价指标”。该指标是中共中央、国务院《关于全面加强新时代大中小学劳动教育的意见》颁布以来，国内发布的首个劳动教育评价指标。该指标包括劳动教育课程设置、教学实施、保障机制、学生劳动素养等 4 项一级指标，必修课开设、研学活动专题、劳动周设立、学科融合等16项二级指标及相关评价要点。评价指标的建立得到了高度的重视。它将发挥“指挥棒”的作用，指导、规范学校劳动教育实践的健康发展。详见下表。

<table>
<tr><th>评价内容</th><th>一级指标</th><th>二级指标</th><th>评价要点</th></tr>
<tr><td rowspan="8">学校劳动教育</td><td rowspan="4">课程设置</td><td>必修课开设</td><td>•设立劳动教育必修课程，每周不少于1课时，优化综合实践活动课程结构。
•学校要对学生每天的课外、校外劳动时间做出规定。</td></tr>
<tr><td>研学活动专题</td><td>充分利用周边的劳动教育课程资源，利用相关劳动实践基地在研学中开展主题式劳动教育。</td></tr>
<tr><td>劳动周设立</td><td>科学设立学年劳动周，可在学年内或寒暑假自主安排，小学低中年级以校园劳动为主，小学高年级和中学可适当参与社会性、集中性劳动。</td></tr>
<tr><td>学科融合</td><td>•将劳动教育与德育、智育、美育、体育相融合，探索劳动教育新方法。
•结合实际加强劳动教育校本课程开发，注重发挥校园文化等隐性课程劳动教育功能。</td></tr>
<tr><td rowspan="4">教学实施</td><td>教学内容</td><td>•小学低年级：注重劳动意识启蒙教育，学会生活自理能力。
•小学中高年级：注重学生卫生、劳动习惯养成教育。
•初中：注重劳动知识教育、技能培养，增强学生家政学习意识，引导学生开展社区性服务、适当参加生产劳动。
•普通高中：注重丰富职业体验，引导学生开展服务性劳动、参加生产劳动，使学生熟练掌握一定劳动技能，理解劳动创造价值，具有劳动自立意识和主动服务他人、服务社会的情怀。</td></tr>
<tr><td>教学形式</td><td>•根据学生身体发育情况，科学设计课内外劳动项目，采取灵活多样的形式，集中与分散相结合。
•坚持学生值日制度，组织学生参加校园劳动，将校外劳动纳入学校的教育工作计划，积极开展校外劳动实践和社会志愿服务。
•密切家校合作，注重家务劳动教育，安排适量的劳动家庭作业。</td></tr>
<tr><td>教学资源</td><td>•完善学校建设标准，学校逐步建好、配齐劳动实践教室，以及综合实践基地、青少年校外活动场所等。
•合作建立校外实训基地，配置相应设备和所需耗材，满足劳动教育需要。</td></tr>
<tr><td>教学评价</td><td>•注重过程性评价和终结性评价相结合，将劳动素养纳入学生综合素质评价、教育质量综合评价体系，制定评价标准，建立激励机制和公示、审核制度。
•把劳动素养评价结果作为衡量学生全面发展情况的重要内容，作为评优评先的重要参考和毕业依据，作为高一级学校录取的重要参考或依据。</td></tr>
</table>

续表

评价内容	一级指标	二级指标	评价要点
学校劳动教育	保障机制	制度保障	•切实承担劳动教育主体责任，制定劳动教育方案，明确实施机构和人员。 •根据需要编写劳动实践指导手册，明确教学目标、活动设计、考核评价、安全保护等劳动教育要求。 •加强宣传引导，营造全社会关心和支持劳动教育的良好氛围。
		师资保障	•建立专兼职相结合的劳动教育师资队伍，配备必要的专任教师。 •加强劳动教育教师专业培训，组织经常性教研活动，促进劳动教育教师专业化。 •建立健全劳动教育教师工作考核体系，分类完善评价标准。
		经费投入	学校按照规定科学统筹安排公用经费等资金开展劳动教育，建立学校劳动教育器材、耗材补充机制，吸引社会力量提供劳动教育服务。
		安全保障	•加强劳动安全教育，强化劳动风险意识，建立健全安全教育与管理并重的劳动安全保障体系。 •制定操作规范，强化岗位管理，制定风险防控预案，完善应急与事故处理机制。
	学生劳动素养	劳动观念	•具有正确的劳动价值观，尊重劳动、热爱劳动的品德和吃苦耐劳精神，树立依靠辛勤劳动创造美好未来的观念。 •尊重普通劳动者，珍惜劳动成果。
		劳动知识与技能	正确掌握日常生活劳动、生产劳动和服务性劳动相关知识及技能，在实际劳动中提高动手能力和发现问题、解决问题的能力。
		劳动习惯	具有自觉、主动劳动的习惯，小学生能日常生活自理，主动分担家务；中学生养成热爱劳动，主动服务他人、服务社会的习惯。
		劳动实践	•参加校内劳动。参与校园卫生保洁和绿化美化活动；参与劳动有关的兴趣小组、社团、俱乐部活动，进行手工制作、电器维修、班务整理、室内装饰、勤工俭学等实践活动；参与以劳动教育为主题的班团队会、手工劳技展演。 •参加校外劳动。参与一定时间的农业生产、工业体验、商业和服务业实习等劳动实践；结合研学旅行、团日队日活动和社会实践活动，参与学工学农活动、公益劳动、志愿服务劳动及适当的农业生产劳动。 •参加家务劳动。参与孝亲、敬老、爱幼等方面的劳动，参与洗碗、洗衣、扫地、整理等力所能及的家务。

案例来源：邹良，刘先发，唐文君．长沙市普通中小学校劳动教育状况评价指标．

（二）提升劳动教育教师的评价能力

劳动教育师资队伍由专职劳动教育课教师和外聘的专业技术人员、行业能手、技术工人等兼职教师组成。教师是评价的重要主体。劳动教育教师需要具备科学、多元的评价能力，能够根据劳动主题和内容的特点设计合理的评价方式，对学生参与劳动教育情况进行全程、全员和全方位的评价，并能根据评价情况随时调整劳动教育的内容和实施方式。

1. 完善劳动教育教师培训体系，开展理论与实践相结合的培训活动

要建立省、市、县（区）、校多级劳动教育教师培训体系，并注重各级培训之间的协调，保证培训内容联通和逐级细化。要采取形式多样的培训方式，开展对劳动课专兼职教师的全员培训。不仅要配齐专职教师，而且要建设一支具有劳动教育素养、能胜任劳动教育教学的教师队伍，并保持这支队伍的稳定和发展。要将劳动教育教师培训纳入教师培训计划，分期分批对区域内劳动教育教师进行轮训，切实提高专兼职劳动教育教师的基本理论、专业知识和操作技能水平。在此基础上，根据劳动教育教师的实际需求，从劳动教育的特点出发，开发相应的针对性培训课程。提升教师的课程育人意识和能力，保障课程实施的质量和水平。

2. 构建日常教研制度，实施多层次的教研活动

教研活动是提升教师能力的有效途径。教育主管部门要建立健全各级教研组织，并积极探索提升劳动教育教师实践育人意识和能力的有效模式和路径；要经常性组织开展区域劳动教育教研活动，通过协同合作、区域协作、校级联动等方式，多维度、多层次地提升劳动教育教师的综合素养。各学校要按照要求建立和健全校本教研制度，设置专门的劳动课教研组或教研室等。相较于省、市、区（县）教研，校本教研更具有针对性，它是提升劳动教育教师队伍专业化水平、提高课程效果的重要保障。各学校可以通过专业引领、同伴互助、合作研究等，开展以校为本的劳动教育教研活动，抓住教师实践中的重点和难点问题，及时研究、解决问题，通过教研活动不断完善教师的学生指导与评价等多方面的能力。

3. 鼓励开展课题研究，进行有针对性的实践探究活动

劳动教育教师评价能力的提升，需要以他们对劳动教育价值认同和劳动

教育理论内化为基础，否则外在的措施终将无法内化为教师的行动热情和实践能力。提升劳动教育教师内在动力和能力的关键在于，让他们认识到开展劳动教育在自我提升和学生发展方面的价值，而形成这种认识的根本途径就是让他们树立劳动教育研究意识，认同“教师即研究者”的观念。因此，教育主管部门和学校应引导和鼓励劳动教育教师着眼于本校或本班实际，通过行动研究、叙事研究、案例研究和实验研究等，对劳动教育实践中的评价问题进行深入地探究，不断创新与完善劳动评价的内容和方式，为更科学、有效地落实劳动教育，提升学生劳动观念、态度、知识和能力等提供切实的帮助，由此实现教师个人综合素养的提升。

（三）研制精准化、智慧型评价系统

学生参与劳动内容从校内到校外，劳动的时间、空间不在单一集中的区域内，呈现简单到复杂、短期到长期的特点，致使劳动技能、思想观念呈现阶梯式、抛物线式变化，评价操作工作量大、内容较多。采取信息化手段，收集劳动实践现场采集的过程性信息和成果材料，特别是学生劳动观念、品质的变化情况，可清晰呈现学生劳动素养学段表现链条。将学生参与劳动实践的过程表现、劳动成果和劳动观念的变化转为可分析的数据，通过大数据分析，发现劳动指导、劳动内容安排和学生参与劳动实践的问题，促进劳动教育课程指导和参与方式优化，促进劳动教育课程开发、实施和参与形式的改进。构建精准化、智慧型评价系统，师生及时将劳动过程性材料和成果数据传入评价平台，既让劳动实践活动组织者可督查学生参与劳动过程的真实性，又可发挥系统综合诊断与反馈功能，为学段劳动素养评价提供基本依据。

案例分享

浙江富春七小，为加强对学生劳动教育的过程性管理和科学性评价，利用大数据分析，动态记录和反馈学生劳动习惯的养成、能力的提升，在劳动实践中逐步树立正确的劳动价值观，形成积极的劳动精神，建设了学校线上评价平台（平台框架的设计如下图）。

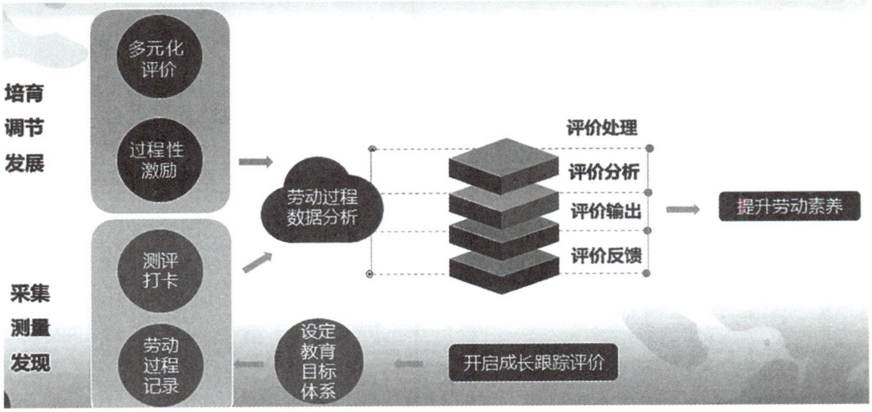

以暑期开展新劳动教育线上评价平台劳动打卡月为例。各班学生根据老师发布的家务劳动内容，每天积极参加家务劳动，及时在平台打卡。

◀　五年级 6 班　▶	班级数据　　• • •　◎ ◀　四年级 5 班　▶
习惯养成参与数据 **登录率：为 7 天内学生登录总数/学生总数** **参与率：为参与人数/班级学生总数，通过该项数据了解学生哪些活动的参与度较高。** **其他家务劳动　100%** **五年级第 9 条　学习将冰箱中的物品分类摆放。　100%** **五年级第 5 条　学习擦玻璃。　100%** **五年级第 1 条　家中进行垃圾分类。　100%** **五年级第 4 条　学会整理换季衣服。　100%**	**习惯养成参与数据** **登录率：为 7 天内学生登录总数/学生总数** **参与率：为参与人数/班级学生总数，通过该项数据了解学生哪些活动的参与度较高。** **四年级第 5 条　坚持每周帮家人洗一次碗。　100%** **四年级第 5 条　坚持垃圾分类，并用行动影响家人。　100%** **四年级第 15 条　能自己洗头发。　100%** **四年级第 4 条　整理自己的衣橱衣物。　100%** **四年级第 13 条　学会烧一个蔬菜。　100%**

学生将一周的家务劳动内容进行过程性记录，用文字、图片或者视频等多种形式记录自己的劳动成长。老师对学生的家务劳动打卡发布内容进行过程性管理和及时性评价，肯定、鼓励学生的劳动积极性、劳动能力和劳动的习惯养成。

大数据实时形成学生的劳动素养动态变化图。

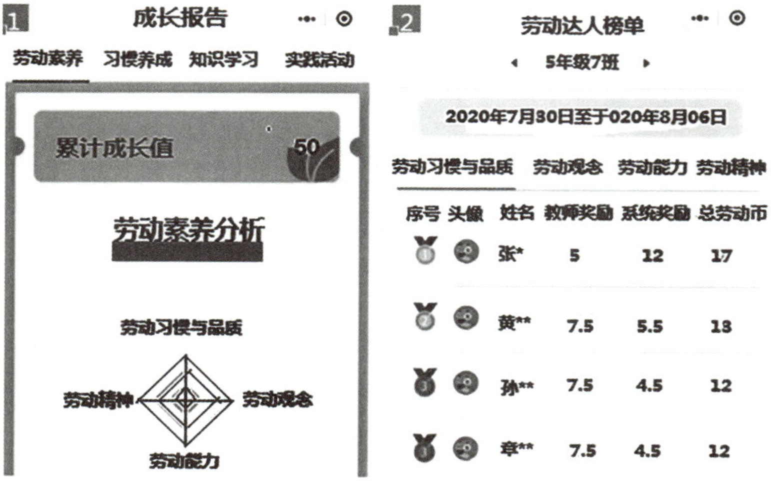

案例来源：富春七小学校微信号网络资源。

总之，劳动教育评价是一个复杂的系统，涉及学生、教师、学校等不同评价主体，课程、教学、德育、创新与实践活动、学科建设、队伍建设等不同评价元素，涉及义务教育学校、普通高中、中等职业院校以及高等院校等各级各类学校，不同学段、不同类型教育的评价主体与评价元素又各有其特点；在具体的评价过程中，落实“改进结果评价，强化过程评价，探索增值评价，健全综合评价”的“四个评价”总要求，需要进一步根据不同主体、不同学段、不同类型的教育特点加以具体化。

思考题

1. 谈谈你对“工匠精神”的理解。

2. 阅读以下小学四年级“制作堆肥”的劳动课教学目标，请试着评价此教学目标。

教学目标：

培养科学精神，提高学生的劳动技能和运用跨学科知识解决问题的能力。

（1）工程、技术维度。学生了解堆肥箱、桶的结构和使用方法。

（2）科学维度。小组合理分工，合理设计堆肥整体高度，每次堆肥高度，并首次记录各项观测数据。

（3）数学维度。填写各项材料配比表，并观测和记录各项试验数据。

（4）培养动手能力、合作意识、创新精神。

3. 说说评价指标的确立对开展劳动教育评价的意义。

参考答案

劳动教育课程设计案例展示

本章导读

本书案例展示部分重点介绍日常生活劳动、生产劳动和服务性劳动三种类型的劳动教育课程实操方案，或以主题课程方案，或以专题课程方案呈现。

劳动教育基地：浙江省杭州市萧山区青少年素质教育实践中心

摄影：徐淼龙

第一部分　日常生活劳动教育课程

2020 年 7 月 9 日，教育部颁布的《大中小学劳动教育指导纲要（试行）》指出，劳动教育的主要内容包括日常生活劳动、生产劳动和服务性劳动中的知识、技能与价值观。日常生活劳动教育立足个人生活事务处理，结合开展新时代校园爱国卫生运动，注重生活能力和良好卫生习惯培养，树立自立自强意识。

案例 1

我做营养银耳汤谢母恩

【课题名称】我做营养银耳汤谢母恩

【设 计 人】高霞　　【学校班级】××× 市第一实验小学

【教学课时】1 课时　　【劳动地点】劳技教室

【教学目标】

（1）树立正确的劳动观念。通过亲自做营养暖心汤，提高学生的自理能力，体验父母的辛苦，锻炼学生的动手能力。通过劳动对学生进行思想品德教育，让学生牢固树立劳动最光荣、劳动最崇高、劳动最伟大、劳动最美丽的思想观念。

（2）具有必备的劳动能力。掌握基本的家务劳动和厨房工具使用技能与做汤的劳动技能，争做家务小能手。

（3）培育积极的劳动精神。在学习厨艺的基本技艺过程中，学习劳动技能，提高动手实践能力，认识到劳动光荣，懒惰可耻！

（4）养成良好的劳动习惯和品质。通过做碗营养暖心汤，体验劳动的欢乐，从小培养爱劳动的习惯，激发学生对劳动的兴趣，养成在生活中经常做饭、做家务劳动的良好习惯。

【教学内容】

在学习厨艺的基本劳动过程中，了解厨房里工具的用法，以及利用厨具去做一份营养暖心汤。

【教学重点】

（1）在学习厨房技艺的过程中，了解厨房里工具的用法。

（2）在劳动实践中，创造美好生活，提高自理能力，培养生活情趣，学做快乐小厨师。

【教学难点】

在劳动实践中，创造美好生活，提高自理能力，培养生活情趣，学做快乐小厨师。

【教学方式】

职业体验式、探究式、训练与实践式。

【教学方法】

讲授法、讨论法、实验法、总结归纳法。

【劳动工具】

煤气炉、汤锅、银耳、冰糖、枸杞、水等。

【教学过程】

劳动教育前

课前准备，设置问题

教师在班里做小调查：会做简单的家常菜吗？你喝过哪些汤？

全班同学分成两个劳动小组，各小组成员通过翻阅资料、问家长、查电脑等方法了解做汤的步骤。准备银耳汤的材料，在课堂上给同学们分享。

（1）你对银耳汤了解多少？

（2）做汤的过程中需要注意什么？

要积极地和同学、老师探讨交流，增强我们沟通协作的能力。在准备妥当时制定出详细的计划清单，尝试自己动手制作简易的物品。

劳动教育中

课堂导入，提出问题

“百善孝为先。”孝是一个暖暖的拥抱，孝是为父母捏肩捶背，孝是夏扇枕席、冬暖被褥的体贴，孝是稍纵即逝的眷恋……让我们为父母做碗营养银耳汤吧！让父母在平淡生活中，品味亲情的温暖，感受家庭的幸福！

开展新课，解决问题

（1）小组内讨论课前问题，每个小组推选一名同学进行分享。

①大家说说自己喝过的汤。冬瓜丸子汤、莲藕排骨汤、豆腐暖心汤、银耳汤……

②各小组检查做银耳汤所需要的工具和材料。

③教师组织整个分享并适时鼓励带着疑问去寻找答案，学会通过使用互联网查阅物品的知识，去图书室寻找物品的信息，锻炼我们考察探究的能力。引导学生学会与他人合作，体会劳动创造美好，养成从小爱劳动的习惯。

（2）指导教师讲解、示范银耳汤的做法。

步骤一：银耳提前一小时泡好。

步骤二：清洗干净，掰成小块。

步骤三：汤锅中加入没过银耳的两倍水，开火烧开。

步骤四：开锅后改小火，慢炖一个半小时，银耳软糯即可。

步骤五：银耳炖好后加入适量冰糖。

步骤六：撒上少许枸杞，再小火炖五分钟即可，关火。

步骤七：将美容养颜的银耳汤盛在小碗里。

（3）小组分工动手操作。

①学生动手操作，教师进行有针对性的辅导。

②小组内同学间互教互学，教师巡视指导，及时发现问题。教师要提醒学生注意安全：厨具使用要安全，小心用火安全。

③把做好的银耳汤献给我们最爱戴的老师。请老师坐下，学生端碗捧汤敬献恩师。

劳动教育后

教学评价，激励提升

（1）学生根据老师提供的评价表对自己在活动中的表现和收获进行自我评价，给自己划定等级。

评价内容	自　评	互　评
我的汤最好看		
我的汤最香甜		
我的汤最营养		
我学会了做汤		
我喜欢劳动		
我感到劳动最美		

（2）写劳动日记。

在这次劳动实践中，你遇到了哪些问题？有什么发现？总结了什么经验？把你的劳动体验记录下来吧。

老师对同学们的认真准备和课上积极主动配合给予好评，对同学们普遍存在的生活劳动不够的情况予以提醒，然后请同学们讨论后对劳动教育教师做出评价。评价结果显示，同学们希望老师以更加轻松的方式来主持劳动教育课程。激励同学们养成热爱劳动的好习惯。

（3）榜样激励。

指导学生从本次活动中榜样的具体事迹中领悟他们的高尚精神和优良品质，明确要求学生在生活、学习中努力向榜样看齐。

教学总结，反思问题

通过这次厨艺实践劳动，学生劳动的积极性、主动性得到了较好的调动，对家务劳动有了新的认识，提高了思想觉悟。学生在做家务的劳动中，体验了父母的辛苦，锻炼了自己的动手能力。在学生掌握了做饭的技能后，可引导学生在家亲手做的一碗汤端给父母，以表达对父母的敬意。

教师不要过多地干预学生的选择，要允许学生失败，让他们真正地在家务劳动中磨炼，要引导学生反思失败的原因，找寻弥补的方法，在具体方法上不做过细的指导，让学生自己体验。

本案例由山东曲阜远东职业学院高霞老师设计。

案例评析

劳动教育教学过程就是指劳动教育的上课。上课是整个劳动教育工作的中心环节，也是提高劳动教育质量的关键。一堂好的劳动教育课的教学过程，按照教学时间的顺序可分为：劳动教育前、劳动教育中和劳动教育后三个基本步骤。按照每一步骤的教学任务，这三个教学过程可划分为五个基本环节，即课前准备，设置问题；课堂导入，提出问题；开展新课，解决问题；教学总结，反思问题；教学评价，激励提升。在实践中，我们把这“三个步骤五个环节”的劳动教育教学过程称为“三步五环教学法”。本案例作者按照“三步五环教学法”模式，非常巧妙地把教育部《大中小学劳动教育指导纲要（试行）》中提到的劳动教育教学过程几个主要环节，融入制作银耳汤的教学之中，堪称是理论和实践巧妙融合的典范。

教案中“把做好的银耳汤献给我们最爱戴的老师。请老师坐下，学生端碗捧汤敬献恩师。”这一环节，感人至深，编写出了师者的荣耀和职业的荣光，符合立德树人劳动教育目标。通过阅读这个案例，师生都感受到了劳动的崇高、劳动的伟大和美丽。

点评人：李岑虎。

案例 2

蒸花糕蒸出“幸福年”

【课题名称】蒸花糕蒸出“幸福年”

【设 计 人】邹城市中心店镇后南宫小学李芳

【指导教师】李芳　皮静

【学校代表】聂井银

【学校班级】六年级二班

【教学课时】1 课时

【劳动地点】综合实践活动教室

【教学目标】

1. 劳动观念

过年蒸花糕是我国的传统年俗之一，每年春节，家家户户都会蒸花糕。精美的花糕寄寓着劳动人民深厚而美好的情感，寓意着“日子红红火火、甜甜蜜蜜，生活一年更比一年好”。

通过学习蒸花糕，牢固树立劳动最光荣、劳动最崇高、劳动最伟大、劳动最美丽的思想观念。

2. 劳动能力

了解花糕的制作过程，学会制作花糕的基本技法（和面、揉、捏、搓、卷、压等技法），掌握花糕的制作方法和步骤，能用已掌握的知识技能做出一个漂亮的花糕，具备制作一个完整的花糕所需要的设计、操作能力及团队合作能力。

通过体验、欣赏，引导学生了解花糕的由来和美好寓意，感受生活的美好和劳动的快乐，增强获得感、成就感、荣誉感。

3. 劳动精神

一个个造型精美的花糕，“蒸”出了人们满满的幸福感，也为节日增添了浓浓的喜庆氛围。让学生在学习和制作花糕的过程中，领悟劳动的意义价值，形成勤俭、奋斗、创新、奉献的劳动精神。

在制作花糕的过程中，引导学生感受劳动人民的坚韧和顽强以及对美好生活的向往，激励学生通过自己的双手，不断去创造更美好的生活。

4. 劳动习惯和品质

学会运用制作花糕的基本技法，能够认真仔细、耐心细心地坚持完成花糕的制作，珍惜劳动成果，形成诚实守信、吃苦耐劳的品质。

提高学生的造型能力和审美感知能力，进一步提高对形式美的认识和感知以及创造美的能力的培养。

【教学内容】枣花糕的蒸制

【教学重点】

掌握制作花糕的基本技法。

【教学难点】

正确掌握并熟练使用花糕制作的基本技法，制作完成一个完整的花糕，能够尝试新方法、探索新技术，打破僵化思维方式，推陈出新。

【教学方式】设计制作式

【教学方法】讲解法、小组合作法、成果展示法、数字化教学法、合作探究法

【劳动工具】

面粉 500 克、酵母粉 5 克、温水 300 克、红枣 500 克、揉面垫 1 个、切面刀 1 把、擀面轴 1 个、筷子 1 双、餐叉 1 个。

【教学过程】

第一步：劳动教育前

课前准备，设置问题

1. 学生准备：分组，每 6 人一组，以组为单位准备好所需的工具和食材。

2. 老师准备：课件、示范视频、枣花糕成品等。

3. 问题准备：每逢过年家家户户都会吃蒸花糕，这么漂亮的蒸花糕你知道是怎样做出来的吗？

第二步：劳动教育中

课堂导入，提出问题

（1）同学们，你都知道哪些年俗文化呢？（学生回答，引出年俗文化——蒸花糕。）

（2）蒸花糕是我国的一项传统年俗，寓意日子红红火火、甜甜蜜蜜，生活一年更比一年好。每年春节，家家户户都会蒸花糕，精美的花糕寄寓着劳动人民深厚而美好的情感。

（3）今天这节课我们就来学习怎样做蒸花糕。（指导教师板书课题。）

（4）课件播放各种造型的花糕图片。（请同学们仔细观察花糕的基本形态和不同的造型特点。）

请两位同学来说一说花糕的基本形态特征。

（5）同学们了解了花糕的基本造型，请同学们思考一下如此精美的花糕，它是怎样制作出来的呢？

开展新课，解决问题

1. 和面

（1）首先把 5 克酵母粉加入 300 毫升左右的温水中搅拌均匀。

（2）把拌好酵母粉的温水倒入面粉中，边加水边搅拌，搅拌成面絮。

视频 1：和面

溶解酵母粉

倒入面粉中

搅拌成面絮

揉成面团

（3）用手在盆中揉成面团。

（4）将和好的面团儿盖上保鲜膜，醒发 2 分钟备用。

（5）学生小组内合作和面。

2. 摸一摸、看一看花糕

花糕因为做出来的形状像朵花，而且也是用个大、肉多的大红枣做的，所以也称为“枣花糕”。

花糕是我国劳动人民智慧的结晶，在劳动人民的生活中扮演着非常重要的角色，深受人们的喜爱。

欣赏老师带来的花糕成品，认真观察花糕的基本造型，并归纳制作花糕常用的造型以及基本技法。

花糕主要以几何形、自由形、花瓣形、半球形、桃心形、元宝形、叶子形等作为主体造型，造型各异，千姿百态。一个个普通的面团在勤劳的劳动人民手中变得栩栩如生。

3. 制作花糕

花糕的造型繁多，大多是以圆面饼作为底盘，各种造型的花纹装饰边缘，中间再铺一层红枣，上面再加上一层比第一层略小的带花边的圆面饼，一层层地往上叠加，最后在最上面再加上各种不同寓意的吉祥装饰物。

（1）从美术的角度来讲，花糕主要就是由点、线、面组合而成。本节课所讲的枣花糕，“点”的主要表现形式就是大红枣了，还可以用梳子或者牙签等工具制作一些凹点进行装饰，使花糕看起来更加地灵动。

（2）“线”是制作花糕非常重要的造型元素，也是制作花糕中运用非常多的一种造型方法。可以用手把面团搓成长长的圆条再卷制成各种造型。或粗或细，可根据不同的造型需要进行制作。

（3）“面”是花糕制作中必不可少的造型元素，并在整个制作过程中大量地运用。每一层的底盘就是面最好的表现形式，形状大小各异，还可以通过工具根据不同花糕的需要捏制成几何形、自由形、花瓣形、半球形、桃心形、元宝形、叶子形等。

视频 2：
制作花糕

（4）学生观看花糕的具体制作过程的示范视频。

（5）小组内讨论花糕的制作过程，并说一说本小组要制作一个什么造型的花糕。

（6）学生开始动手制作花糕。

4. 蒸花糕

（1）蒸锅内放适量清水，放好蒸屉，铺好蒸布。

（2）把制作好的花糕放入蒸锅内的蒸布上，醒发 15 分钟（放在蒸锅内等待 15 分钟以后再开火）。

（3）开大火蒸 20 分钟即可。

第三步：劳动教育后

教学评价，激励提升

（1）学生自评：学生自评本小组的花糕作品。

（2）学生互评：学生代表来说一说他喜欢的其他同学的花糕作品，并说明为什么喜欢。

（3）教师评价：这节课同学们都充分地开动了小脑筋，花糕制作得都非常精美，老师看着都饿了，忍不住想去尝一尝呢。蒸花糕是我国传统的年俗文化。花糕的“糕”和高低的“高”同音，寓意着步步登高，人们的生活一年更比一年好。花糕的形式越来越多，但那浓浓的年味儿始终未变……我们蒸出的不仅是美食，更是劳动人民甜甜蜜蜜蒸蒸日上的好日子！

（4）拓展延伸：请同学们认真思考一下，运用今天所学的一些基本技法还可以制作出怎样的花糕呢？同学们可以尝试以可爱的小动物为造型，或者以喜欢的其他事物为主题制作一个更有创意更加新颖的花糕。

教学总结，反思问题

（1）同学们，这节课我们学到了什么呢？哪位同学想要来总结一下呢？引导学生总结归纳出花糕的制作步骤和造型元素，以及常用的基本技法。每组选派一名代表上台发言，交流本小组活动收获。

（2）学生认为，在学习制作过程中，可能存在着大量浪费食材的问题。在学习花糕的制作过程中，我们可以尝试先用轻黏土来代替面粉，充分锻炼我们的动手能力。

（3）分组讨论、合作探究等教学方式，充分锻炼了学生的自主探究能力、团队合作能力。学生在花糕制作过程中的体验和感悟，让学生感受到了劳动人民的智慧和收获的快乐，增强了学生的获得感、成就感、荣誉感。

（4）蒸花糕作为传统的年俗文化，在长期的积淀中也渐渐演变成了一些观念性的符号，它潜藏着一定的文化内涵和习俗。劳动人民将美好的祝愿等融入花糕中，使之散发着温馨的气息。学生在学习和制作花糕的过程中，不断磨炼自己的意志，领悟劳动的意义价值，形成勤俭、奋斗、创新、奉献的劳动精神。

本案例由山东济宁邹城市中心店镇后南宫小学李芳老师编写。

案例评析

本方案基本要素齐全，素养目标正确，教学方法恰当，内容符合小学高年级特点。教学过程中的“三步五环教学法”使用得淋漓尽致，再配上制作过程图片和视频，立体化智能化教案跃然纸上，详细明了，赏心悦目。透过方案不难看出在整个教学过程中，老师让学生亲自动手体验，亲身感受劳动人民的伟大智慧和对美好生活的向往。作者始终在学生思想中树立劳动最光荣、劳动最崇高、劳动最伟大、劳动最美丽的观念，加上作者温馨细腻的教学风格，以及巧夺天工的花糕制作技术，塑造了人民教师爱岗敬业的绚丽人生。在此为作者的真情付出和对劳动教育的执着表示崇高的敬意。

点评人：李岑虎。

第二部分　生产劳动教育课程

《大中小学劳动教育指导纲要（试行）》指出，生产劳动教育要让学生在工农业生产过程中直接经历物质财富的创造过程，体验从简单劳动、原始劳动向复杂劳动、创造性劳动的发展过程，学会使用工具，掌握相关技术，感受劳动创造价值，增强产品质量意识，体会平凡劳动中的伟大。

案例 3

全藤编水果篮劳动课程方案

【课题名称】全藤编水果篮

【设　计　人】山东省淄博市临淄区第二中学司春霞

【指导老师】冯鹏飞　陈爱萍

【学校班级】初一年级

【教学课时】2 课时

【劳动地点】编织教室

【编织背景】

中国民间编织艺术，是中国编织工艺的主要品类之一，是我国艺术的一枝奇葩，已有近千年历史。编织品是我国劳动人民在日常生活中的劳动结晶，寄托着人们对美好生活的向往，对吉祥幸福的期盼。2011年5月23日，棕编经国务院批准列入第三批国家级非物质文化遗产名录。全藤编是棕编的一个分支。通过这节课的学习，同学们对编织技艺有了一定的了解，希望同学们多从日常生活中注意观察，多看、多想、多动手，把我国的传统文化——编织技艺发扬光大。

【教学目标】

（1）劳动观念。通过对藤条手工作品的初步感知，初步认识到优秀传统文化手工制作之美，培养学生“想劳动”的意识，树立正确的劳动观念。

（2）劳动能力。通过老师引领、学生小组合作亲自动手操作，培养动手操作能力、合作能力和专心去解决问题的能力。

（3）劳动精神。通过小组成员合作、反复动手操作、组内成品展示分享，体会到劳动创造美以及成功的喜悦，培养积极进取的劳动精神。

（4）劳动习惯和品质。通过用尺子量藤条长度、用剪刀剪藤条、动手编织、收口针串藤条等活动，养成良好的劳动习惯和劳动品格，传承优秀传统文化，形成正确的劳动价值观。

【教学内容】

学习手工全藤编水果篮的技法。

【教学重点】

引领学生反复动手操作，学会藤编水果篮基本方法。

【教学难点】

水果篮打底及收口方法。

【教学方式】

观察、反复动手操作、小组合作等方式。

【教学方法】

讲解示范法、小组合作法、数字化教学法、成果展示法。

【劳动工具】

小剪刀6把，软尺6个，收口针6枚，浅木色藤条若干，粉红色固定线6根。

【教学过程】

第一步：劳动教育前

课前准备，设置问题

（1）播放一段配乐视频，让学生了解本节课要做什么以及所需要的材料。

（2）各组组长上台领取材料，（小剪刀 1 把，收口针 1 枚，软尺 1 个，浅木色藤条 1 把，粉色固定线 1 根）。在组长领取前，老师将所需工具和材料，向学生一一展示，提醒学生：①在使用剪刀过程中，要注意安全；②收口针怎么用；③剪、量藤条需要小组合作完成等。

（3）提醒学生注意物品摆放要有序，不要随意乱扔。

第二步：劳动教育中

课堂导入，提出问题

（1）播放幻灯片：展示图片材料、全藤编水果篮成品。老师说，同学们，这些水果篮都是老师编的，大家喜欢吗？这节课我们就来学编水果篮。

（2）先让组长带领大家检查一下，你们的材料和工具是否都到位了。

开展新课，解决问题

第一步：剪藤条。老师示范，拿出软尺量出 60 厘米竖条一根，用剪刀剪下，以此类推，剪出 32 根竖条，每根长度 60 厘米。提醒学生安全使用剪刀。各组长带领大家，将藤条剪竖条 32 根，每根长度 60 厘米；剩余的藤条从中间对折，分别弄成 2 个藤条线团。

第二步：同学们，藤条都剪好了吗？现在开始编水果篮底部了。请同学们拿出 16 根竖条，4 根一组，分成四组。

请同学们看图片，将 16 根竖条，摆成这样的形状，如图一所示：

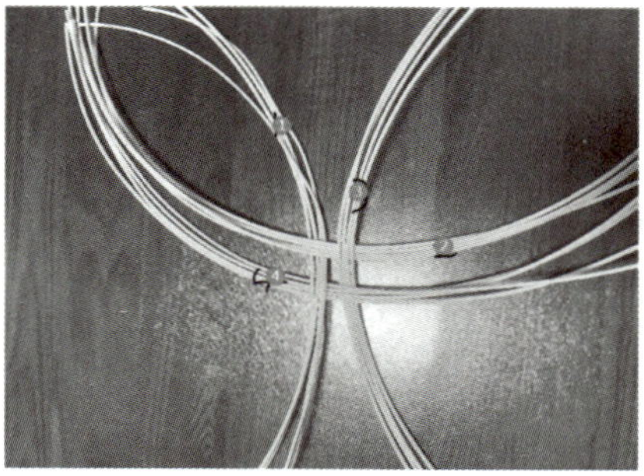

图一

学生观察，组内成员分别操作一遍。

温馨提示：注意四组藤条的摆放顺序。口诀：左四竖条是第一，上边横四是第二，右边竖四是老三，下边横四是老四。

摆好的形状，一拿起来，就乱套了，让我们想办法把它固定住。老师巡视，每组同学如何固定图形；完成不好的组，老师及时指点。如图二所示：

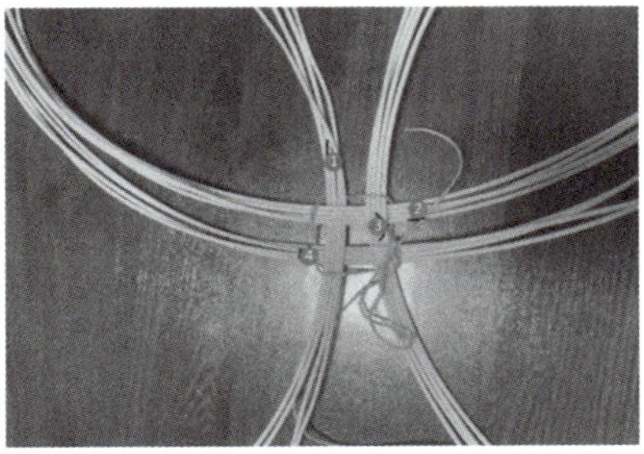

图二

下面我们将固定好的图形四根一组的竖条，重新组合，变成一朵菊花的样子。学生先观察图形的形状（这是八个角的菊花，一个角是 4 根藤条），然后组内同学分别演示一遍。由组长将重新分组的藤条用粉红线固定住。如图三所示：

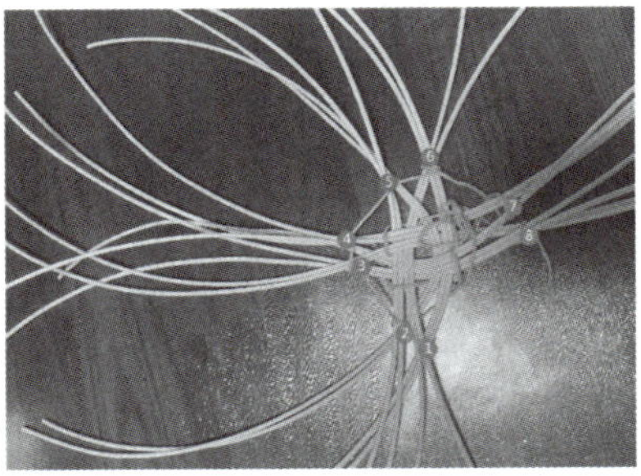

图三

接下来开始编织底部。各小组拿出刚才缠好的两个藤条线团，准备好，先看老师示范。2 根编织条中间对折，从图三中标识 1 开始，套住 1 朵菊花一个角即 4 根藤条，开始扭编，即 2 根编织条套住第一组 4 根竖条后，1 根在竖条上面，1 根在竖条下面，再套住第二组竖条，两根编织条互换位置。第一组在上面的编织条，到第二组时，就套在第二组下面；第一组在下面的编织条，则套在第二组上面。以此类推，编完8组。完成一圈，编到标识8后，再接上标识1继续编第二圈。按这个方法，编完四圈，将粉红色的固定线拆下来。如图四、图五所示：

图四

图五

老师讲解示范后，各小组开始动手操作，老师来回巡视指导。

完成4圈后，接下来，老师演示，将藤条分成2根一组，编3圈。如图六、图七所示：

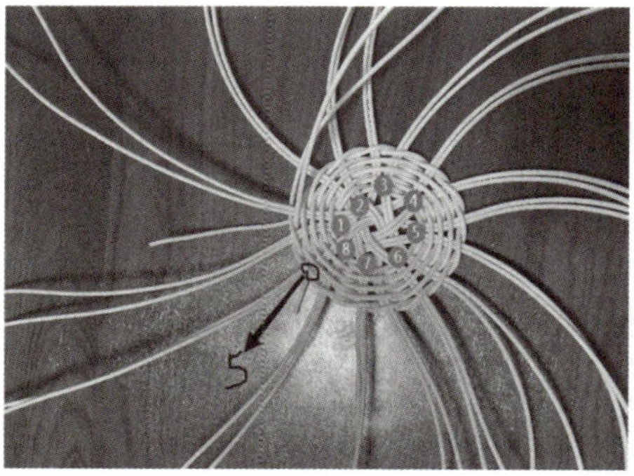

图六

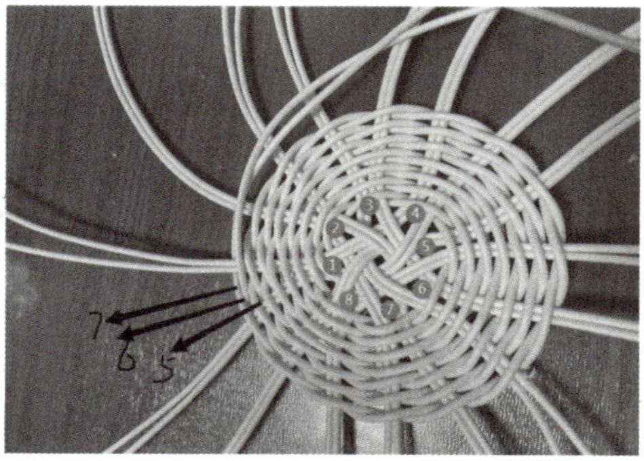

图七

组内成员动手操作，老师巡回指导，直到每组都完成3圈编织。

继续学习下一道工序：加条。老师讲解示范，将另外的16根藤条从中间对折，分别加到图中编好的两根竖条中间，4根竖条一组，然后继续扭编3圈。如图八、图九所示：

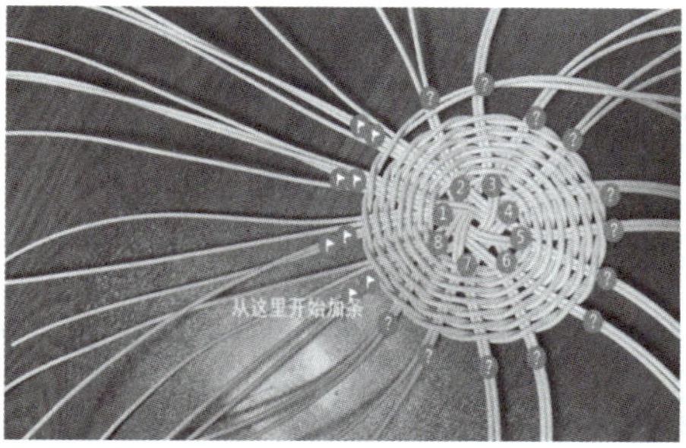

图八

图九

加条时，老师巡回指导。加完条后，继续编 3 圈，共编 6 圈。如图十所示：

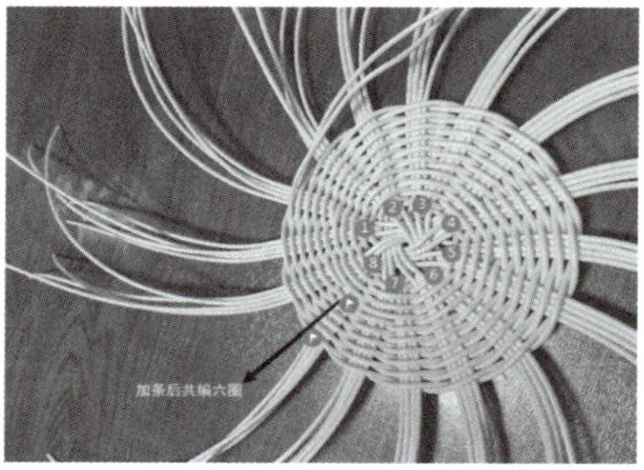

图十

6 圈完成后，将 4 根竖条一组，分成 2 根竖条一组，扭编 3 圈。如图十一所示。

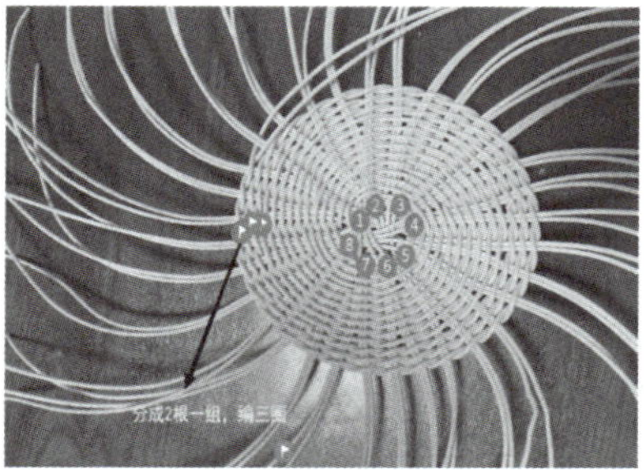

图十一

组内动手操作，老师巡回指导，直到每个组都完成 6 圈 +3 圈的编织。

老师示范：如图十二、图十三所示。拿起任意 2 根竖条开始算第一组，将第一组竖条从第二组竖条底下穿过去，第二组竖条从第三组竖条下穿过去；这时再拿起第一组竖条，从第二组底下穿过去。依次类推，将第三组竖条从第二组竖条下穿过去，编一圈，首尾相连起来。每个小组开始动手操作，老师巡视指导，直到全部完成；对完成不好的组，老师在小组内单独讲解示范。

图十二

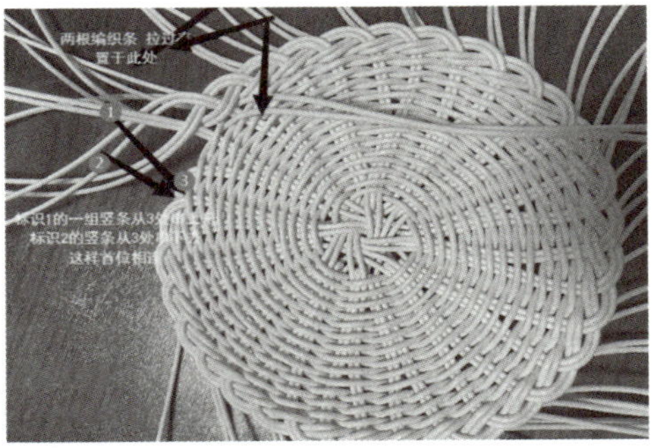

图十三

老师示范：反转。将 2 根一组的竖条隔一个孔穿过去，依次类推。这时让各组推荐一名代表，上台动手演示一下。接下来，组内同学合作完成。老师巡回指导，全部穿完。如图十四、十五所示：

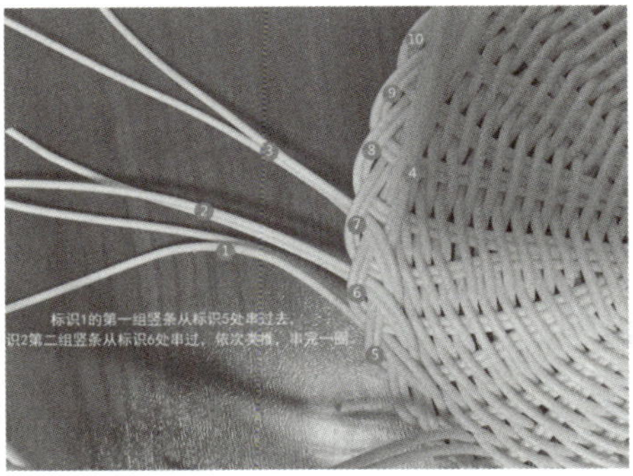

图十四

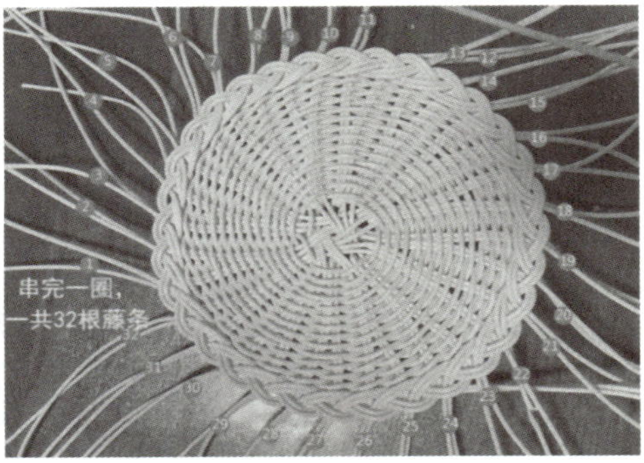

图十五

老师示范水果篮篮体编织：再反转，竖条 2 根一组，用 2 股扭编方式即 2 根编织条一上一下套住 2 根竖条，依次编 6 圈。每个小组组长，上讲台观察并动手演示一遍，然后组内同学开始动手操作。先把两根编织条拉出来，套住第一组 2 根藤条，以此类推；组内 6 名同学，每人编一圈。老师巡回指导，直到每个小组都完成。如图十六、图十七、图十八所示：

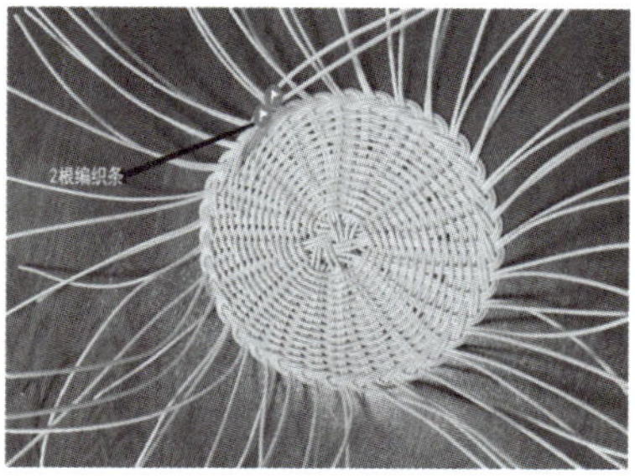

图十六

图十七

图十八

老师讲解示范：收边。拿起其中2根竖条，从第二组竖条后边穿过去。提醒学生，用收口针的时候要遵守纪律，注意安全，不要随便拿起针来和同学追逐打闹。请1、3、5组一名同学上台演示一遍，其余组同学注意观察。演示完毕后，组内完成手边任务。如图十九至图二十二所示：

图十九

图二十

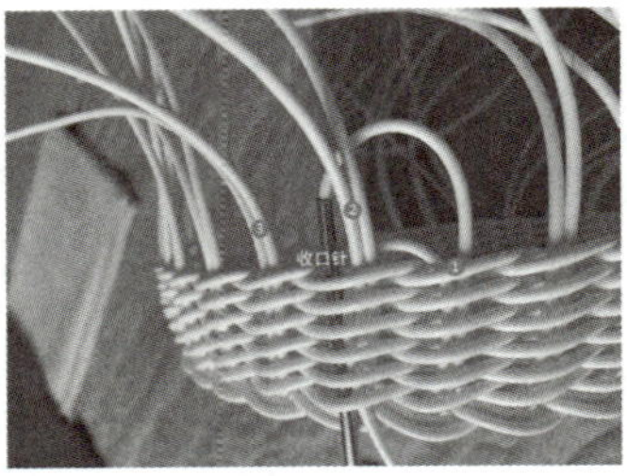

图二十一

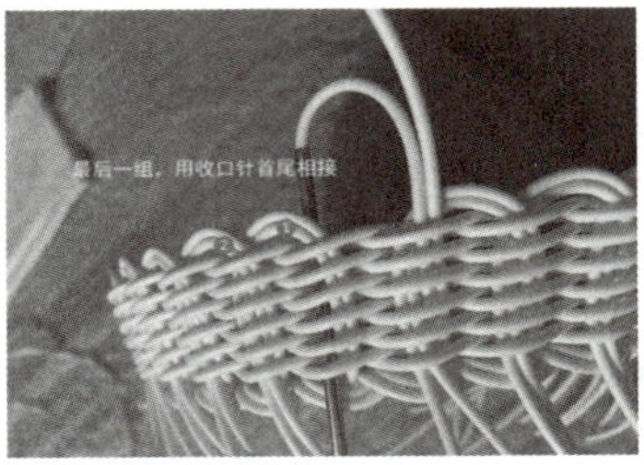

图二十二

老师示范：剪去露在外边的藤条。提醒学生，用剪刀的时候要注意遵守纪律，不要打闹，注意安全；剪下来的藤条要放在篮子里，不要到处乱扔。请 2、4、6 组一名同学上台示范，如何用剪刀剪去藤条头，然后每个小组每个同学都剪两组多余藤条。如图二十三、图二十四所示：

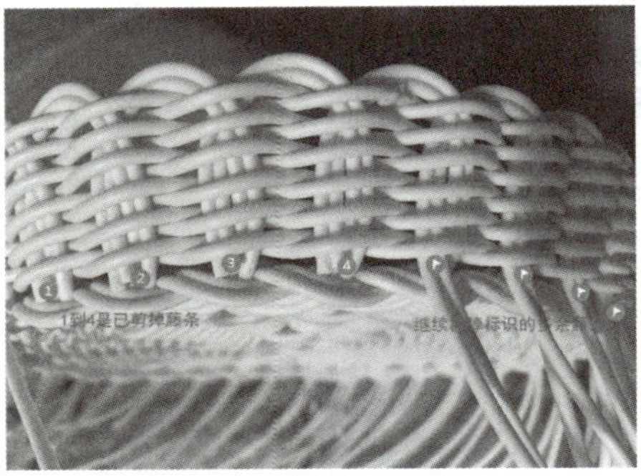

图二十三

图二十四

第三步：劳动教育后

教学评价，激励提升

（1）学生自评。学生评出“最佳创意”类或“精美作品”类全藤编作品，并说一说有什么美好的创意或者有什么精美之处。

（2）学生互评。学生代表来说一说他喜欢的其他同学的作品，并说明为什么喜欢。

（3）教师评价。这节课同学们都充分地开动了小脑筋，作品都非常的惊艳，给老师带来了一场别样的视觉盛宴。

（4）任务拓展。请同学们自己动手，也可以和父母一起，编织一只自己满意的全藤编作品，到我们的劳动节活动中进行义卖，为留守儿童奉献出自己的一份力量。大家可以把这项劳动技能教给身边的人，让更多的人喜欢编织、喜欢劳动、热爱劳动，让更多的人了解中国的编织技艺，将这项技艺更好地传承和发扬下去。

教学总结，反思问题

（1）引导学生总结反思。这节课我们学到了什么？引导学生总结归纳出全藤编水果篮的步骤，帮助学生回顾并巩固所学内容。每组推荐一个代表上台发言分享总结，反思问题。

（2）学生作品展示。评选出一二三等奖。每组第一名为一等奖，奖品为“小剪刀＋收口针＋粉红色固定线”；每组第二、三名为二等奖，奖品为“软尺＋浅木色藤条”。

（3）分组讨论、合作探究等教学方式充分锻炼了学生的自主探究能力、团队合作能力。学生在剪纸过程中，感受到了劳动的艰辛和收获的快乐，增强了学生的获得感、成就感、荣誉感。

（4）教师巡回指导，组内点拨，比泛泛地讲解示范效果要好。巡回指导过程中，要及时对学生进行安全教育，让学生明白遵守纪律是做好一件事的前提。

（5）藤编水果篮的制作，学生单独完成难度比较大，采用小组合作的方式，效果比较好，学生体会到团结就是力量，认识到有时个人的力量微不足道，但是依靠集体就会战胜一切困难。

（6）理论联系实际，亲自动手试一试，比单纯地说效果更好；学生对动手操作更有兴趣，通过亲自动手实操，增强自信心，体验到劳动的快乐。

（7）拆了编，编得不行再拆，反复动手操作，打磨作品，体会到劳动创造美的内涵以及成功的喜悦。

本案例由山东淄博市临淄区第二中学司春霞编写。

案例评析

本案例教学目标正确，利于学生劳动素养的培养；教学内容选择中华优秀传统文化项目——手工全藤编水果篮，让学生在动手中感受到中华文化的魅力，体验到劳动的快乐和喜悦。

教学过程中采用“三步五环教学法”，清晰明亮，一目了然，便于施教。

教学方法上采用讲解示范法、小组合作法、数字化教学法、成果展示法等多种方法，统筹使用，让学生在全藤编水果篮生产过程中直接经历物质财富的创造过程，感受自己的辛勤劳动创造价值，体会平凡劳动中的伟大，利于养成学生的劳动美德。

点评人：康园园。

案例 4

小小竹蜻蜓飞起来

【课题名称】小小竹蜻蜓飞起来

【设 计 人】高霞

【学校班级】×× 小学五年级

【教学课时】1 课时　　　　【劳动地点】实训室

【教学目标】

（1）树立正确的劳动观念。通过制作竹蜻蜓的活动，让学生认识到劳动的重要性，尊重劳动，牢固树立劳动最光荣、劳动最崇高、劳动最伟大、劳动最美丽的思想观念。

（2）具有必备的劳动能力。掌握基本的制作竹蜻蜓的知识和技能，正确使用常见劳动工具，增强体力、智力和创造力，学习创意制作，提高动手实践能力。

（3）培育积极的劳动精神。在学习木工制作基本技艺过程中，学习创意制作，提高动手实践能力，体验工匠精神。

（4）养成良好的劳动习惯和品质。通过制作竹蜻蜓，体验劳动的欢乐，从小培养爱劳动的习惯，激发学生对劳动的兴趣，并在实践中进行习惯的培养。

【教学内容】

学习制作竹蜻蜓的过程，掌握制作竹蜻蜓的一般方法和步骤，并通过使用互联网查阅竹蜻蜓的知识，培养学生的观察能力、分析问题的能力和动手能力，养成动手实践、磨炼意志，培养学生正确的劳动价值观和良好劳动品质。

【教学重点】

学会从多个角度观察事物、在制作活动中乐于探索，逐步形成自己的创造个性，提高学生的手工制作的基本技能。

【教学难点】

运用掌握的手工技能和工具材料，想象、创作出新颖、独特而有创意的优秀作品，养成动手实践、磨炼意志，培养学生正确的劳动价值观和良好劳动品质。

【教学方式】

考察探究式、设计制作式。

【教学方法】

讲授法、小组合作法。

【劳动工具】

活动材料：大约 20 厘米长、3 厘米宽、0.5 厘米厚的木头或竹片 1 片，大约 25 厘米长圆柱状小木棍 1 根（可用糖葫芦竹签），以及小刀、胶水、细砂纸、手套等。

【教学过程】

劳动教育前

课前准备，设置问题

全班同学分成四个劳动小组，各小组成员通过翻阅资料、问家长、查电脑等方法了解竹蜻蜓的知识。准备竹蜻蜓的制作材料，在课堂上给同学们分享。

你对竹蜻蜓了解多少？制作的过程中需要注意什么？

要积极地和同学、老师探讨交流，增强我们沟通协作的能力。在准备妥当时，制定出详细的计划清单，尝试自己动手制作简易的物品。

劳动教育中

课堂导入，提出问题

“小荷才露尖尖角，早有蜻蜓立上头。”蜻蜓给了我们飞行的梦想，相信我们都有过将竹蜻蜓放飞天空的经历。那么大家在玩耍时有没有想过，这种民间最古老的玩具是怎么来的？我们是否可以制作自己专属的竹蜻蜓？你对竹蜻蜓了解多少？

开展新课，解决问题

（1）小组内讨论课前问题，每个小组推选一名同学进行分享。

竹蜻蜓是中国民间古老的儿童玩具，其外形呈T字形，横的一片像螺旋桨。这种简单而神奇的玩具，曾令西方传教士惊叹不已，将其称为“中国螺旋”……

①各小组检查制作竹蜻蜓所需要的工具和材料。

②师生交流，老师总结并一一出示所需的工具和材料。

③教师组织整个分享并适时鼓励带着疑问，去寻找答案，学会通过使用互联网查阅竹蜻蜓的知识，去图书室寻找它的信息，锻炼学生考察探究的能力；引导学生树立学会与他人合作，体会劳动创造美好，养成从小爱劳动的习惯。

（2）出示多媒体，教师讲授多媒体上竹蜻蜓的制作步骤。

步骤一：先在木片正中央打一个洞，控制直径，比小木棍稍小一点。

步骤二：用美工刀在木片中央部位，将木片靠近身体的一侧削薄，另一侧保持原厚度。

步骤三：背面也是如此加工，使木头削成一个倾斜面。

步骤四：另一端重复步骤二和三的操作。

步骤五：把小木棍固定到刚才打的洞里面，用胶水固定一下。

步骤六：用细砂纸把叶片打磨一下，给它上点色，画点图案。

蜻蜓怎样飞起来？

先用你右掌尖和左掌根夹住竹蜻蜓的手柄；然后迅速地把右手往前一搓，就像搓纸筒一样；搓到尽头的时候，将手放开，竹蜻蜓就飞出去了。

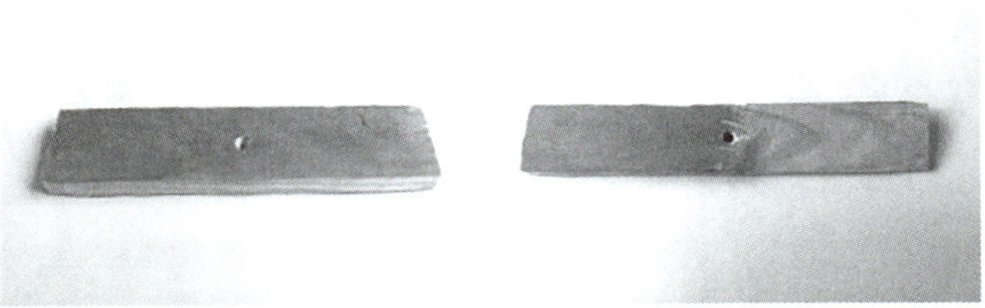
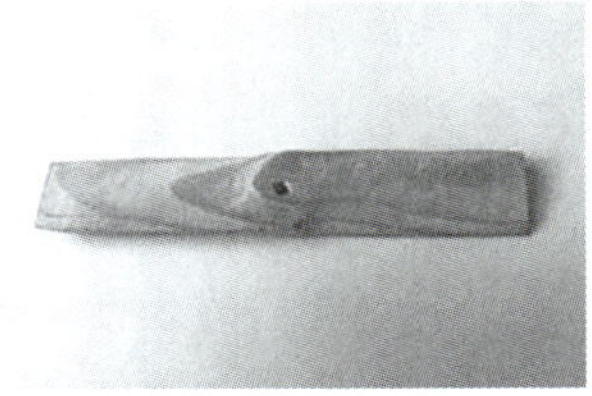
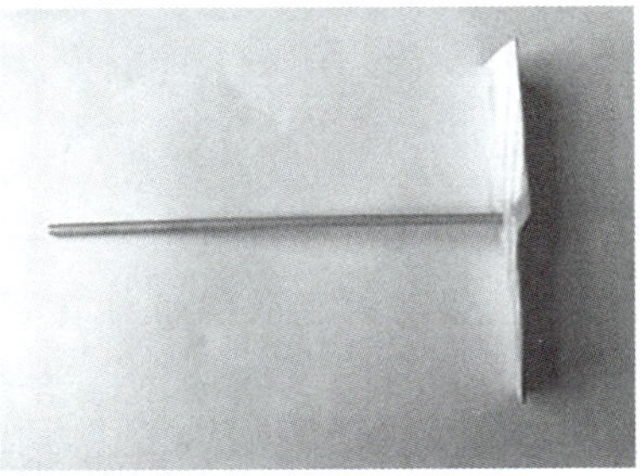
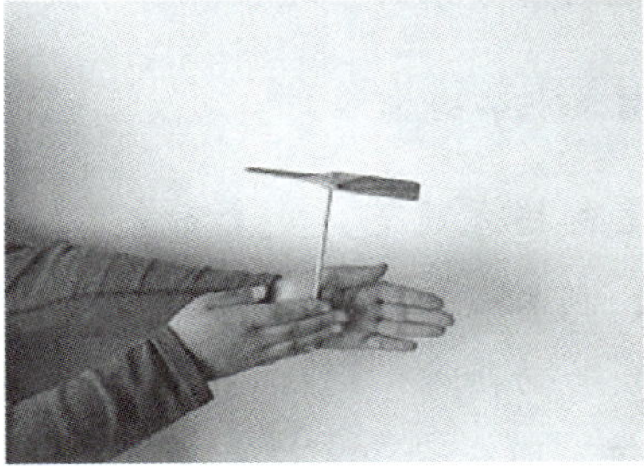

（3）学生动手操作：对照多媒体上的制作步骤。

①学生动手操作，教师进行有针对性的辅导。

②小组内同学间互教互学，教师巡视指导，及时发现问题，提醒学生注意安全。譬如，刀具使用要安全，小心木刺，制作过程中不可打闹嬉戏。

劳动教育后

教学评价，激励提升

课上进行小组内评价、小组互评、师生互评。教师带领同学们评选出谁的竹蜻蜓最好看、飞得高、飞得远。根据评价结果选出“制作小能手”“恒心小达人”……老师对同学们的认真准备和课上积极主动配合给予好评，对同学们普遍存在的操作情况予以提醒。

榜样激励。指导学生从本次活动中榜样的具体事迹中领悟他们的高尚精神和优良品质，明确要求学生在学习、生活中努力向榜样看齐，养成热爱劳动、勤于动手的好习惯。

教学总结，反思问题

教师总结并讲解说明本节课的内容。在手工制作竹蜻蜓的过程中，同学们调动所有的感官，不仅可以增加手的灵活性，还可以提升手、大脑和眼部的协调能力。小时候多接触艺术类的活动（手工、绘画、音乐等）能够提升大脑的容量，养成细致耐心、持之以恒、勇于探索的良好劳动习惯。

课后同学们根据自己的实际情况，思考自己在整个过程中的表现，写一篇劳动日记。由最早的考察探究，到和老师、同学的探讨交流，直至最后的创意物化。养成多提问、多研究、多交流、多尝试的良好习惯，并将这些本领服务于自己的生活与学习。

本案例由山东曲阜远东职业学院高霞老师设计。

案例评析

本案例格式规范，要素齐全，编写流畅，言简意赅，清新隽永，宛如小桥流水，润人心田。尤其是把立德树人任务、劳动教育教学目标贯穿整个教案始终。劳动精神、文化自信、学生为本、工匠精神、科学探究、合作意识、互助意识、团队意识、探究意识、安全意识、多维评价、榜样激励等要素，淋漓尽致地出现在教案中，尽显课堂之活跃，节奏之明快，韵律之甜美。尤其是师者温婉耐心的语言，表现出人民教师对学生诲人不倦的精心呵护，展示了劳动教育指导教师对学生的热爱，对劳动教育的热爱，对劳动教育职业的敬仰。

小蜻蜓，大文章。一篇值得回味和推广的劳动教育课程教案，让我看到了中国劳动教育之花盛开。

点评人：李岑虎。

案例 5

一抹茶香润童心——大中小学联合开展茶文化劳动周主题课程

【课题名称】一抹茶香润童心——大中小学联合开展茶文化劳动周主题课程

【设计特色】小学劳动周与职业院校劳动周融合

【设 计 人】广西壮族自治区柳州城市职业学院张侠

【劳动对象】柳州市潭二小学教育集团五年级学生，柳州城市职业学院师范教育学院小学教育大二学生，以及经济贸易学院商贸专业、物流专业和空乘专业大二学生

【指导教师】小学劳动课程教师、高职专业教师

【安 全 员】高职教师、柳州市潭二小学教育集团安全员

【教学课时】小学 26 课时（2 课时校内安全教育学习 +2 课时相关知识教学 +2 课时劳动总结 +20 课时劳动实践），高职 30 课时（2 课时校内安全教育 +4 课时团队培训 +22 课时劳动实践 +2 课时劳动总结）

【劳动地点】柳州城市职业学院茶文化基地

【基地背景】

柳州城市职业学院是一所由柳州市人民政府主办的公办全日制高等职业学校。学校于 2006 年 2 月设立，前身为柳州师范学校（创办于 1940 年）。学校坐落于柳州市官塘职教园区，校园占地面积 1003 亩。学校以全日制高等职业教育为主导，集中等职业教育、学历教育、成人教育、远程教育、国际留学生教育和技能培训于一体。学校坚持项目引领，深化产教融合，是广西首批现代学徒制试点单位，与上汽通用五菱汽车股份有限公司、东风柳州汽车有限公司、广西汽车集团、广西大数据产业发展有限公司、上海发那科机器人有限公司、广西建工轨道装配式建筑产业有限公司等多家企业开展校企合作、合作办学。现有 2 个职教集团（柳州建筑装饰职教集团、广西婴幼儿托育服务与管理职教集团），7 个产业学院。2021 年，“数字化（BIM）装配式建筑产业学院”入选广西首批高等职业教育示范性产业学院，民族工艺（侗族木构建筑营造技艺）示范性民族文化传承创新职业教育基地入选自治区首批示范性民族文化传承创新职业教育基地。2022 年，学校成为广西唯一入选中央专项彩票公益金中小学生校外研学实践教育基地。

【教学目标】

1. 小学教学目标

（1）劳动观念。通过体验茶叶从采摘到包装分销的全过程，了解劳动产品的获得是大量劳动者通力合作的结果，对不同产业劳动有基本的体验和认识，理解不同职业的劳动者都创造劳动价值，不同的职业的劳动者都值得尊重。

（2）劳动能力。通过采茶、制茶、包装、物流、分销、泡茶等劳动体验环节，使学生初步了解第一至第三产业的传统和现代生产方式，体悟现代科技对生产的巨大作用，从而认识到新时代劳动者应当具备较高的科技知识素

养；培养学生团队合作、统筹协调、积极劳动的能力。

（3）劳动习惯和品质。通过在生产劳动中出力流汗，培养学生团队合作、认真负责、勤思善研、珍惜劳动成果的劳动品质。

（4）劳动精神。让学生在劳动过程中体会到劳动成果来之不易，培养学生爱岗敬业、精益求精、追求卓越的工匠精神。

2. 高职教学目标

（1）在用专业为社会提供服务的过程中，体验为他人提供服务带来的成就感，培养主动提供社会服务的志愿意识。

（2）在社会服务过程中，将自己的所学综合运用，提升专业技能，深化追求精益求精的工匠精神。

（3）在与其他专业师生的合作过程中，提升沟通交流、组织团队活动的能力，培养专家思维。

【教学内容】

小学生：从茶叶采摘到茶叶终端物流配送、泡茶品茗全过程劳动体验。

高职学生：发挥专业优势，成为职业劳动指导老师，服务中小学生开展劳动课程。

【教学重点】

（1）小学生。通过茶产业全流程生产劳动体验，培养学生团队协作能力，积极劳动的劳动品质和追求卓越的工匠精神。

（2）高职学生。以专业技能服务中小学劳动教育，培养社会服务劳动习惯和精益求精的工匠精神。

【教学难点】

将大中小学劳动教育融合进行课程设计，通过高职不同专业的学生为小学生提供职业劳动指导服务，使不同年龄段的学生都在劳动中得到发展。

【教学方式】理论 + 实践

【教学方法】讲授法、小组合作探究法、PBL 项目式教学等

【劳动工具】采茶篓、制茶设备、物流流水线、茶艺套具等

【教学过程】

劳动教育前

（一）小学课前准备

1. 教学时间和地点

在进入劳动实训基地前，在中小学校园内进行 2 课时的预备学习，并做好家长和学生的劳动动员。

2. 教学内容

（1）实训基地安全须知（要求“安全须知”必须交给家长签字；购买相关的意外保险后，才能由中小学组织到高职院校劳动实训基地开展劳动周课程）。

（2）介绍劳动周基本课程内容概况，下发相关劳动手册、课前调查问卷、课前任务单和安排分组，确定小组长和组员分工。要求学生课后以小组形式完成课前任务单，以家庭形式为单位完成课前调查问卷。

（3）做好学生家长的动员。本次劳动周课程综合性较高，对小学生有一定难度，要鼓励学生不怕吃苦，团结协作，完成好每一项劳动任务。家长要为学生做好劳动的相关后勤准备，鼓励孩子在劳动过程积极主动、勤学善思，做好每一次任务。

（二）高职学生课前准备

1. 教学时间和地点

在劳动周开始前，要在实训基地开展 2 小时安全教育和 4 小时团队配合训练。

2. 教学内容

（1）劳动周开始前，各专业学生团队要熟悉所有实训基地的环境、安全守则和应急预案，明确每项安全责任。

（2）在劳动周开始前，各专业学生团队配合课程流程演练两次，确保各教学 + 实训环节设备、工具、必备用品等到位，各项工作责任到位，沟通畅通，配合无隙。

（3）在劳动周前，各教学团队指导老师确保各学生团队熟悉各自负责领域课程教案、资源等，做好职业劳动指导教学准备。

（4）各团队指导老师给学生做好动员，鼓励学生在劳动周一展所学所长，化身为职业劳动指导师为中小学劳动教育服务做好工作。

劳动教育中

教学时间：因中小学生年龄和身体原因，不能按每天 8 小时进行劳动课程；同时也要考虑到场地使用和就餐时间、场所等需要与其他高职学生错峰，所以整个劳动周是安排 5.5 小时 4 天的劳动实践。每天上午 0.5 小时课前学习相关知识，上午 3 小时劳动，午休结束后 2 小时劳动。劳动时间会根据学生年龄段进行调整。

教学流程

第一天：师范、空乘服务专业学生带小学生采茶——制茶劳动，商贸学生做后勤服务。

第二天：师范、空乘服务、物流专业学生带小学生制茶——分装劳动，商贸学生做后勤服务。

第三天：师范、物流专业学生带小学生包装——物流劳动，商贸学生做后勤服务。

第四天：师范、空乘服务专业学生带小学生茶艺劳动，商贸学生做后勤服务。

教学过程

• 第一天：采茶、制茶

第一个半个小时认识带队小老师，再次重申安全注意事项，收课前调查表，分发劳动用具。然后在师范专业小老师带领下到校内茶园采摘茶叶，学习相关采茶知识。采集的茶叶送到制茶室，和空乘专业小老师一起进行晒青、炒茶、发酵、揉捻等工艺劳动，制成原茶。制茶环节有时间要求，因此进行两天。这期间穿插现代制茶工艺和传统手工制茶工艺两种劳动实践。在劳动中间的休息时间，师范专业小老师们组织学生完成课程任务单的填写；在小组合作复盘讨论的环节，引导学生记录和反思在劳动中碰到的问题和小组合作中可以改进的地方。

• 第二天：制茶、分装

第一个半小时回顾前一天劳动中出现的纪律或安全问题，再次重申劳动要求，分发当天的课程任务单。然后在师范和空乘专业小老师带领下继续制茶劳动。完成制茶后，转场到物流综合实训室由物流专业小老师带领体验茶叶分装包装劳动：学习如何选择合适的包装材料，既要考虑茶叶的保鲜防碎，也要考虑国家食品包装安全的相关要求，以及物流流通要求和控制包装预算。各小组还要设计出吸引消费者的包装图案。

师范专业小老师组织学生完成课程任务单的填写；在小组合作复盘讨论的环节，引导学生记录和反思在劳动中碰到的问题和小组合作中可以改进的地方。

• 第三天：包装——物流

第一个半小时回顾前一天劳动中出现的纪律或安全问题，再次重申劳动要求，分发当天的课程任务单。然后由师范专业小老师带队到物流综合实训室继续跟着物流专业小老师学习茶叶的分等分级包装，模拟入仓、仓储、调度、出仓、补仓等。这项劳动技术要求较高，学生必须在物流专业小老师的指导下进行机器操作。

师范专业小老师组织学生完成课程任务单的填写；在小组合作复盘讨论的环节，引导学生记录和反思在劳动中碰到的问题和小组合作中可以改进的地方。

• 第四天：茶艺——总结

第一个半小时回顾前一天劳动中出现的纪律或安全问题，再次重申劳动要求，分发当天的课程任务单。然后由师范专业小老师带队到茶艺综合实训室，跟空乘专业小老师学习如何选茶、泡茶，学会“为家人奉上一杯茶”。亲自体验用自己制作的茶叶泡一杯清茶，品尝自己的劳动成果。在今天的学习结束后，带走一份自己亲手制作、包装的茶叶，回家泡茶与家人分享。

师范专业小老师组织学生完成课程任务单的填写；在小组合作复盘讨论的环节，引导学生记录和反思在劳动中碰到的问题和小组合作中可以改进的地方；总结整个劳动周完成的各项劳动任务，完成课后调查表。

高职学生在此过程中的劳动服务为：

（1）商贸专业的学生团队全程负责劳动周的统筹安排等对外沟通、服务工作，包括预算预案、耗材采购、工具设备借调、餐饮服务、车辆统筹、报账等其他统筹协调服务工作。

（2）师范专业的学生团队负责所有课程的讲解和学生组织管理工作，是带队小老师，对所有课程进行教学目标、内容等方面的把控，确保高职专业的内容中小学生能“听得懂、做得到”。

（3）物流专业的学生团队负责物流模块教学和劳动实践指导及安全保障，包括指导学生如何选择合适的包装材料，分等分级包装，如何使用物流流水线机器将不同的产品快速分拣到指定区域等。

（4）空乘专业的学生团队负责茶艺教学指导，包括如何采茶、制茶、选茶，以及泡茶、品茶、奉茶等专业技能劳动实践指导。

总结评价

1. 中小学生总结评价

学生结束在劳动实践基地的劳动周回到学校后，学校组织各班级各小组，总结各自的劳动体验和收获、相互交流感受和感悟；采用自我评价、小组评价、老师评价、家长评价等多种评价方式，全面评价学生。

将学生劳动周的体验收获等提炼制作成展板、学报和公众号文章等，向家长、社会公布，激励学生不断提高自己的劳动能力，树立正确的劳动价值观。

2. 高职学生总结评价

各专业复盘自己在劳动任务中是否完成预定目标，有哪些收获和感想。

通过学生评价、教师评价、自我评价、团队评价，总结和反思在服务他人的过程中的自我成长，感受用自己劳动服务他人带来的成就感，养成志愿服务劳动的习惯。

劳动教育后

课后反思

整个课程设计初衷是践行国家大中小劳动教育融合的理念，用高职优势服务当地中小学劳动教育；但是整个课程体系比较复杂，劳动内容包含小学生三种形式的劳动教育，老师们在设计课程之初做了大量的调查研究和准备工作，包括带领学生团队先期的培训和磨合等，花费时间远超劳动周时间。可喜的是，实施效果基本理想，家长、学校反响较好。但也存在一些问题，主要有：

（1）课程内容横跨多个专业，各专业内容融合得比较生硬，准备不够充分，课程内容技术难度没有完全把控好，部分内容超过小学生水平太多，学生劳动实践比较吃力。

（2）调动多个学院专业，整个组织协调比较初级；小学生劳动过程不少突发问题没有第一时间解决好，暴露服务劳动方面的短板，后续团队服务仍要继续升级。

（3）单项劳动实践时间较短，学生劳动的量和深度不够，后续考虑根据学生年纪增减部分劳动内容，确保学生每一项劳动都确确实实“出力流汗”。

总的来说“一抹茶香润童心”主题劳动融合课是一次有益的尝试，并取得了一些成果，后续我们将继续迭代升级课程设计，继续推动劳动教育的深入开展。

本案例由广西柳州城市职业学院张侠编写。

案例评析

教育部《大中小学劳动教育指导纲要（试行）》中明确提出：“地方教育行政部门要统筹规划和配置劳动教育实践资源，满足学校多样化劳动实践需求。充分利用现有综合实践基地、青少年校外活动场所、职业院校和普通高等学校劳动实践场所，建立健全开放共享机制，特别是充分利用职业院校实训实习场所、设施设备，为普通中小学和普通高等学校提供所需要的服务。”“推动中小学、职业院校与普通高等学校建立师资交流共享机制，发挥职业院校教师的专业优势，承担普通学校劳动教育教学任务。”

本案例根据教育部精神，巧妙地利用师范教育学院师资教育优势、学生优势和高职院校丰富的生产劳动教育资源，与中小学教育紧密合作，有效衔接，更好地发挥高职教育服务中小学教育的功能，同时兼顾高职院校以专业进行社会服务劳动的教育功能，开发出此劳动周课程。课程方案详细明了，要素齐全，方法恰当，措施得力，规范经典，为全国职业院校提供了柳州城市职业学院劳动教育经验，具有很高的推广价值。

本案例作者跨越基础教育和职业教育两个大领域设计教案，更涉及多个专业、多个学科，跨领域、跨学科统筹开展劳动教育，劳动场面宏大，气势磅礴，可见作者策划能力之强大、组织教学能力之深厚。

点评人：李月。

第三部分　服务性劳动教育课程

《大中小学劳动教育指导纲要（试行）》指出，服务性劳动教育让学生利用知识、技能等为他人和社会提供服务，在服务性岗位上见习实习，树立服务意识，实践服务技能；在公益劳动、志愿服务中强化社会责任感。

案例 6

服务“三农”劳动教育主题课程

【课题名称】服务“三农”劳动教育主题课程

【设 计 人】× 老师

【指导教师】× 老师

【学校班级】安徽师范大学教育管理 2019 级

【学校代表】× 校长

【教学课时】8 课时

【教学时间】暑假，一天

【劳动地点】安徽金寨县某山村 7 家贫困户

【教学目标】

（1）劳动观念。帮助大学生树立农业服务性劳动光荣、劳动创造美好生活的观念，培养当代大学生爱农村、知农业、能务农等服务性劳动观念。

（2）劳动能力。通过水稻插秧劳动、义务家教活动和走访留守学生活动，养成大学生思考问题的能力和基本劳动能力。

（3）劳动精神。通过水稻插秧劳动实践、义务家教活动和走访留守学生活动，使大学生树立崇尚劳动、热爱劳动、持之以恒的劳动精神。

（4）劳动习惯和品质。通过本次农村服务性劳动课的学习，使大学生自觉主动、认真负责、坚持不懈地参与农业劳动，在劳动中理解农民的艰辛，珍惜他人劳动成果，养成优良的农业劳动品质。同时通过开展义务家教活动和走访留守学生活动，养成为农民服务、为农村服务的良好品德。

【教学内容】

开展水稻插秧、做农家饭、义务家教和走访留守学生活动等系列农事服务性劳动。

【教学重点】

如何培养大学生服务“三农”意识，掌握基本服务技能，掌握义务家教方法、走访留守学生宣传内容。

【教学难点】

现代大学生爱农意识养成，手工水稻插秧技术的掌握，以及义务家教方法、走访留守学生宣传内容。

【劳动工具】

锄头 20 把、垃圾袋 1 卷（50 个）、手套 46 副等。

【教学方式】

社会服务式、职业体验式、考察探究式。

【教学方法】

讲授法、小组合作法、情境体验法、调查访问法等。

【教学过程】

课程准备，设置问题

本次课提前 1 周联系农户做好准备，车辆和劳动工具配备等提前准备好。出发当天早晨，在校门口集合整队，乘车清点人数。系好安全带，文明乘车去往目的地。分工：分为 8 组，每组 5 人，设组长 1 名，负责本组劳动任务完成。宣布本次课内容。老师重点加强行前劳动安全教育。

课程导入，提出问题

大巴上。同学们：大家好！我们国家首次提出“乡村振兴”战略，请问大家了解乡村吗？大家会务农吗？从今天开始我们将深入农户真正体验一次农民的工作和生活，并开展义务家教活动和走访留守学生活动，请大家分好志愿服务小组，选出组长，确定好任务目标。

通过提问导入本次课，提出本次课的目的和意义。

开展新课，解决问题

专题课程一：手工插秧

（1）上午同学们集体学习手工插秧劳动知识：插秧手法、步法、行间距、前后对齐、转弯等知识。

（2）10:30~11:30 第一至第七组同学和男主人一起继续田间练习手工插秧。流程：水稻种植专家讲解、示范；学生听讲、模仿，专家指导；学生插秧；总结、评价、激励。

第八组女同学上岸，回农户家与女主人一起为大家准备饭菜。流程：女主人做饭，示范并讲解；学生跟着学习，模仿做饭，女主人点评指导；学生以组为单位独立做饭；总结、评价、激励。

老师提醒大家注意安全，防止意外受伤。

（3）12:00 集体用餐，注意用餐文明。餐后第八组帮助女主人清洗餐具，做好服务。

专题课程二：开展义务家教活动

参加人员：一、二、三、四组

时间：暑假，下午

地点：贫困户家

方法：调查法、职业体验法

流程：

第一，通过与老乡交谈、调研，了解贫困户的孩子们的知识来源和当地教育资源情况。

第二，了解孩子们的学习情况，赠送书包、记录本、笔、图书等学习用品。

第三，志愿者给小学生讲解一些新的知识，解决一些学习中的困惑。

第四，志愿者跟小学生进行一些益智游戏，建立教学友谊。

第五，总结、评价、激励

专题课程三：走访留守学生，宣讲惠民政策

参加人员：五、六、七、八组

时间：暑假，下午

地点：贫困户家

方法：调查法、讲授法

对象：高中生

流程：

走访调查贫困户学生状况，分析原因。山村里大部分学生是留守学生，不少学生被上学的问题而困扰。为了让他们更多地了解一些国家的资助政策，走访有高中生、正在上学的贫困家庭，为他们普及国家贫困学生资助政策。

第一，前往当地正在上高中以及高三毕业的学生家中调查、座谈。

第二，结合当前国家政策以及学生的家庭的实际情况，讲解国家助学贷款，如国家助学金、国家奖学金、国家励志奖学金、师范生公费教育、应征入伍服义务兵役国家资助以及退伍士兵教育资助等相关政策。

第三，解释申请条件、资助金额等详细信息。

第四，对于正在高中还未毕业的学生，大学生结合自身的经验，分享自己的学习方法和经验，并鼓励他们努力学习，成人成才，完成学业后成为一个对社会、对祖国有用的人才。

第五，总结、评价、激励。

课程评价，激励提升

采用学生自评、学生互评、教师评价、社区评价等多种评价方式，全面评价学生。同时，对本次服务“三农”活动表现较好的学生，予以表彰，激励其他同学共同进步。

课程总结，反思问题

（1）学生自我总结，小组交流汇报。

（2）老师总结。本次服务“三农”的劳动教育课，让大学生在学习和掌握基本劳动知识技能的过程中，在开展义务家教活动和走访留守学生活动中，深刻领悟劳动的意义和价值，使之形成勤俭、奉献的劳动精神，准确把握新时代需要改进传统的劳动工具、创新劳动技术、变化劳动形态，拓展劳动教育内容、途径、方式，增强服务性劳动教育的时代性。让学生亲自动手实践、出力和流汗，加强劳动锻炼、磨炼劳动意志，反对一切不劳而获、崇尚暴富、贪图享乐的错误思想。

（3）反思问题。进行小组内反思。

案例评析

服务“三农”中的“三农”，指的是农村、农业和农民。中国作为一个农业大国，“三农”问题关系到国民素质、经济发展，关系到社会稳定、国家富强、民族复兴。因此，当代大学生响应党和国家的号召，胸怀祖国，立足农村，服务农民，为农民宣传党的惠农政策，为乡村振兴贡献自己的力量。

从本教案中，我们看到了当代大学生克服困难、不辞辛苦、坚忍不拔的劳动精神，看到了新时代大学生无私奉献、帮助他人的劳动美德。

同时，笔者提醒大家在指导学生开展服务“三农”“三支一扶”“三下乡”活动时，一是要结合当地实际，选择恰当的劳动教育内容，开展利农利民活动；二是要求学生互帮互助，提升团队凝聚力，锤炼自己的品格，培养学生的劳动品德；三是展现新时代大学生昂扬奋进的青春风貌，坚定自己的理想信念，传承劳动工匠精神；四是在开展劳动教育活动时，引导学生在劳动实践中开阔自己的视野，学会分析问题、总结反思问题，学会提炼劳动成果，立志增长自己的才干，增强大学生的责任意识和担当意识。

点评人：高霞。

案例 7

我是游泳赛事服务志愿者主题课程

【课题名称】我是游泳赛事服务志愿者主题课程

【设 计 人】× 老师

【指导教师】× 老师

【学校班级】××× 学院休闲体育专业 2019 级 01 班

【学校代表】× 主任

【教学课时】16 课时

【劳动地点】南山游泳馆

【教学目标】

（1）劳动观念。通过本次课的学习，使学生树立劳动光荣、劳动创造美好生活的劳动观念以及正确的服务性劳动观念。

（2）劳动能力。通过本次体育赛事志愿者服务性劳动，培养大学本科生正确的服务性劳动价值取向并提升服务性劳动技能水平，全面提高大学生服务性劳动素养和综合能力。

（3）劳动精神。培育积极的服务性劳动精神。

（4）劳动习惯和品质。养成良好的服务性劳动习惯和品质等。

【教学内容】

游泳比赛相关的体育赛事志愿者服务性劳动。

【教学重点】

培养新时代大学本科生志愿服务性劳动意识，提升专业服务能力。

【教学难点】

新时代大学本科生志愿服务性劳动观的养成和劳动优秀品质的形成。

【劳动工具】

运衣服手提筐 16 个、签字水笔 28 支、手提式扬声器 10 个、口罩 35 个、志愿者红马甲 32 件。

【教学方式】

服务式和体验式。

【教学方法】

讲授法、小组合作法、情境体验法、角色扮演法、榜样激励法等。

【教学过程】

课程准备，设置问题

提前一周联系赛事公司确定志愿岗位，提前三天进行志愿者培训、运送车辆确定、所用物料准备、确定志愿者吃住和安全等事宜。

课程导入，提出问题

动员会。同学们：大家好！体育赛事大多是一项利国利民的公益性活动，因此需要得到社会各方的无私奉献，尤其是需要我们这样的专业人员的志愿服务。本次游泳赛事对于我们体育专业的当代大学生来说，是一次很好的劳动锻炼的机会。因此，希望同学们认真、热情、专业地提供优质服务，展现我们风采、阳光的一面。

开展新课，解决问题

第一天

（1）讲解劳动目的、意义和要求，本次劳动课的内容，本次劳动课的安全注意事项。安全乘车后，主要由老师在车上行程中进行讲解。

（2）对 28 名同学进行分工。分二组，每组 14 人，一组编排，一组布置场地。

（3）第一组在编排裁判长的指导下，进行本次比赛的编排工作，即秩序册编排。第二组在场地负责人的指导下，进行场地赛前布置，即主席台和成绩宣告点的布置。

（4）第一组在编排裁判长的指导下进行本次比赛的编排工作。（审核秩序册编排，代表队分发工作）；第二组在场地负责人的指导下进行场地赛前布置。（游泳池边的场地布置。）

第二天

（1）分工。开幕式28名同学对应28支队伍，在前排举牌；开幕式后，引导各支代表队到检录区等待检录；比赛开始，8名同学负责1~8条泳道起点志愿服务、8名同学负责1~8条泳道终点志愿服务、8名同学负责从起点把每组运动员衣物送到终点志愿服务、4名同学负责检录志愿服务。安全注意事项。

（2）开幕式举牌志愿服务。引导运动员走向检录区。

（3）赛场志愿服务。要求：精神面貌阳光，态度和蔼可亲，微笑始终。

（4）闭幕式举牌志愿服务。闭幕式结束后引导运动员有序退场。

（5）颁发志愿者证书。

（6）总结当天服务性劳动过程。

（7）清点人数乘车返程，提醒文明乘车和安全。

课程评价，激励提升

采用学生自评、学生互评、教师评价、主办方评价等多种评价方式，全面评价学生。同时，对本次服务表现较好的学生，予以表彰激励。

课程总结，反思问题

本次志愿者服务结合体育专业特点，注重培养大学本科生职业荣誉感和责任心，提高其体育赛事服务性劳动技能水平。通过游泳比赛的赛事服务，让他们了解本专业职业服务的艰辛，同时也了解自己未来职业的特点和重要性，从而为自己未来职业规划提供参考。所以，本次游泳赛事志愿服务性劳动的设计较为科学合理。

本案例由第十四届全国运动会裁判员刘乃宝教授编写。

案例评析

志愿者（Volunteer）是指不以物质报酬为目的，利用自己的时间、技能等资源，自愿为国家、社会和他人提供服务的人。国务院2017年6月7日颁布的《志愿服务条例》第二条第二款规定，本条例所称志愿服务，是指志愿者、志愿服务组织和其他组织自愿、无偿向社会或者他人提供的公益服务。

多年来，中国志愿服务经过几代人的艰苦付出和辛苦努力，形成中国志愿服务的精神。志愿服务的精神概括起来就是奉献、友爱、互助、进步。志愿者不计报酬、不求名利，积极参与推动人类发展、促进社会进步的活动，这些都体现着高尚的奉献精神。志愿者之爱跨越了职业和贫富差距，是没有文化差异、没有民族之分、没有收入高低的平等之爱，它让社会充满阳光般的温暖。志愿者凭借自己的双手、头脑、知识、爱心开展各种志愿服务活动，帮助那些处于困难和危机中的人们。同时，志愿者以互助精神唤醒了许多人内心的仁爱和慈善，使他们付出所余，持之以恒地真心奉献。志愿者通过参与志愿服务，使自己的能力得到提高，同时促进了社会的进步。新时代大学生是志愿者主力军，肩负引领社会风尚、传递爱心、传递文明的责任，因此，把志愿者服务活动纳入劳动教育课程体系，正是新时代社会主义教育目标的重要体现。

本教案内容丰富，详细而具体，字里行间写出了志愿者的奉献和付出。尤其是“希望同学们认真、热情、专业地提供优质服务，展现我们丰采、阳光的一面。”“要求：精神面貌阳光，态度和蔼可亲，微笑始终。”“清点人数乘车返程，提醒文明乘车和安全。”等内容的编写，足见作者对整个赛事服务的担当，足以让参赛队员放心、满意，并确保整个游泳大赛圆满成功。

点评人：李岑虎。

案例8

我为敬老院爷爷奶奶包饺子

【课题名称】我为敬老院爷爷奶奶包饺子

【设 计 人】皖西学院刘乃宝

【指导教师】× 老师

【学校班级】××× 市解放路小学五年级（2）班

【学校代表】× 主任

【教学课时】6课时

【劳动地点】社区敬老院

【教学目标】

（1）劳动观念。通过包饺子活动，让学生树立劳动光荣、珍惜劳动成果等劳动观念。

（2）劳动能力。提升基本生活劳动能力和生活类服务性劳动能力。

（3）劳动精神。通过本次服务性劳动实践，树立同学们崇尚劳动、热爱劳动、坚持不懈的劳动精神，同时引导学生团结互助，并养成为他人服务、为人民服务的思想品德。

（4）劳动习惯和品质。通过本次课的学习，使学生养成良好的服务性劳动习惯和品质，能够自觉自愿、认真负责地做事，安全规范地操作。

【教学内容】

通过校外情景模拟，让学生了解我们日常吃的饺子的整个制作和加工流程，使同学们通过本次服务性劳动教育明白生活中的一粥一饭来之不易，我们要珍爱食物，杜绝浪费。

【教学重点】

培养小学生劳动服务意识，学会感恩和珍惜他人劳动成果。

【教学难点】

深度启发小学生自觉养成劳动服务意识，学会包饺子和饺子烹饪技术。

【劳动工具】

大锅灶 2 个、餐具 41 套、一次性手套 1 包（50 个）。

【教学方式】

社会服务式、设计制作式。

【教学方法】

讲授法、小组合作法、情境体验法。

【教学过程】

劳动教育前

课程准备，设置问题

全班同学分成 3 个劳动小组。大巴 1 辆（45 座）。韭菜地 1 块、韭菜 20 斤、鸡蛋 30 斤、饺子皮 500 个、各种作料若干。制作饺子需要哪些材料？

劳动教育中

课程导入，提出问题

同学们：大家好！大家都知道饺子好吃，但是大家知道好吃的饺子是怎样制作出来的吗？今天我们将了解和体验饺子生产到入口的全部流程。我们还要学会帮助他人，关心他人，关心孤寡老人。

开展新课，解决问题

具体流程如下：

（1）集体乘车去往敬老院。车上指导师讲解割韭菜、包水饺劳动安全知识，进行劳动安全教育。

（2）了解韭菜饺子馅的来源。来到敬老院蔬菜基地，查看韭菜，听农民讲解，了解韭菜生长过程。观看农民收割韭菜，了解割韭菜过程。

（3）带队老师组织大家学习择韭菜和清洗韭菜。每人一把韭菜，清洗干净后交给带队老师验收。

（4）带队老师集体整队观看韭菜鸡蛋饺子馅的制作过程，包括配料比例、调制饺子馅。

（5）集体包饺子。首先指导老师先包饺子，向同学们展示整个过程和方法。然后学生分三组，每组 10 人，体验包饺子。相互提醒，相互帮助。每人先包 5 个饺子。

（6）煮饺子

指导老师示范，把包好的水饺一个个慢慢放到正在沸腾的锅里，煮熟，捞出。学生操作。

提醒：注意安全，小心烫伤。

（7）吃水饺

强调：水饺煮熟捞出后，盛到碗里，首先送给敬老院的爷爷奶奶吃，然后学生自己再吃。

老师提示：同学们注意安全，小心烫伤。

（8）集体洗餐具，带队老师验收。集体整理餐桌和打扫餐厅卫生，带队老师验收。提示：注意安全，爱惜餐具，节约用水。

劳动教育后

课程评价，激励提升

（1）评价权重。老师40%、基地20%、学生自我评价20%、同学互评20%。

（2）评价内容。劳动知识掌握、劳动态度、劳动成效等。

本次学生服务性劳动，从劳动内容分析是符合国家文件相关要求的，从劳动强度方面分析也是符合学生年龄特征的。总之，本案例有一定的实操性，可以为今后学生服务性劳动设计所借鉴。

（3）榜样激励。指导学生从本次活动中榜样的具体事迹中领悟他们的高尚精神和优良品质，明确要求学生在日常劳动实践中努力向榜样看齐。

课程总结，反思问题

本次生活服务性劳动注重培养学生的劳动意识和劳动安全意识，使学生懂得人人都要劳动，感知劳动乐趣，爱惜劳动成果，树立正确的劳动价值观念，养成关心他人、关心老人的美德。

本案例由皖西学院刘乃宝教授编写。

案例评析

本案例选题从生活中最基本的服务性劳动入手，引导学生自力更生，自己动手，创造美好生活，引导学生养成关心他人、关心老人的美德。通过包水饺的过程，明白“谁知盘中餐 粒粒皆辛苦”的道理。教学目标遵循教育部《大中小学劳动教育指导纲要（试行）》中的四个维度编写，立意高远、具体明确。教案中的教学重点、难点把握得当。课堂教学中设计体系完整，针对饺子制作和烹饪全过程进行演示、训练、思考、总结、提升，步骤环环相扣。教学方式、方法得当，充分发挥了学生在教学中的主体作用，能够调动学生参与劳动教育实践的积极性，具有很高的参考价值。

点评人：李岑虎。

参考文献

［1］王晓燕．为什么今天我们要重视实践教育［J］．中小学信息技术教育，2019（5）．

［2］李岑虎．研学旅行课程设计［M］．北京：旅游教育出版社，2020.

［3］李岑虎，甄鸿启．中小学研学旅行教师指导用书［M］．郑州：文心出版社，2021.

［4］班建武．“新”劳动教育的内涵特征与实践路径［J］．教育研究，2019，40（1）：21-26.

［5］黄丽蓉，班建武．劳动教育资源开发的目标审视［J］．教育科学研究，2020（10）．

［6］田慧生．综合实践活动课程的理论探索与实践反思［M］．北京：教育科学出版社，2007.

［7］曾天山，顾建军．劳动教育论［M］．北京：教育科学出版社，2020.

［8］列宁．列宁全集：第 31 卷［M］．北京：人民出版社，1958.

［9］教育部．大中小学劳动教育指导纲要（试行）．教材〔2020〕4 号．

［10］陈霞．教师培训课程设计［M］．上海：上海教育出版社，2019.

［11］王道俊，郭文安．教育学［M］．北京：人民教育出版社，2016.

［12］邓艳红．小学课程设计与评价［M］．北京：人民教育出版社，2019.

［13］张应强．新时代学校劳动教育的定性和定位［J］．重庆高教研究，2020，8（4）：5-10.

［14］中共中央 国务院关于全面加强新时代大中小学劳动教育的意见［N］．人民日报，2020-03-27（001）．

［15］林克松，熊晴．走向跨界融合：新时代劳动教育课程建设的价值、

认识与实践［J］. 湖南师范大学教育科学学报，2020，19（2）：57-63.

［16］教育部课题组. 深入学习习近平关于教育的重要论述［M］. 北京：人民出版社，2019.

［17］刘向兵，等. 新时代高校劳动教育论纲［M］. 北京：社会科学文献出版社，2019.

［18］李珂. 嬗变与审视：劳动教育的历史逻辑与现实重构［M］. 北京：社会科学文献出版社，2019.

［19］张雨强，张书宁. 新中国成立 70 年劳动教育的历史演变——基于教育政策学的视角［J］. 中国教育学刊，2019（10）：61-67.

［20］肖绍明，扈中平. 新时代劳动教育何以必要和可能［J］. 教育研究，2019，40（8）：42-50.

［21］赵长林. 新中国成立 70 年我国劳动教育思想的演进与劳动课程的变迁［J］. 国家教育行政学院学报，2019（6）：9-17.

［22］岳海洋. 新时代加强高校劳动教育的价值意蕴与实践路径［J］. 思想理论教育，2019（3）：100-104.

［23］曲霞，刘向兵. 新时代高校劳动教育的内涵辨析与体系建构［J］. 中国高教研究，2019（2）：73-77.

［24］檀传宝. 劳动教育的概念理解——如何认识劳动教育概念的基本内涵与基本特征［J］. 中国教育学刊，2019（2）：82-84.

［25］徐长发. 新时代劳动教育再发展的逻辑［J］. 教育研究，2018，39（11）：12-17.

［26］叶澜，白益民，王枬，等. 教师角色与教师发展新探［M］. 北京：教育科学出版社，2001.

［27］教育部. 义务教育劳动课程标准（2022 年版）［Z］. 2022.